Ihre Arbeitshilfen zum Download:

Die folgenden Arbeitshilfen stehen für Sie zum Download bereit:

Tests
- Bin ich teamfähig?
- Bin ich emotional belastbar?
- Bin ich kreativ?
- Arbeite ich prozessorientiert?
- Wie selbstkritisch bin ich?
- Verfüge ich über interkulturelle Kompetenz?
- Kann ich mich durchsetzen?
- Kann ich führen?
- Wie stilsicher ist mein Auftritt?

Materialien zur Vorbereitung
- Checkliste: Argumente für die Bewerbung in einem Unternehmen
- Checkliste: Wissen über die Produkte eines Zielunternehmens
- Checkliste: Der werbliche Marktauftritt des Zielunternehmens
- Checkliste: Unternehmensgeschichte
- Linkliste: Branchenspezifische Informationen
- Linkliste: Der eigene Marktwert

Den Link sowie Ihren Zugangscode finden Sie am Buchende.

Erfolgreich bewerben mit Soft Skills

Claus Peter Müller-Thurau

Erfolgreich bewerben mit Soft Skills

1. Auflage

2016
Haufe Gruppe
Freiburg · München · Stuttgart

Bibliografische Information der Deutschen Nationalbibliothek

Die Deutsche Nationalbibliothek verzeichnet diese Publikation in der Deutschen Nationalbibliografie; detaillierte bibliografische Daten sind im Internet über http://dnb.dnb.de abrufbar.

Print: ISBN 978-3-648-08000-9   Bestell-Nr. 14022-0001
ePub: ISBN 978-3-648-08001-6   Bestell-Nr. 14022-0100
ePDF: ISBN 978-3-648-08002-3   Bestell-Nr. 14022-0150

Claus Peter Müller-Thurau
Erfolgreich bewerben mit Soft Skills
1. Auflage 2016

© 2016 Haufe-Lexware GmbH & Co. KG, Freiburg
www.haufe.de
info@haufe.de
Produktmanagement: Jasmin Jallad

Lektorat: Cornelia Rüping, München
Satz: kühn & weyh Software GmbH, Satz und Medien, Freiburg
Umschlag: RED GmbH, Krailling
Druck: Beltz Bad Langensalza GmbH, Bad Langensalza

Alle Angaben/Daten nach bestem Wissen, jedoch ohne Gewähr für Vollständigkeit und Richtigkeit. Alle Rechte, auch die des auszugsweisen Nachdrucks, der fotomechanischen Wiedergabe (einschließlich Mikrokopie) sowie der Auswertung durch Datenbanken oder ähnliche Einrichtungen, vorbehalten.

Inhaltsverzeichnis

Einführung		9
1	Das Kompetenzportfolio: Worauf kommt es an?	11
2	Das Konzept der Passung in der Eignungsdiagnostik	15
3	**Soft Skills: Wer bin ich?**	17
3.1	Zielorientierung	19
3.2	Kommunikative Kompetenz	20
3.3	Empathie	25
3.4	Flexibilität	26
3.5	Teamfähigkeit	29
3.6	Belastbarkeit	32
3.7	Kreativität	34
3.8	Prozessorientierung	38
3.9	Kritikfähigkeit	41
3.10	Konfliktfähigkeit	44
3.11	Verhandlungsgeschick	46
3.12	Organisationstalent	49
3.13	Interkulturelle Kompetenz	51
3.14	Analysefähigkeit	54
3.15	Stringenz	56
3.16	Hands-on-Mentalität	57
3.17	Durchsetzungsfähigkeit	58
3.18	Führungsfähigkeit	60
4	**Mit Soft Skills in der schriftlichen Bewerbung punkten**	65
4.1	Stellenangebote richtig interpretieren	65
4.2	Das gewinnende Anschreiben	66
4.3	Der ansprechende tabellarische Lebenslauf	76
4.4	Umgang mit Zeugnissen und Zertifikaten	81
4.5	Wie sehr darf man seinen Werdegang »schönen«?	83
4.6	Umgang mit Lücken im Werdegang	85
4.7	Initiativbewerbungen verfassen	87
5	**Der souveräne Auftritt vor Ort**	89
5.1	Was ziehe ich bloß an?	89
5.2	Mental gut drauf sein: Beobachter oder Beobachteter?	90

5.3	Begrüßung und Smalltalk	91
5.4	Sitzordnung und Sitzhaltung	93
5.5	Konfusion mit den Namen	94
5.6	Souveränes Verhalten an Türen, Treppen und Fahrstühlen	95
5.7	Sozialkompetenz und »Gabeltest«	96
6	**Im Interview Persönlichkeit zeigen**	**99**
6.1	Das Unternehmen stellt sich vor	99
6.2	Die gekonnte Selbstdarstellung	100
6.3	Wie sich echtes Interesse zeigt	122
6.4	Wie sich Führungs(nachwuchs)kräfte profilieren	133
6.5	»Krummes Holz«: Umgang mit Unebenheiten im Werdegang	143
6.6	Fragen an Frauen	157
6.7	Unzulässige Fragen: das Recht zur Lüge	160
6.8	Fragen rund um das Entgelt	161
6.9	Wie manche im Interview auf den letzten Metern stolpern	166
7	**Das Assessment-Center (AC)**	**171**
7.1	Präsentation	171
7.2	Gruppendiskussionen	172
7.3	Postkorb	173
8	**Warum Personaler falsche Entscheidungen treffen**	**177**
8.1	Die Ergebnisse des Auswahlverfahrens sind nicht objektiv	177
8.2	Die Ergebnisse des Auswahlverfahrens sind nicht zuverlässig	178
8.3	Die Ergebnisse des Auswahlverfahrens sind nicht gültig	178
9	**Zum Schluss**	**181**
10	**Der Autor**	**183**
Arbeitshilfen		**185**
Stichwortverzeichnis		**187**

Einführung

Worauf kommt es eigentlich an, wenn man sich als beruflicher Einsteiger, Umsteiger, Aufsteiger oder Wiedereinsteiger vorteilhaft positionieren möchte? Auf eine solide Berufsausbildung? Auf einen besonders nachgefragten Studienabschluss? Auf gute Noten? Auf hohes Studientempo? Auf einen makellosen Lebenslauf? Personaler, die diese Fragen unumwunden bejahen, sind keine guten Personaler. Wer mit Standardprofilen Mitarbeiter sucht, erhält Standardmitarbeiter. Deshalb sind die seelenlosen computergestützten Bewerbungssysteme auch Potenzialkiller: Es werden mit System die falschen Leute gefunden und eingestellt. Der Autor dieses Buchs hat im Zuge seiner langjährigen Berufserfahrung als Personalberater durchaus mit »krummem Holz« gute Erfahrungen gemacht.

Worauf kommt es also an? Nichts ist beständiger als der Wandel, das ist die Signatur unserer Zeit. Und je schneller die Entwicklung voranschreitet, desto schneller wird erworbenes Wissen entwertet. Was einem der Wandel allerdings nicht nehmen kann, sind Qualifikationen, die an die Persönlichkeit gebunden sind: die Soft Skills. Die fachübergreifenden Fähigkeiten begründen die Zukunftsfähigkeit eines Menschen. Eigenschaften wie Kommunikationsfähigkeit, Zielorientierung, Flexibilität oder Kreativität bestimmen mehr denn je den Marktwert von Bewerberinnen und Bewerbern. Persönlichkeit zeigen, so lautet die Erfolgsformel. Fachkompetenz allein reicht nicht, um einen guten Job zu machen. Wie warnte doch einst der Philosoph und Naturwissenschaftler Georg Christoph Lichtenberg? »Wer nur Chemie kann, kann auch die nicht richtig.« Und wer sich die image- und wertevernichtenden Skandale beispielsweise beim ADAC, bei der FIFA oder bei VW bis hin zu den Zinsmanipulationen einer großen deutschen Bank vor Augen führt, dem wird klar, dass der Schaden nicht durch mangelnde Fachkompetenz, sondern durch Persönlichkeitsdefizite angerichtet wurde.

Lassen Sie sich durch dieses Buch für eine erfolgreiche berufliche Zukunft inspirieren.

Hamburg, im März 2016

Claus Peter Müller-Thurau

1 Das Kompetenzportfolio: Worauf kommt es an?

Marktteilnehmer müssen zeigen, was sie zu bieten haben und welchen Nutzen ihr Angebot dem Abnehmer bzw. Kunden bringt. Das gilt für Produkte, Dienstleistungen und eben auch für das Wissen, Können und Wollen, das Jobaspiranten für potenzielle Arbeitgeber attraktiv macht. Im zeitgemäßen Personalmanagement — speziell in der Personalbeschaffung — spricht man heute vom Kompetenzportfolio eines Kandidaten. Dieses Kompetenzportfolio muss jeder Einzelne zunächst in eigener Sache kennen, sonst weiß er ja gar nicht, was er im Bewerbungsprozess in die Waagschale werfen kann. Und natürlich muss er wissen, welches Leistungsprofil im speziellen Fall von einem Arbeitgeber gefordert wird.

Was ist ein Kompetenzportfolio? Ein Portfolio (vom Lateinischen »portare« für »tragen« und »folium« für »Blatt«) ist eine Sammlung von Objekten eines bestimmten Typs. In einem Unternehmen können das Produkte sein, für einen Investor sind es meist Aktien und für Bewerberinnen und Bewerber eine »Sammlung« erworbener Kompetenzen, die ihnen bei der erfolgreichen beruflichen Positionierung von Nutzen sind. Das Kompetenzportfolio lässt sich auffächern, wie im Folgenden beschrieben.

Fachkompetenz
Damit ist die Fähigkeit gemeint, fachbezogenes Wissen
- zu verknüpfen,
- zu vertiefen,
- kritisch zu prüfen sowie
- in Handlungszusammenhängen anzuwenden.

In der Regel handelt es sich um berufstypische Qualifikationen, die in der Ausbildung, in Praktika, im Studium, in Seminaren, in einem Traineeprogramm oder durch einschlägige Lektüre erworben werden. Fachkompetenz umfasst das »Know-what«. Leider hat die Fachkompetenz in Form von Fachwissen einen Nachteil — sie veraltet schnell. Wer in den 1990er Jahren eine Ausbildung zum Kfz-Mechaniker oder Kfz-Elektriker (Ja, das gab es mal!) oder ein Informatikstudium absolviert hat und sich noch heute auf dem damaligen Wissensstand befindet, dürfte arbeitslos sein. In diesem Sinne gibt es aufgrund des rasanten technologischen Wandels keine abgeschlossene Berufsausbildung mehr.

Methodenkompetenz

Unter diesem Begriff wird die Fähigkeit zur Anwendung von Arbeitstechniken, Verfahrensweisen und Lernstrategien zusammengefasst. Methodenkompetenz beinhaltet die Fähigkeit,

- Informationen zu beschaffen, zu strukturieren und wiederzuverwerten,
- Ergebnisse von Verarbeitungsprozessen richtig zu interpretieren und
- diese überzeugend zu präsentieren.

Methodenkompetenz ist das »Know-how«. Die Fähigkeit, Projekte zu managen, SWOT-Analysen zu erstellen, Kreativitätstechniken anzuwenden, Mindmaps zu erstellen oder die Balanced Scorecard als organisatorisches Steuerungsinstrument zu nutzen, bleibt vom technologischen Wandel weitgehend unberührt. Viele Bewerber vergessen, im tabellarischen Lebenslauf die Rubrik »Methodenkompetenzen« einzufügen und diese zu benennen.

Persönliche Kompetenz

Gemeint sind die Fähigkeit und die Bereitschaft, selbstorganisiert, zuverlässig und eigeninitiativ zu handeln. Persönliche Kompetenz beinhaltet,

- sich der eigenen Stärken und Schwächen bewusst zu sein,
- flexibel auf sich verändernde Bedingungen zu reagieren und
- sich stets selbst in Hinblick auf das eigene Leistungsvermögen zu hinterfragen.

Persönliche Kompetenz ist das »Know-yourself«. Es geht um die Wahrnehmung innerpsychischer Prozesse und Zustände im Sinne des antiken »Erkenne dich selbst«. Diese Inschrift über dem Eingang des Apollontempels (um 650 v. Chr.) beschäftigt nicht nur die Philosophie und Psychologie bis heute. Der Philosoph Immanuel Kant sah in der Selbsterkenntnis den Anfang aller menschlichen Weisheit und Gotthold Ephraim Lessing gar den Mittelpunkt aller Weisheit.

Zur persönlichen Kompetenz gehört die Fähigkeit, den »inneren Schweinehund« zu überwinden und beispielsweise aufgeschobene Aufgaben endlich anzugehen oder ein begonnenes Fachbuch zu Ende zu lesen. Auch dieses Element des Kompetenzportfolios ist zeitlos, also keiner Entwertung durch veränderte technologische Rahmenbedingungen unterworfen. Wer beispielsweise mental flexibel ist, kommt mit Veränderungen gut klar, und wer seine Stärken und Schwächen kennt, wird sich nicht um den falschen Job bewerben und wegen ständiger Absagen Frust schieben.

Sozialkompetenz

Dieses Element des Kompetenzportfolios beinhaltet die Fähigkeit zu Dialog, Konsens und Kritik, insbesondere die Teamfähigkeit fällt hierunter. Sozialkompetenz umfasst die grundlegende Fähigkeit und Bereitschaft,

- soziale Beziehungen zu leben und zu gestalten,
- unterschiedliche Interessenslagen, Zuwendungen oder Spannungen zu erfassen und zu verstehen sowie
- sich mit anderen rational und verantwortungsbewusst auseinanderzusetzen.

Sozialkompetenz ist das »Know-the-others«. Wer andere falsch einschätzt, kann nicht auch noch erfolgreich sein wollen. Sozialkompetenz zeigt sich insbesondere im Kundenkontakt sowie in der Zusammenarbeit mit Kollegen und Vorgesetzten.

Transferkompetenz

Gesucht werden Frauen und Männer mit der Fähigkeit und Bereitschaft,

- Gelerntes aktiv in breite Anwendungskontexte zu übertragen und
- gegebenenfalls auch durchzusetzen.

Transferkompetenz lässt sich als »Know to apply your knowledge« beschreiben. Erfolgreicher Transfer erfolgt systematisch und unter Berücksichtigung der sich schnell wandelnden Anforderungen in der Wissens- und Informationsgesellschaft. Das richtige Wissen reicht nicht aus, man muss es auch umsetzen können — im Zweifelsfall gegen Widerstände.

> **Wichtig**
>
> In diesem Buch geht es um jene Kompetenzen, die in der Persönlichkeit eines Menschen verankert sind und nicht durch technologische Veränderungsprozesse entwertet werden. Wer beispielsweise über eine ausgeprägte Kommunikationsfähigkeit verfügt, braucht keine Angst zu haben, dass diese Eigenschaft irgendwann nicht mehr gefragt sein könnte. Fast alle Tätigkeiten sind mit Kommunikationsaufgaben verbunden und wer nach oben möchte, braucht dazu auch die Macht und Kraft des Wortes.

2 Das Konzept der Passung in der Eignungsdiagnostik

Die psychodiagnostischen Hürden im Bewerbungsprozess sind den meisten Jobaspiranten hinlänglich bekannt: Zunächst geht es darum, mit den schriftlichen Unterlagen — egal ob digital oder als Printversion auf den Weg gebracht — gut anzukommen. Der eignungsdiagnostische Befund lautet dann im Einzelfall »passt nicht« oder »könnte passen«. Eignungsdiagnostiker, die bei der Bewerberbeurteilung mit den Kategorien von Schulnoten arbeiten, sind selten erfolgreich. Nur ein einziges Kriterium ist bei der Personalbeschaffung sinnvoll, nämlich das der Passung.

> **Beispiel: Fehlende Passung**
> Ein Bewerber, der Vertriebsleiter in einem konservativen Traditionsunternehmen werden möchte, erscheint zum Vorstellungsgespräch in einem bordeauxroten Dinnerjackett. Der Mann überzeugt zwar fachlich, dennoch heißt es am Ende: »Der passt nicht zu uns.«

Banal? Das Outfit muss zum Selbstverständnis des Unternehmens bzw. zur Unternehmenskultur einigermaßen passen. Wer sich zu sehr aufbrezelt, kommt meist nicht gut an, denn das Vorstellungsinterview ist keine Casting-Show. Und bei einer Bank wird der Auftritt in »destroyed« Jeans anders bewertet als bei einem Start-up, in dem es zur Corporate-Identity gehört, die Krawatte im Schrank zu lassen oder erst gar keine zu besitzen. Vorurteile? Mag sein, aber Menschen kommunizieren nun einmal über ihr äußeres Erscheinungsbild persönliche Werte und Einstellungen — und manchmal auch nur, dass sie einen Kuhgeschmack haben.

Natürlich ist das Konzept der Passung in der Personalauswahl vielschichtiger. Es bezieht sich auf vier Aspekte, die jeder, der sich um eine Arbeitsstelle bewirbt, bedenken sollte — und zwar sowohl bei der Selbstdarstellung im Bewerbungsprozess als auch bei der Entscheidungsfindung, wenn ein Angebot im Raum steht.

Wozu muss ein Bewerber »passen«?
Das Konzept der Passung — im Fachjargon Person-Environment-Fit — lässt sich wie folgt auffächern: Passen muss der Jobaspirant
- zur Aufgabe (Person-Job-Fit),
- zu den Kollegen (Person-Group-Fit),
- zum Vorgesetzten (Person-Supervisor-Fit) und
- zum Unternehmen (Person-Organization-Fit).

Dass die Aufgabe den Neigungen und Fähigkeiten eines Bewerbers entsprechen sollte, ist selbsterklärend. Wer sich dauerhaft überfordert fühlt, wird mit dem Burnout-Syndrom bestraft, wer sich unterfordert fühlt, mit dem Boreout-Syndrom. Letzteres kommt häufiger vor und ist besonders freudlos. Viele Mitarbeiterinnen und Mitarbeiter langweilen sich im Job zu Tode, weil sie für ihre Tätigkeit überqualifiziert sind.

Nun zum »Person-Group-Fit«: Aus der Organisationspsychologie ist der Umstand bekannt, dass ein Team geschwächt werden kann, indem es personell verstärkt wird. Dies ist kein Widerspruch, sondern bisweilen traurige Realität. Und zwar dann, wenn jemand eingestellt wird, der zwar alle fachlichen Voraussetzungen für die zugedachte Aufgabe mitbringt, sich aber als hoffnungslos inkompatibel erweist. Unter diesen Umständen ist das Team von dessen ersten Arbeitstag an nur noch mit sich selbst beschäftigt.

Und auch wenn jemand zur Aufgabe und zum Team passt, kann es jede Menge Ärger geben. Auf die Frage, warum jemand schon während der Probezeit den Job wieder aufgegeben hat, bekommt man bisweilen als Begründung zu hören, dass die Chemie mit dem Vorgesetzten nicht gestimmt habe. Das kann in der Tat vorkommen. Nicht immer harmonieren Charaktere miteinander und nicht immer sind Vorgesetzte für eine Führungsaufgabe geeignet.

Ein neuer Mitarbeiter muss zu guter Letzt auch zum Unternehmen passen. Thomas W., Abteilungsleiter in der Herrenmodeabteilung eines schwedischen Filialisten, wollte das von seinem coolen nordischen Arbeitgeber verordnete »Du« nach seiner Beförderung seitens seiner Azubis nicht mehr hinnehmen und versuchte, vor Gericht sein »Sie« wiederzuerlangen. Er verlor über zwei Instanzen. Firmentradition und Firmenphilosophie, so die Richter, hätten Vorrang vor den Launen der Angestellten. Genau genommen bezieht sich die Passung zum Unternehmen auf die Unternehmenskultur, also unter anderem auf Dresscode, Umgangsformen, Offenheit, Umgang mit Fehlern und Wertvorstellungen. Werden pflegeleichte Ja-Sager bevorzugt oder Männer und Frauen, die bei aller Loyalität ihren eigenen Kopf haben?

Um es zusammenzufassen: Es werden nicht — um ein Missverständnis aus der Welt zu schaffen — die Besten der Guten gesucht. Wie lautet doch unter Personalberatern die Formel des Scheiterns? »Hired by ability, fired by personality«. Aufgrund von Fähigkeiten werden manche eingestellt und aufgrund ihrer Persönlichkeit wieder gefeuert. Die fachliche Eignung ist nicht alles.

3   Soft Skills: Wer bin ich?

Man muss nur wollen, was man kann. Dieses zeitlose Erfolgsrezept gilt für Berufseinsteiger, Berufsumsteiger, Quereinsteiger und Aufsteiger gleichermaßen. Aber um welche Fähigkeiten geht es? In der Welt der Tatsachen, in der man sich beruflich zu bewähren hat, begegnen uns »harte« und »weiche« Fakten — wer global denkt, spricht vermutlich eher von »hard facts« und »soft facts«. Das folgende Beispiel mag den Unterschied verdeutlichen.

> **Beispiel**
> 1897 wurde die Acetylsalicylsäure erstmals in reiner Form hergestellt. Inzwischen kann jedes Labor diesen Stoff produzieren. Man braucht Phenol, Kohlenstoffdioxid und noch ein paar Ingredienzien, und schon ist der am häufigsten verwendete Wirkstoff unter den Arzneimitteln fertig. Zu den »harten« Fakten zählt also nichts weiter als die Kenntnis der entsprechenden chemischen Formel und die Fähigkeit, diese im Labor umzusetzen. Und das kann inzwischen so gut wie jeder Schüler mit Leistungskurs Chemie.
> Nun zu den »weichen« Fakten. Was machte für das Unternehmen Bayer den eigentlichen Geschäftserfolg aus? Entscheidend war die Fähigkeit, der Acetylsalicylsäure eine Persönlichkeit mit dem Namen »Aspirin« zu geben und diesen Stoff damit unverwechselbar zu machen. Noch 100 Jahre später ist Aspirin das weltweit mit Abstand meistverkaufte Acetylsalicylsäure-Produkt.

Da im Alltag harte und weiche Fakten über unser Wohl und Weh bestimmen — so kann man sich beispielsweise vor tatsächlichen, aber auch vor eingebildeten Gefahren fürchten —, sind »harte« und »weiche« Fähigkeiten ebenso erforderlich, um mit den vielfältigen Anforderungen des Lebens zurechtzukommen. Im Folgenden ist dabei von Hard Skills und Soft Skills die Rede, im Fokus steht die Frage, welche Bedeutung sie für einen erfolgreichen Berufsweg haben.

Die Verhältnisse lassen sich recht gut am Bild des Buchstabens »T« vergegenwärtigen. Der senkrechte Strich symbolisiert die Hard Skills, also die Fähigkeit, bei Bedarf aufgrund einer gegebenen Fachkompetenz in die Tiefe eines Sachverhalts einzudringen. Der Querbalken steht für die fachübergreifenden Kompetenzen, also die Soft Skills.

Soft Skills: Wer bin ich?

Ohne einschlägiges Fachwissen geht es — zunächst — nicht. Wer erfolgreich als Vertriebsingenieur arbeiten möchte, muss fundierte Produktkenntnisse haben, und wer lebensrettende chirurgische Eingriffe vornehmen will, sollte sich mit dem menschlichen Körper auskennen und die einschlägigen Techniken beherrschen. Fachwissen ist aber nicht alles. Wer es schafft, als 18-Jähriger mit einem Computerwurm weltweit Rechner außer Gefecht zu setzen, verfügt zweifellos über exzellente IT-Kenntnisse. Es kommt aber auch darauf an, was diese Person mit ihrem Fachwissen anstellt. Intelligenz hat nur dann einen Wert, wenn sie sinnvoll im Interesse anstrebenswerter Ziele genutzt wird. Ein Chirurg mag begnadet sein, was sein Wissen und sein handwerkliches Geschick angeht — davon hat ein schwerkranker Patient jedoch nichts, wenn er sich nicht an den Ärzte-Eid hält und für lukrative Organtransplantationen Patientenakten manipuliert. Ebenso kann das Fachwissen und fliegerische Können eines Piloten gemeingefährlich sein, wenn es genutzt wird, um mit 149 Passagieren vorsätzlich und zielsicher einen Berghang anzusteuern. Es gibt zudem immer noch Manager, die mit einer Unkultur der Angst ihren Führungsanspruch durchsetzen, weil sie mit weichen Faktoren wie Empathie, Berechenbarkeit, Verantwortungsgefühl oder gar Partizipation nichts anfangen können.

Doch wie gestaltet sich die Vorgehensweise in einem Bewerbungsprozess bzw. bei der Eignungsdiagnostik? Stehen die Hard Skills an erster Stelle oder die Soft Skills? Wie kann man sich beruflich am besten positionieren? Indem man eine Eigenschaft auf Kosten anderer möglicher Merkmale perfektioniert? Oder ist es besser, über verschiedene — wenn auch nicht immer perfekte — vorteilhafte Eigenschaften zu verfügen? Der amerikanische Motivationsforscher Abraham Maslow hat zu dieser Frage eine klare Position bezogen und gewarnt: »Wer als einziges Werkzeug einen Hammer hat, neigt dazu, alles wie einen Nagel zu behandeln.« Neu ist die hier aufgeworfene Frage übrigens nicht. »Der Fuchs weiß viele Dinge, aber der Igel weiß eine große Sache.« Das Zitat stammt vom griechischen Dichter Archilochos, der damit wohl bereits vor 2.500 Jahren sagen wollte, dass der schlaue Fuchs vor der einzigen Waffe des Igels kapitulieren muss. Das wiederum wäre ein Plädoyer für den Spezialisten. Er beherrscht eine Sache — die aber richtig gut. Doch die Zeiten und Umstände haben sich geändert. Heute kommt der Igel kaum heil über die Straße. Das einst lebensrettende Prinzip — sich bei Gefahr in eine Kugel zu verwandeln — bringt ihm auf unseren Straßen den sicheren Tod. Wer angesichts des Wandels beruflich nicht unter die Räder kommen möchte, sollte sich auf das »Fuchssein« verlegen. »Das haben wir schon immer so gemacht« und »Das kann ich am besten«, solche Aussagen verraten eine Haltung, die die berufliche Existenz kosten kann. Wir müssen Füchse sein, wenn wir zukunftsfähig bleiben wollen. Aber was macht dieses »Fuchssein« aus? Um welche Eigenschaften geht es, wenn ein Bewerber punkten will?

3.1 Zielorientierung

»50 Prozent der Wirtschaft ist Psychologie. Wirtschaft ist eine Veranstaltung von Menschen, nicht von Computern. Deswegen spielen Stimmungen, Seelenlagen, spielt die Psychologie eine außerordentliche Rolle.« Dieser Befund stammt nicht von einem Psychologen, sondern von Alfred Herrhausen, dem ehemaligen Sprecher der Deutschen Bank, der 1989 von der RAF ermordet wurde. Ob jemand beruflich auf- oder einbricht, entscheidet maßgeblich die Psyche.

Der Sozialforscher Curt Richter hat in den 1960er Jahren mit einem eindrucksvollen Rattenexperiment gezeigt, dass die Realität nicht nur Stimmungen beeinflusst, sondern dass Stimmungen umgekehrt auch die Realität gestalten. Das Experiment ging wie folgt: Der Psychologie-Professor warf vier Nager in ein gläsernes Bassin, aus dem es kein Entkommen gab. Die Forschungsfrage lautete: Wie lange werden die Tiere sich in dieser Situation über Wasser halten können? Allgemein bekannt ist ja, dass Ratten gute Schwimmer und überdurchschnittlich intelligent sind. Ihre Klugheit wurde ihnen zum Verhängnis. Die Tiere stellten schon nach wenigen Minuten aufgrund der erkannten Aussichtslosigkeit ihrer Lage die Schwimmbewegungen ein und gingen unter. Sie wären an »Enthoffnung« gestorben, wenn der Forscher sie nicht im letzten Moment aus dem Wasser gefischt hätte.

Nachdem die erste Versuchsgruppe in die Freiheit entlassen worden war, wurden vier neue Ratten in den Glasbehälter verfrachtet. Als Richter erwartungsgemäß bemerkte, dass die Schwimmbewegungen immer frustraner wurden, stellte er den Tieren eine kleine Leiter in das Bassin, sodass sie sich retten konnten. Darauf folgte eine kleine Verschnaufpause, jedes Tier erhielt einen Keks, dann kam der nächste Teil der Versuchsanordnung: Leiter raus und Ratten wieder rein!

Die Frage lautete: Wie lange würden sie dieses Mal schwimmen? Klar, stundenlang. Sie hatten eine Auswegerfahrung gemacht, sie waren mit Hoffnung geimpft worden. Offenbar entschieden weniger körperliche Fähigkeiten über die Schwimmkraft, sondern psychische Faktoren: Aus dieser Situation kann noch was werden! Das kriegen wir hin!

Das zeigt: Wer Ziele hat, kann auch die nötigen mentalen und körperlichen Energiequellen anzapfen. Das ist Psychosomatik, was nichts anderes bedeutet, als dass sich Seelisches im Körperlichen fortsetzt. Ein Mensch kann auf dem Weg in sein verhasstes Büro in eine Pfütze treten und bekommt eine Erkältung — oder als Angler bei Wind und Wetter an einem Tümpel hocken oder als Jäger stundenlang ansitzen, ohne einen Schnupfen zu riskieren.

Wer Ziele hat, wer sich begeistert in etwas hineinbegibt, verfügt auch über die erforderliche Leistungsfähigkeit und vor allem Leistungsbereitschaft. Deshalb wird im Vorstellungsgespräch häufig die Frage gestellt: »Wo möchten Sie denn beruflich in fünf Jahren stehen?« Oder: »Warum wollen Sie ausgerechnet bei uns anfangen?« Wer nicht weiß, wohin die berufliche Reise gehen soll, landet da, wo er überhaupt nicht hinwollte. Und anstrengend ist das ziellose Unterwegssein zudem. Bewerberinnen und Bewerber ohne Ausrichtung haben bei Personalern keine guten Karten. Auf dieses Thema wird in einem späteren Kapitel im Zusammenhang mit dem Vorstellungsinterview noch eingegangen.

3.2 Kommunikative Kompetenz

Wie lautet der älteste Grundsatz der Rhetorik? Es ist egal, was du sagst — entscheidend ist, wie es ankommt. Eine nach allen Regeln der Kunst gehaltene Rede bleibt wirkungslos, wenn sie über die Köpfe der Hörer hinweggeht. Wer im Vorstellungsgespräch an den Fragen des Personalers vorbeiredet, wird kaum erfolgreich sein. Und wer im Anschreiben nicht präzise auf den Punkt bringt, was er kann, wer er ist und was er will, oder den Ton verfehlt, wird gar nicht erst eingeladen. Kommunikative Kompetenz lässt sich erwerben und entwickeln, indem vier grundsätzliche »Baustellen« bearbeitet werden.

1. Kommunikation schafft Konfusion
Treffen sich zwei Jäger — beide tot. Und noch einer: Sagt ein Weißer zu einem Schwarzen: »Du schwarz!« Darauf der Schwarze: »Ich weiß!« Thomas Mann sprach von der »mondlichtigen« Genauigkeit der Sprache. Und das heißt: Die Mehrdeutigkeit von Begriffen und die mangelnde Präzision in Formulierungen öffnet Interpretationsspielräume und führt zu Missverständnissen und Konflikten. Mit Witzen ist eben nicht immer zu spaßen, weil sie häufig eine recht ernste

Wirklichkeit spiegeln. Deshalb noch einmal zurück zum Schwarzen, der um seine Hautfarbe weiß. Dieser Sprachwitz ist natürlich ebenso wenig politisch korrekt wie der Negerkuss. Es müssen also Ersatzausdrücke und -begriffe her, die noch mehr Verwirrung stiften, wenn sich der negative Beigeschmack nach einer Weile auch auf die Neubildung überträgt. Dies kann zu fortwährenden Neuschöpfungen und zu regelrechten Euphemismusketten führen:

- Negros — black people — coloured people — African-Americans
- Neger — Schwarze — Farbige — Afro-Amerikaner
- Schwer erziehbare Kinder — verhaltensgestörte Kinder — verhaltensauffällige Kinder — verhaltensoriginelle Kinder (so die Waldorfpädagogik)

Genug davon. Kommunikative Kompetenz heißt zunächst einmal, Informationen so darzustellen, dass die Schere zwischen dem, was man kommunizieren möchte, und dem, was beim Empfänger ankommt, möglichst geschlossen ist. Der legendäre Sprecher der Deutschen Bank, Hilmar Kopper, fügte seinem Institut einen riesigen Imageschaden zu, als er die im Rahmen des berüchtigten Schneider-Skandals verlorenen 50 Millionen D-Mark für nicht beglichene Handwerkerrechnungen im Fernsehen als »Peanuts« bezeichnete. »Wie bitte?«, fragte sich damals das Publikum »50 Millionen sind Peanuts?« Was in der Relation gesehen richtig war, wurde rhetorisch zum Desaster. Der Ansehensverlust war gravierend und die Bank hat sich bis heute — auch aufgrund weiterer Kommunikationspannen — nicht davon erholt. Das Wort »Peanuts« wurde übrigens 1994 zum »Unwort des Jahres« gekürt und der frühere Chef der Deutschen Bank, Hilmar Kopper, war damit Jahre später einverstanden. Als er in einem Interview mit der einstweilen verblichenen »Financial Times Deutschland« gefragt wurde, welcher der größter Fehler in seiner Kariere gewesen sei, lautete die lapidare Antwort: »Das mit den Peanuts.«

»Es ist egal, was du sagst — entscheidend ist, wie es ankommt.« Indem sie über diese Regel hinweggegangen sind, haben sich schon viele Amts- und Würdenträger unmöglich gemacht oder sich ins Abseits befördert. Es geht eben nicht nur darum, in der Sache recht zu haben. Man kann das beklagen, muss es aber zur Kenntnis nehmen. Das musste auch der Ärztekammerpräsident Professor Dr. Dr. h.c. Karsten Vilmar erleben. Er verwendete in einem Radiointerview mit dem NDR den Begriff »sozialverträgliches Frühableben«. Der Mediziner spielte damit darauf an, dass ein Mensch mit Erreichen des Rentenalters volkswirtschaftlich betrachtet mehr Kosten verursacht, als dass er Nutzen bringt. Dieser Begriff war das Unwort des Jahres 1998, denn die Empörung über seine Verwendung war groß. Wenn Sie bei Google »Karsten Vilmar« eingeben, wird Ihnen in der Suchmaske das »sozialverträgliche Frühableben« angeboten. Wer einen öffentlichen Auftritt vor sich hat, sollte sich an dieser Stelle bewusst machen: Das Internet vergisst nichts. Also, kommunikative Kompetenz bedeutet, die Schere zwischen dem, was man sagen möchte, und der Art und Weise, wie es möglicherweise ankommen könnte, zu schließen. Natürlich ist jeder Rentner, der sich vorzeitig verabschiedet, gut für die Sozialversicherungssysteme, doch nicht nur als Arzt sollte man diesen Befund für sich behalten.

Unvergesslich bleibt dem Autor in seiner Eigenschaft als Personalberater zum Thema kommunikative Kompetenz ein Bewerber um die Position des Personalleiters, der die zweite Runde erreicht hat. Eigentlich war für den fachlich versierten jungen Mann alles klar, bis er sich durch einen Satz ins Aus manövrierte. Das kam so: Er stellte sich den versammelten Geschäftsführern und Bereichsleitern des Unternehmens vor und stand gekonnt Rede und Antwort. Doch dann kam eine Frage, die eigentlich längst im ersten Gespräch geklärt worden war, aber von einem der Anwesenden noch einmal gestellt wurde: »Herr H., mir ist noch nicht ganz klar, warum Sie nach acht Jahren eine verantwortungsvolle und sicher gut dotierte Position in einem renommierten Unternehmen aufgeben und zu uns kommen wollen.« Der Bewerber sicher und selbstbewusst: »Das kann ich Ihnen klar beantworten. Ich brauche eine neue Herausforderung! Wenn man zu lange in ein und demselben Unternehmen bleibt, wird man bequem, ist gedanklich festgefahren und am Ende innerlich ausgebrannt. Dieses Schicksal möchte ich mir ersparen.«

Nach dieser Einlassung hätte man eine Stecknadel fallen hören können. Die meisten Anwesenden waren stolz darauf, ihrem Unternehmen seit mehr als 20 Jahren treu zu dienen, und dann kam da ein Youngster und erklärte ihnen, dass sie sich auf dem Weg in die Verblödung befänden.

2. Kommunikation und Glaubwürdigkeit
Nun zur nächsten Baustelle in Sachen kommunikativer Kompetenz. Die Sprache, so befand der legendäre französische Außenminister Charles-Maurice de Talleyrand-Périgord, sei dem Menschen gegeben, um seine wahren Absichten zu verbergen. Das ist starker Tobak und dürfte nicht nur auf Diplomaten zutreffen. Glaubwürdigkeit ist im privaten, politischen und geschäftlichen Leben ein sehr hohes Gut. Wer es verspielt — das haben uns in jüngster Vergangenheit einige Wirtschafts- und Politgrößen im In- und Ausland drastisch vor Augen geführt —, fällt tief. Aus gutem Grund lautet deshalb eine unausgesprochene Frage im Bewerbungsprozess: Stimmt das eigentlich, was mir da ein Bewerber schreibt bzw. erzählt? Kann ich mich im Fall der Einstellung darauf verlassen, dass er einen guten Job machen wird? Daher bieten manche Firmen »Arbeit auf Probe« an und entscheiden erst danach über eine Festanstellung.

Da dieses Buch Bewerberinnen und Bewerbern von Nutzen sein soll, ist die Frage zu erörtern, wie sie vertrauenswürdig wirken. Natürlich gehört anständige Kleidung dazu, aber was heißt das schon? In Berufen, in denen es besonders hart zur Sache geht, ist man bekanntlich seit jeher besonders korrekt gekleidet — zu denken ist an die Galauniformen der Soldaten, den Ringrichter mit seiner obligatorischen Fliege oder den Henker in Gehrock und Zylinder. Der Mensch ist nach Leonardo da Vinci ein »Augentier« und deshalb spielt das Äußere und spielen Äußerlichkeiten eine nicht unerhebliche Rolle. »Was ziehe ich zum Vorstellungsinterview bloß an?« Diese Frage stellen Jobaspiranten und insbesondere Ersteinsteiger häufig.

Doch mit dem richtigen Outfit allein lassen sich Glaubwürdigkeit und Vertrauen nicht aufbauen, dies ist eher an anderer Stelle möglich: »Haben Sie schon einmal mit der Balanced Scorecard gearbeitet?« — »Sorry, ich weiß gar nicht, was das ist.« Oder: »Warum haben Sie Ihre Ausbildung abgebrochen?« — »Da habe ich eine klare Fehlentscheidung getroffen.« Vertrauen und Glaubwürdigkeit entstehen durch Offenheit, das Eingestehen von Defiziten und Fehlern sowie durch den Verzicht auf Schuldzuweisungen an Dritte. Ein Beispiel zur Abschreckung: »Ihre Noten sind ja eher suboptimal. Welche Erklärung gibt es dafür?« — »Nun, Sie wissen ja selbst, wie es ist: Die Vorlesungen waren ständig überfüllt, es gab kaum eine persönliche Betreuung durch die Professoren und dann musste ich noch jobben.« Aha, die Umstände waren nicht so, wie sie hätten sein sollen. Wer so antwortet, wirkt eher unglaubwürdig.

3. Kommunikation und Körpersprache
»Man kann nicht nicht kommunizieren.« Diese Feststellung stammt von dem renommierten US-Kommunikationswissenschaftler Paul Watzlawick. Der Körper redet immer mit. Ja, auch schweigen kann sehr beredt sein und keine Antwort ist manchmal auch eine Antwort. Der ehemalige Hamburger Bürgermeister Ole von Beust wurde kurz vor einer Wahl gefragt, ob er schon einmal gekifft habe. Er verweigerte damals die Antwort und gestand damit für viele Zuhörer, in Junkie-Kreisen verkehrt zu haben.

Die Körpersprache ist die ehrlichste Form der Kommunikation, weil sie zum größten Teil vom Unterbewusstsein gesteuert wird. Mit der Begrüßung geht das bereits los. Frauen wissen von Gesprächspartnern zu berichten, die ihnen beim Handschlag das Gefühl vermittelten, in einen Schraubstock geraten zu sein, und manche Bewerber reichen einem die Hand wie einen nassen Lappen. Unvorteilhafte Botschaften gehen von hinter dem Kopf verschränkten Armen aus, von weit über den Tisch ausladenden Gesten und lässig ausgestreckten Beinen.

Und dann sind da noch die verräterischen Reaktionen, die auch »Übersprungsbewegungen« genannt werden. Der Begriff stammt von den Biologen und hat mit ihren Beobachtungen auf Hühnerhöfen zu tun. Wenn der Hahn die Henne nicht einholen kann, pickt er unmotiviert auf dem Boden herum, obwohl dort gar keine Körner liegen. Dieses Verhalten zeigt nach Interpretation der Tierpsychologen einen Konflikt an: Ist es sinnvoll, die Verfolgung der Henne erneut aufzunehmen, oder wäre es vielleicht besser, sich ein anderes Huhn zu suchen? Man könnte auch von einer Verlegenheitsgeste sprechen.

Der Mensch neigt ebenfalls zu Übersprungsbewegungen, wenn er sich unter Druck fühlt bzw. in eine Konfliktsituation geraten ist. »Kommen wir zu Ihren persönlichen Schwächen.« Die einen kratzen sich jetzt am Kopf, andere greifen nach der Kaffeetasse wie nach einem Rettungsring und manche fahren mit dem Oberkörper nach vorn, als wollten sie zum Angriff übergehen. Übersprungsbewegungen signalisieren einen kleinen Adrenalinausstoß, der so etwas wie eine »Steinzeitreaktion« bewirkt — der Organismus wird auf Abwehr oder Flucht eingestellt. Da beides im Vorstellungsinterview nicht zweckmäßig ist, wird das bereitgestellte »Körperbenzin« über eine Übersprungsbewegung abgeleitet. Der Organismus gibt Gas, fährt aber nicht los. Aha, erkennt der gute Beobachter, jetzt sind wir bei einem Thema, das mein Gegenüber bewegt.

4. Kommunikation und Effizienz
Ein Fremder irrt durch eine Stadt. Er sucht den Bahnhof und kann ihn nicht finden. Da fragt er einen Passanten um Rat und gerät, wie es der Zufall will, an einen Psychiater. Dieser ist über die Ansprache hocherfreut und es ergibt sich ein gutes Gespräch. Als der Fremde dann noch einmal auf sein Frageziel zu sprechen kommt, antwortet der Seelenkundler: »Wo der Bahnhof ist, weiß ich auch nicht, aber ich finde es toll, dass wir uns darüber unterhalten haben.« Bei manchen Gesprächen kommt also nichts heraus. Wer kennt das nicht aus unzähligen Meetings, Diskussionen und Konfliktgesprächen?

Ein durchschnittliches Vorstellungsgespräch dauert in der Regel eine Stunde, die will effizient genutzt werden. Als Recruiter hat man seine Vorstellungen hinsichtlich des Gesprächsablaufs, doch die decken sich leider nicht immer mit denen der Bewerber. Um im Zeitplan zu bleiben, lauten die Kernforderungen an jeden Jobinteressenten:
- Inhalte gut strukturieren,
- präzise informieren,
- sinnvoll priorisieren und
- rechtzeitig aufhören.

Wer mit den Worten nicht fertig wird und alles überinterpretiert, kassiert den Vorwurf, ein Zeitdieb zu sein. Und die werden nicht gesucht. Wie Bewerber kommunikative Kompetenz zeigen können, wird an späterer Stelle anhand konkreter Beispiele gezeigt.

3.3 Empathie

Die einschlägige Forderung in vielen Berufsfeldern lautet: mit dem Kopf des anderen denken! Es ist eine unverzichtbare Fähigkeit, sich in die Gedanken- und Gefühlswelt von Kunden, Mitarbeitern und Verhandlungspartnern hineinzuversetzen. Wer bei monster.de das Suchwort »Empathie« eingibt, erhält hunderte von Jobangeboten. Im Grunde geht es um Marketing, dessen Grundidee ja darin besteht, vom Markt bzw. von den relevanten Marktteilnehmern her zu denken. Wer über Empathie verfügt, verfertigt zum Beispiel adressatengerechte Bewerbungsunterlagen und stellt den eigenen Geschmack zurück. Das Bewerbungsanschreiben muss nicht dem Bewerber gefallen, sondern dem Personaler. An dieser Herausforderung scheitern sehr viele Bewerber und fragen sich, warum sie nicht eingeladen werden.

> **Der »Interpersonal Reactivity Index« von Mark Davis**
> Dieser Test ermittelt die Empathiefähigkeit von Probanden und besteht aus den folgenden vier Skalen:
> 1. »Fantasy Scale« zur Erfassung der Fähigkeit, sich als Akteur in fiktive Geschichten hineinzuversetzen und entsprechend zu handeln.
> 2. »Perspective Thinking« zur Erfassung der Fähigkeit, den Standpunkt eines anderen Menschen zu verstehen, also die Welt mit seinen Augen zu sehen (kognitive Empathie).
> 3. »Empathic Concern« zur Erfassung der Sympathie für andere und der Fähigkeit, deren Gefühle nachzuvollziehen (emotionale Empathie).
> 4. »Personal Distress« zur Erfassung der persönlichen Betroffenheit, wenn andere Menschen in emotional belastende Situationen oder Nöte geraten (emotionale Empathie).
>
> Dr. Christoph Paulus von der Universität Saarbrücken hat diesen Test an deutsche Verhältnisse angepasst. Wer will, kann den »Saarbrücker Persönlichkeits-Fragebogen zu Empathie (SPF)« kostenlos online durchführen (http://bildungswissenschaften.uni-saarland.de/personal/paulus/homepage/empathie.html).

Es ist immer wieder bedauerlich, wie sich manche Bewerber mit einem Satz ins Abseits befördern. Aber gesagt ist gesagt: Ein Satz ist wie ein Pfeil — einmal abgeschossen, lässt er sich nicht mehr aufhalten. Manchen Menschen wird nachgesagt, dass sie ein Talent hätten, kein Fettnäpfchen auszulassen. Dies ist meist eine Folge mangelnder Empathie, also der Unfähigkeit, das eigene Reden und Tun vorausschauend aus der Perspektive eines anderen zu beurteilen. Das lässt sich erlernen. Wie lautet doch die Empfehlung des Philosophen Arthur Schopenhauer? »Wer klug ist, wird im Gespräch weniger an das denken, worüber er spricht, als an den, mit dem er spricht.«

> **Beispiel: Ein pragmatischer Typ**
>
> Der Personaler fragt seinen Kandidaten, warum er denn an einer Fachhochschule und nicht an einer Universität studiert habe. Dieser antwortet: »Wissen Sie, ich bin ein pragmatischer Typ, ich brauche den Praxisbezug — Theoretiker haben wir doch schon genug.« Das war möglicherweise ein Schuss ins eigene Knie, wenn der Gesprächspartner einen Doktortitel hat und auf seine wissenschaftliche Ausbildung aus gutem Grund stolz ist.

Zum Schluss noch eine Anmerkung für potenzielle Aufsteiger: Die Erfahrung hat gezeigt, dass Führungskräfte mit guten empathischen Fähigkeiten eher in der Lage sind, gute Beziehungen zu ihren Mitarbeiterinnen und Mitarbeitern zu gestalten und aufrechtzuerhalten.

3.4 Flexibilität

Wenn man bei der Jobbörse monster.de in das Suchfester das Stichwort »Flexibilität« eingibt, kommt die Meldung »1,000+ Flexibilität Jobs entsprechen Ihren Suchkriterien«. Trotz der großen Nachfrage können viele Bewerber mit dieser Eigenschaft wenig anfangen. Bin ich flexibel? Na klar! Abgehakt.

Der österreichische Ökonom und Nobelpreisträger Friedrich August von Hayek merkte einmal an: »Wir verdanken den Amerikanern eine große Bereicherung der Sprache durch den bezeichnenden Ausdruck ›weasel-word‹. So wie das kleine Raubtier, das auch wir Wiesel nennen, angeblich aus einem Ei allen Inhalt heraussaugen kann, ohne dass man dies nachher der leeren Schale anmerkt, verhält es sich auch mit vielen Begriffen.« Wieselwörter sind bisweilen inhaltsleer oder mehrdeutig. Man denke nur an das Wort »nachhaltig«. Auch das Soft Skill »Flexibilität« ist solch ein Wieselwort und es hat noch eine zweite Eigenschaft gemeinsam mit dem nachtaktiven Jäger: Es taucht immer wieder auf und ist schwer zu fassen.

Was verstehen Unternehmen bzw. Recruiter tatsächlich unter Flexibilität bzw. warum wird diese Eigenschaft so geschätzt? Erhellend soll hier der Bericht über ein Experiment sein, das dem legendären ehemaligen Frankfurter Zoodirektor Bernhard Grzimek zugeschrieben wird.

3 Flexibilität

> **Von Affen und Bananen: ein Experiment**
>
> Das Versuchsarrangement war wie folgt: In einen Raum von der Größe eines Klassenzimmers wurde ein Schimpanse eingesperrt. In einer Ecke des sonst leeren Zimmers lagen fünf kleine Kinderstühle, zudem befand sich darin eine Kamera, um den Affen von draußen beobachten zu können.
>
> Die erste Phase bestand darin, dass das Tier hungern musste, was ja in freier Wildbahn durchaus verkommt. Nach zwei Tagen öffnete der Experimentator die Tür — sie ging nach außen auf — und den Schimpansen traf der Schlag: Im Flur vor der Tür hatte der Experimentator jede Menge Bananen aufgeschichtet. Nach einigen Sekunden machte der die Tür wieder zu. Wie reagierte der Schimpanse? Zunächst einmal kratzte er sich, das ist ein Zeichen des Nachdenkens — nicht nur bei Affen. Dann erinnerte er sich vielleicht an Einstein, der einmal angemerkt hat, dass 50 Prozent der Lösung eines Problems in der richtigen Fragestellung liegen. In diesem Sinne fragte sich das Tier — hier wird vom Leser eine gehörige Portion an Empathie für Affen vorausgesetzt —, »Wie komme ich an die Bananen?« Diese Frage bringt freilich gar nichts und deshalb optimiert er seine Fragestellung: »Wie erreiche ich die für mich zu hohe Türklinke?« Damit kam er der Sache schon näher und so hieß der nächste Ansatz: »Wie kann ich mich größer machen?« Und genau damit fand der Affe die Lösung des Problems. Er sah die Stühle in der einen Ecke des Raums, zog einen davon zur Tür, kletterte darauf und öffnet die Tür. Das Problem war gelöst, Affen sind im Werkzeuggebrauch ja bekanntlich nicht dumm.
>
> Das Experiment ging noch weiter: Der Affe wurde wieder in den ihm bekannten Raum mit den Kinderstühlen verbracht, musste hungern und wurde nach zwei Tagen abermals mit dem Anblick von Bananen vor der Tür beglückt. Dann schloss der Versuchsleiter die Tür und drehte den Schlüssel um. Was machte der Schimpanse? Er nutzte seine bereits erworbene Erfahrung. Er dachte nicht lange nach, kratzt sich auch nicht, sondern schleppt spontan einen Stuhl zur Tür, klettert darauf, rüttelt an der Türklinke — doch es passierte nichts. Was nun? Er kratzte sich und glaubte, die zündende Idee zu haben. Er hatte den falschen Stuhl gewählt! Und so probierte er nacheinander die Stühle durch. Am Ende standen vor der Tür jede Menge Stühle; der Affe war sehr fleißig gewesen, blieb aber erfolglos.

Das zeigt: Erfahrung kann auch dumm machen. Sie verhindert nicht selten, sich auf neue Umstände einzustellen. Als Nokia noch meinte, man müsse nur unentwegt bessere Telefone bauen, haben andere Anbieter längt bemerkt, dass die Verbraucher sich mobile Endgeräte wünschen, mit denen sie nebenbei auch noch telefonieren können. Mehr vom gleichen Falschen ist so manchem Unternehmen in der Vergangenheit nicht gut bekommen.

Der berühmte Stratege Carl von Clausewitz sprach in diesem Zusammenhang von »Methodismus«, der inzwischen als Erfolgskiller Nummer eins gilt. Häufiger denn je bescheren uns Methoden, mit denen wir lange Zeit erfolgreich waren, eines schlechten Tages den Misserfolg. Weil die Welt aufgrund der fortschreitenden technischen Entwicklungen ganz schnell nicht mehr so ist, wie sie gerade war. Methodismus bedeutet, dass das Verhalten von Routinen und Automatismen beherrscht und das Hirn nicht gebraucht wird. Damit geht der Verzicht auf Analysen einher, was in erster Linie bequem ist. Neue Ideen zerstören nämlich eingefahrene Prozesse und machen ein Umlernen erforderlich, was viele Betroffene als Zumutung empfinden. Hier spielt das lernpsychologische Gesetz eine Rolle, nach dem Umlernen schwerer als Neulernen ist. Wenn beschlossen würde, bei Rot zu fahren und bei Grün zu halten, liefe dies auf ein Subventionsprogramm für Kfz-Werkstätten, Krankenhäuser und Beerdigungsinstitute hinaus.

Weil wir aber in einer Zeit leben, in der eine gute Idee ganze Branchen zerlegen kann, ist die Fähigkeit zum Umlernen und Umdenken gefragter denn je. Deshalb hat die Deutsche Forschungsgemeinschaft (DFG) gerade Gelder für neue Untersuchungen an der Ruhr-Universität Bochum bewilligt, bei denen Neurowissenschaftler das Extinktionslernen erkunden — also die Fähigkeit, erworbene Verhaltens- und Denkmuster wieder loszuwerden. Das gilt für den neuen Nachnamen der frisch verheirateten Kollegin wie für die Einführung neuer Prozesse und Strukturen. Dies alles hat etwas mit Flexibilität zu tun, also damit, die eingefahrenen Gleise der Routine zu verlassen und Neues zu denken. Die jüngsten kreativen Zerstörer haben gezeigt, was alles geht: Die größte Taxifirma hat keine Taxis (Uber), der größte Zimmervermittler keine einzige Wohnung (Airbnb) und der aggressivste Händler kein einziges Lager (alibaba). Flexibilität bedeutet Zukunftsfähigkeit.

> **!** **Worin sich flexible und unflexible Menschen unterscheiden**
>
> Menschen mit geringem Flexibilitätsvermögen
> - fürchten den Verlust von Besitzständen bzw. die Überforderung,
> - empfinden Veränderungen als persönliche Zumutung oder als Angriff auf das Selbstwertgefühl,
> - ignorieren bzw. bagatellisieren die Veränderungen und ihre Auswirkungen,
> - suchen unentwegt Gründe zur Legitimierung ihrer Abwehrhaltung und
> - versuchen, andere für ihren ablehnenden Standpunkt zu gewinnen.
>
> Flexible Menschen hingegen
> - gewinnen schnell ihr Gleichgewicht wieder, nachdem Erwartungen erschüttert wurden,
> - behalten einen hohen Produktivitätsgrad auch in unsicheren Situationen bei,
> - bleiben physisch und emotional gesund, wenn sie mit Unsicherheiten zu kämpfen haben und
> - gehen aus den durch Veränderungen hervorgerufenen Herausforderungen gestärkt hervor.

3.5 Teamfähigkeit

Anforderungen wie »teamfähig«, »Teamfähigkeit« oder »Teamplayer« werden an einem beliebigen Stichtag im Job-Portal www.monster.de in über 3.000 Stellenangeboten erwähnt. Worauf kommt es da eigentlich an? Lesen Sie bitte das folgende Stellenangebot. Welche Fähigkeiten sind gefragt?

»Assistent/in
Sie haben Ihr Studium abgeschlossen und idealerweise erste Erfahrungen in Marketing und/oder PR gesammelt, sind fit in Englisch und am Computer, haben Spaß am Schreiben und Organisieren und sind an Sport, Musik und Kultur interessiert. Außerdem sind Sie nicht nur geistig mobil.

Wir führen und koordinieren weltweit alle Kommunikationsaktivitäten. Und da sich unser Produkt einer ständig steigenden Nachfrage erfreut, möchten wir unser kleines Team baldmöglichst verstärken.

Frau YZ freut sich auf Ihre Bewerbungsunterlagen und wird …«

Worauf kommt es bei diesem Anforderungsprofil ganz besonders an? Welche Leistungsmerkmale muss man als Bewerber herausstellen, um den Job zu bekommen? In der folgenden Liste sind alle im Anzeigentext aufgeführten Anforderungen zu finden. Bitte erstellen Sie ein Ranking hinsichtlich des Stellenwerts der einzelnen geforderten Eignungsmerkmale. Setzen Sie die nach Ihrem Dafürhalten wichtigste Voraussetzung auf den ersten Platz, die zweitwichtigste auf den zweiten Platz etc.

Anforderungen	Stellenwert
1. Mobilität	Platz ___
2. Computerkenntnisse	Platz ___
3. Organisationstalent	Platz ___
4. Interesse an Sport, Musik und Kultur	Platz ___
5. Spaß am Schreiben	Platz ___
6. Englischkenntnisse	Platz ___
7. Marketing- bzw. PR-Erfahrung	Platz ___
8. Teamfähigkeit	Platz ___

Welche Eigenschaft haben Sie auf den ersten Platz gesetzt? Marketing- bzw. PR-Erfahrung? Falsch. Teamfähigkeit? Volltreffer! »... möchten wir unser kleines Team baldmöglichst verstärken.« Das ist der entscheidende Satz in der Anzeige. Teamfähigkeit ist das Knock-out-Kriterium, denn niemand will sich sein kleines Team durch jemanden kaputtmachen lassen, der nicht hineinpasst. Da kann ein Bewerber fachlich noch so gut sein. Erinnert sei an dieser Stelle noch einmal an das eingangs beschriebene Konzept der Passung und das »Person-Group-Fit« als Eignungskriterium. (Ihr Ranking ist übrigens komplett »richtig«, wenn Sie die Reihenfolge der acht Merkmale umgekehrt haben.) Wie klagte doch bereits vor Jahren Erwin Staudt in seiner Eigenschaft als IBM-Deutschland-Chef? »Sorgen machen mir weiche Anforderungen wie Teamfähigkeit, die viele unserer hochtalentierten Bewerber ... nicht mitbringen.«

»Was verstehen Sie eigentlich unter Teamwork?« Vorsicht! Feiern Sie sich bei dieser Frage nicht als Teamplayer ab, ohne zu wissen, was dieser Begriff konkret bedeutet. »Ich habe schon immer gern mit anderen zusammengearbeitet« als Antwort ist zu wenig. Orientieren Sie sich an der amerikanischen Übersetzung für das Wort »TEAM«: »together everybody achieves more.« Teamwork heißt nicht, Ferien vom Ich zu nehmen und sich von seinem Selbstdenkertum zu verabschieden. Ein guter Teamplayer schafft den Ausgleich zwischen den eigenen Interessen und denen des Teams. Machen Sie als Bewerber deutlich, dass Harmonie kein Selbstzweck ist. »Groupthink« — »Wir sind uns ja alle so einig!« — kann fatale Folgen haben. Wie heißt es doch ganz richtig? Der Erfolg hat viele Väter, der Misserfolg ist ein Waisenkind. Wenn eine Sache schiefgeht, will es keiner gewesen sein. Im Team kann sich der Einzelne gut hinter anderen verstecken, deshalb werden Mitarbeiterinnen und Mitarbeiter gesucht, die das Zeug dazu haben, bei Bedarf andere Teammitglieder »gegen den Strich« zu bürsten bzw. nicht vor lauter Harmoniebedürfnis bei Gegenwind einzuknicken.

Das Soft Skill »Teamfähigkeit« gründet auf einer bestimmten Haltung. Da gibt es die einen, die das ganze »Gedöns« um Teamwork als weltfremd ablehnen und das Individuum und letztendlich den Einzelkämpfer favorisieren, und die andere, die sich die Erlösung der Menschheit nur im Kollektiv vorstellen können. In welche Richtung tendieren Sie?

Test: Bin ich teamfähig?

1. Teamwork ist nicht alles, aber ohne Teamwork ist alles nichts.

    ☐ Stimmt   ☐ Dazwischen   ☐ Stimmt nicht

2. Teams können nur funktionieren, wenn die Teammitglieder ihre persönlichen Interessen konsequent zurückstellen.

    ☐ Stimmt   ☐ Dazwischen   ☐ Stimmt nicht

Teamfähigkeit 3

3. Man muss bestimmte Aufgaben auch völlig auf sich allein gestellt erledigen können.

    ☐ Stimmt   ☐ Dazwischen   ☐ Stimmt nicht

4. Am häufigsten scheitern Teams, weil es keinen Teamführer gibt.

    ☐ Stimmt   ☐ Dazwischen   ☐ Stimmt nicht

5. Die entscheidende Voraussetzung für das Funktionieren von Teams ist das gemeinsame Ziel.

    ☐ Stimmt   ☐ Dazwischen   ☐ Stimmt nicht

6. Wenn es Konflikte gibt, ist das immer ein schlechtes Zeichen für die Leistungsfähigkeit von Teams.

    ☐ Stimmt   ☐ Dazwischen   ☐ Stimmt nicht

7. Man muss auch mal die anderen »gegen den Strich bürsten«, wenn man gemeinsam Ziele erreichen will.

    ☐ Stimmt   ☐ Dazwischen   ☐ Stimmt nicht

8. Das Wichtigste in einem Team ist eine gute Atmosphäre.

    ☐ Stimmt   ☐ Dazwischen   ☐ Stimmt nicht

9. Der Mensch tut in der Regel, was ihm gut tut.

    ☐ Stimmt   ☐ Dazwischen   ☐ Stimmt nicht

10. Teamwork heißt oft, dass die Leistungstreiber die Leistungsschwachen und -unwilligen mitschleppen müssen.

    ☐ Stimmt   ☐ Dazwischen   ☐ Stimmt nicht

11. Teams funktionieren nur, wenn sie einen klaren Auftrag haben.

    ☐ Stimmt   ☐ Dazwischen   ☐ Stimmt nicht

12. Teamwork ist eine Erfindung von »Gutmenschen«. Hier wird ein Gemeinsinn beschworen, der der menschlichen Natur nicht entspricht.

    ☐ Stimmt   ☐ Dazwischen   ☐ Stimmt nicht

Auswertung
- Testitems mit ungeraden Zahlen: »stimmt« = 2 Punkte, »stimmt nicht« = 0 Punkte
- Testitems mit geraden Zahlen: »stimmt nicht« = 2 Punkte, »stimmt« = 0 Punkte
- »Dazwischen« = 1 Punkt

Interpretation

24–16 Punkte: Ihre Grundüberzeugung lautet: Individualismus und Teamfähigkeit sind keine Gegensätze, sondern ergänzen sich. Die Amerikaner sind einerseits exzellente Teamplayer, vergessen bei der Teamarbeit aber nicht ihre persönlichen Interessen bzw. ihre persönliche Verantwortung.

15–8 Punkte: Nach Ihrer Auffassung muss sich der Teamplayer weitgehend von seinen persönlichen Interessen verabschieden und in der Zusammenarbeit mit anderen möglichst »pflegeleicht« sein. Unter solchen Bedingungen funktionieren Teams auf Dauer aber nicht.

7–0 Punkte: Bei dieser Einstellung dürfte es Ihnen schwerfallen, in einem Team einen Platz zu finden. Diese Haltung verrät den Einzelkämpfer, den es freilich auch geben muss und der auch seinen beruflichen Weg machen kann — allerdings nicht in einem Team.

3.6 Belastbarkeit

Unter dem Stichwort »Belastbarkeit« meldet monster.de »1.000+ Belastbarkeit Jobs entsprechen Ihren Suchkriterien«.

Stellenanzeige: Sales Consultant (m/w)
»Ihr Profil:
- abgeschlossene kaufmännische Ausbildung mit Schwerpunkt Marketing
- Kontaktfreude
- Kommunikationsstärke
- Belastbarkeit.«

»Belastbarkeit« ist ein Lieblingsbegriff der Texter von Stellenangeboten. Was ist damit konkret gemeint? »Belastbarkeit« heißt, dass
- »nine to five« im Job nicht reicht,
- überdurchschnittlich hohe physische und psychische Energiereserven vorhanden sein müssen,
- man einen »langen Atem« haben sollte, weil sich bei vielen Aufgaben nicht sofort die gewünschten Erfolge einstellen werden,
- Frust bzw. Misserfolge auszuhalten sind und sich nicht gleich negativ auf die Leistungsmoral auswirken dürfen und
- man mit beruflichen Unsicherheiten leben können muss.

Dieser letzte Punkt ist besonders wichtig, denn immer mehr Menschen arbeiten in zeitlich begrenzten Projekten, ohne zu wissen, wie es danach weitergeht, oder starten mit einem Zeitvertrag ins Berufsleben. Wer sich angesichts dessen im Vorstellungsgespräch ängstlich oder zögerlich zeigt, vermindert seine Chancen.

Das Persönlichkeitsmerkmal »Belastbarkeit« — häufig wird auch das Synonym »Resilience« benutzt — gibt auch Auskunft über das Verhalten in Stresssituationen. Macht jemand unter Zeitdruck Flüchtigkeitsfehler, verliert er den Überblick, behandelt er Kunden unwirsch oder abweisend? Es geht letztlich darum, wie jemand reagiert, wenn sich auf dem Weg zum Ziel Hindernisse auftürmen. Im Extremfall gibt es jene, die resignieren, und andere, die sich von Hindernissen provoziert fühlen und aus einer sportlichen Haltung heraus mit einem »Jetzt erst recht!« kontern.

Test: Bin ich emotional belastbar?

1. Stress ist für mich die Würze des Lebens.

    ☐ Stimmt   ☐ Dazwischen   ☐ Stimmt nicht

2. In der Schule hat es mich immer genervt, wenn der Lehrer mir während einer Klassenarbeit auf die Finger schaute.

    ☐ Stimmt   ☐ Dazwischen   ☐ Stimmt nicht

3. Wer Angst vor Zeitverträgen oder projektorientierten Aufgaben hat, ist nicht sonderlich belastbar.

    ☐ Stimmt   ☐ Dazwischen   ☐ Stimmt nicht

4. Die Sicherheit des Arbeitsplatzes ist für mich ein wichtiges Entscheidungskriterium bei der Suche nach einem neuen Job.

    ☐ Stimmt   ☐ Dazwischen   ☐ Stimmt nicht

5. Wenn ich mir einen Zeitplan für zu erledigende Aufgaben mache und es kommt etwas Unvorhergesehenes dazwischen, disponiere ich eben um. Überraschungen gehören doch zum Leben.

    ☐ Stimmt   ☐ Dazwischen   ☐ Stimmt nicht

6. Wir leben in einer Leistungsgesellschaft, die bei sehr vielen Menschen zu inhumanen seelischen Belastungen führt.

    ☐ Stimmt   ☐ Dazwischen   ☐ Stimmt nicht

7. Wenn hin und wieder richtig viel los ist und es leistungsmäßig auch mal ans Limit geht, fühle ich mich besonders wohl.

    ☐ Stimmt   ☐ Dazwischen   ☐ Stimmt nicht

8. Es gibt häufig Tage, da fühle ich mich abends nicht müde, sondern regelrecht ausgebrannt.

    ☐ Stimmt   ☐ Dazwischen   ☐ Stimmt nicht

9. Der Mensch ist von seiner Natur her auf Leistung programmiert.

    ☐ Stimmt   ☐ Dazwischen   ☐ Stimmt nicht

10. Stress ist die Geißel der Menschen im modernen Industriezeitalter.

    ☐ Stimmt   ☐ Dazwischen   ☐ Stimmt nicht

11. Zum Glück kann ich sehr gut »abschalten«.

    ☐ Stimmt   ☐ Dazwischen   ☐ Stimmt nicht

12. Am besten erhole ich mich durch Nichtstun.

    ☐ Stimmt   ☐ Dazwischen   ☐ Stimmt nicht

Auswertung

- Testitems mit ungeraden Zahlen: »stimmt« = 2 Punkte, »stimmt nicht« = 0 Punkte
- Testitems mit geraden Zahlen: »stimmt nicht« = 2 Punkte, »stimmt« = 0 Punkte
- »Dazwischen« = 1 Punkt

Interpretation

24–16 Punkte: Sie schätzen es, wenn der Sturm von vorne kommt — ein Rückzug in den Windschatten kommt für Sie deshalb nicht infrage. Außerdem testen Sie gern einmal die Grenzen Ihrer Leistungsfähigkeit aus. Stress empfinden Sie eher als belebend.

15–8 Punkte: Sie müssen manchmal schon mit Ihren Kräften haushalten und es gibt Dinge, die an Ihren Nerven »zerren«.

7–0 Punkte: Bisweilen wachsen Ihnen die Dinge über den Kopf. Sie haben entweder die falsche Einstellung zu manchen Anforderungen oder die Ihnen gestellten Aufgaben passen nicht zu Ihrem Profil.

3.7   Kreativität

Die Eigenschaft »Kreativität« wird an einem beliebigen Stichtag im Job-Portal www.monster.de in über 1.000 Stellenangeboten gefordert. Aber was ist Kreativität eigentlich? Wer sich von Google Auskunft hierzu erhofft, findet unter diesem Stichwort über 13 Millionen Einträge. Bei einer Investition für jeden Eintrag von nur fünf Minuten, wären fast 130 Jahre Zeit verbraucht — und dabei ist die unentwegte Zunahme der Beiträge nicht eingerechnet. So viel Zeit hat niemand und deshalb werde ich versuchen, das Soft Skill »Kreativität« in Kürze zu erläutern.

Was also ist Kreativität? Zunächst sei der österreichische Ökonom Joseph Alois Schumpeter mit dem von ihm geprägten Begriff der »schöpferischen Zerstörung« angeführt. Bereits 1911 stellt Schumpeter fest: »Alle Regeln, Systeme, Prozesse, Produkte und Dienstleistungen haben irgendwann ihren Zweck erfüllt und müssen deshalb erneuert werden — oder sie haben ihn nicht erfüllt und müssen deshalb erst recht ersetzt werden.« Kreativität heißt also, dass das Bessere das Gute verdrängt, dass das Gegebene durch Neues ersetzt wird. Dieser Vorgang bezieht sich auf Produkte, Dienstleistungen, Prozesse und komplette Geschäftsmodelle. Und da die Welt nicht so ist, wie sie sein sollte, gilt dies auch für Mitarbeiterinnen und Mitarbeiter bzw. Bewerber. Tausendmal gehört und immer noch richtig: Wer nicht mit der Zeit geht, geht mit der Zeit.

Wie entsteht Kreativität und damit Innovation? Kreativität ist zunächst eine Haltung, die kaum jemand in unserer Zeit so gelebt hat wie Steve Jobs, der zu früh verstorbene Unternehmer und Mitgründer von Apple. In seiner hörenswerten Stanford-Speech von 2005 wandte er sich wie folgt an die Studierenden: »Don't be trapped by dogma — which is living with the results of other people's thinking. Don't let the noise of others' opinions drown out your own inner voice. And most important, have the courage to follow your heart and intuition … Stay hungry. Stay foolish.« Das ist unwiderstehlich.

Ja, Kreativität entsteht durch Querdenkertum, durch das Verfolgen verrückter Ideen, durch den Ausbruch aus alten Denkgleisen. Innovationen können zustande kommen, indem man
- Erfahrungswissen neu kombiniert,
- bekannte Zusammenhänge auf neue Situationen überträgt und/oder
- neue Beziehungen zwischen Informationen entdeckt.

Typische Beispiele sind der Klettverschluss und der Lotus-Effekt. Hier wurden Mechanismen aus der Natur abgeschaut und nachgebaut. Oder der QR-Code, den Toyota zur Identifizierung von Bauteilen für die Produktion entwickelt hat. Heute enthalten QR-Codes Theaterprogramme, Produktinformationen, Stellenanzeigen und vieles mehr.

Soft Skills: Wer bin ich?

> **!** **Out-of-the-box-thinking**
>
> Auf der Waagerechten liegen vier Geldstücke und auf der Senkrechten drei. Bitte nehmen Sie eine Münze und legen Sie diese so um, dass auf der Waagerechten und auf der Senkrechten jeweils vier Geldstücke platziert sind. Der Vorgang dauert keine zwei Sekunden. Wenn Sie die Lösung gefunden haben, wissen Sie, was Kreativität ist. (Die Auflösung finden Sie am Ende des Abschnitts zum Thema Kreativität.)

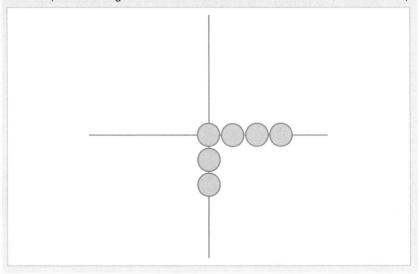

Test: Bin ich kreativ?

1. Wenn ich ein Buch gelesen habe und danach den entsprechenden Film sehe, bin ich fast immer enttäuscht. In meinem Kopf haben sich die Dinge völlig anders zugetragen — und vor allem spannender.

    ☐ Stimmt   ☐ Dazwischen   ☐ Stimmt nicht

2. Die einen müssen Ideen entwickeln und die anderen müssen sie praktisch umsetzen. Ich gehöre zu den »Umsetzern«.

    ☐ Stimmt   ☐ Dazwischen   ☐ Stimmt nicht

3. Man muss auch mal spinnen. Wer nicht spinnen kann, dem fällt bald nichts mehr ein.

    ☐ Stimmt   ☐ Dazwischen   ☐ Stimmt nicht

4. Jeder Mensch ist kreativ.

    ☐ Stimmt   ☐ Dazwischen   ☐ Stimmt nicht

5. Wenn ich mit einem Fremden telefoniere, kann ich mir aufgrund seiner Stimme und Sprechweise ein Bild von ihm machen.

    ☐ Stimmt   ☐ Dazwischen   ☐ Stimmt nicht

6. Für mich zählen Zahlen — alles andere ist nur wie Stochern im Nebel.

   ☐ Stimmt   ☐ Dazwischen   ☐ Stimmt nicht

7. Wenn ich besonders schöne Naturaufnahmen sehe, glaube ich, Gras und Blumen zu riechen.

   ☐ Stimmt   ☐ Dazwischen   ☐ Stimmt nicht

8. Mit Gedichten kann ich wenig anfangen.

   ☐ Stimmt   ☐ Dazwischen   ☐ Stimmt nicht

9. Bei dem Gedanken an die Unendlichkeit des Weltalls kann ich mich und meine Umgebung völlig vergessen.

   ☐ Stimmt   ☐ Dazwischen   ☐ Stimmt nicht

10. Bei Gemälden interessiert mich besonders die Technik, mit der der Künstler gearbeitet hat.

    ☐ Stimmt   ☐ Dazwischen   ☐ Stimmt nicht

11. Es kann vorkommen, dass mich eine Aufgabe so fesselt, dass ich Raum und Zeit vergesse.

    ☐ Stimmt   ☐ Dazwischen   ☐ Stimmt nicht

12. Wenn ich einen Widerspruch zwischen meinem Verstand und meinen Gefühlen wahrnehme, entscheide ich mich für den Verstand.

    ☐ Stimmt   ☐ Dazwischen   ☐ Stimmt nicht

Auswertung

- Testitems mit ungeraden Zahlen: »stimmt« = 2 Punkte, »stimmt nicht« = 0 Punkte
- Testitems mit geraden Zahlen: »stimmt nicht« = 2 Punkte, »stimmt« = 0 Punkte
- »Dazwischen« = 1 Punkt

Interpretation

24–16 Punkte: Ihre Antworten sprechen für eine überdurchschnittliche Vorstellungskraft, die als Voraussetzung für kreatives Potenzial angesehen werden kann. Sie lassen gern einmal Ihrer Fantasie freien Lauf und hören auf Ihren »Bauch«. Von der Haltung her ist Denken für Sie Probehandeln — und das heißt, ausgetretene Pfade hin und wieder zu verlassen, um etwas Neues zu entdecken.

15–8 Punkte: Im Zweifelsfall halten Sie sich lieber an das Bewährte und perfektionieren die bekannten Erfolgsrezepte, statt neue zu erfinden. Und damit können Sie recht erfolgreich sein, solange sich die Umstände nicht ändern.

7–0 Punkte: Für Sie zählt das nüchterne Kalkül: Wahr ist, was sich messen und/oder operationalisieren lässt.

Auflösung zum Kreativitätstest
Hier noch die Auflösung zum Kreativitätstest: Sie legen das Geldstück auf der Waagrechten rechts außen genau auf das Geldstück im Fadenkreuz. Voilà: Vier Münzen liegen auf der Horizontalen und vier auf der Vertikalen. Wie immer erscheint die Lösung ganz einfach, aber das Einfache ist eben schwierig. Angesichts von milliardenschweren Apps sagen viele Nutzer: »Die hätte ich mir auch ausdenken können!«

3.8 Prozessorientierung

Mit diesem Soft Skill können viele Bewerberinnen und Bewerber wenig anfangen, dabei handelt es sich um ein Qualifikationsmerkmal, das für die Wettbewerbsfähigkeit einer Organisation von großer Bedeutung ist und deshalb in vielen Stellenangeboten explizit erwähnt wird. Hier ein Beispiel. Ausgeschrieben ist die Position »Personalreferent/in«.

»Ihre Qualifikationen:
- Abgeschlossenes Hochschulstudium oder vergleichbare Ausbildung
- Sehr hohe Sozialkompetenz und Kommunikationsfähigkeit
- ...
- Ausgeprägte Beratungs- und Lösungskompetenz in allen wesentlichen HR-Fragestellungen sowie hohe Prozessorientierung.«

»Hohe Prozessorientierung«. Was ist das? Die folgende Geschichte beschreibt den Sachverhalt recht anschaulich.

> **Der Dom von Köln**
>
> Wir befinden uns im 13. Jahrhundert auf der Baustelle des Kölner Doms. Dort arbeiten drei Steinmetze. Der erste blickt grimmig, der zweite normal, der dritte freut sich, aber alle machen die gleiche Arbeit. Da kommt ein katholischer Würdenträger vorbei, sieht die drei Männer und fragt den ersten, also jenen der verdrießlich dreinschaut: »Was machst du da?« — »Ich verdiene mir mein Brot.« Dann fragt er den zweiten, den mit dem ausdruckslosen Gesicht: »Was machst du denn da?« Die Antwort lautet: »Ich behaue einen Stein.« Und wie antwortet der dritte Steinmetz, der mit der fröhlichen Miene, auf diese Frage? »Ich baue den Kölner Dom.« Es ist klar, wer von den dreien über die besten Energiequellen verfügte, seine Tätigkeit besonders verantwortungsbewusst wahrnahm, vermutlich nie an seinem Arbeitsplatz fehlte: wohl derjenige, der im großen Zusammenhang dachte und fühlte.

3 Prozessorientierung

Die richtige Einstellung zum Job ist zwar nicht alles, aber ohne die richtige Einstellung zu dem, was man tut, ist alles nichts. Prozessorientierung heißt also, nicht nur das Stückwerk zu sehen, sondern das »Big Picture«. Gesucht werden Frauen und Männer mit Helikopterblick, die den gesamten Prozess im Auge haben, in dessen Verlauf Werte für Kunden geschaffen werden.

> **Aufbau- und Ablauforganisation**
>
> Die Aufbauorganisation umfasst die hierarchische Struktur eines Unternehmens. Stellen werden beispielsweise zu Abteilungen, Abteilungen zu Hauptabteilungen und Hauptabteilungen zu Geschäftsführungsbereichen zusammengefasst, an der Spitze der Hierarchie positioniert sich dann ein Vorstand. Die Schlüsselfrage zur Gestaltung der Aufbauorganisation lautet: »Was ist zu tun?«
>
> Die Ablauforganisation orientiert sich an der Frage: »Wie ist es zu tun?« Hier geht es um die Gestaltung der Arbeitsprozesse und damit um die konkrete Aufgabenerfüllung. Ein Prozess beschreibt eine Leistungserstellung durch eine Kette logisch zusammenhängender Aktivitäten. Der Prozess »Auftragsabwicklung« kann dann etwa so aussehen:
> - Aktivitäten zur Auftragsakquisition
> - Auftragserteilung
> - Vertragsgestaltung
> - Interne Unteraufträge erstellen und an die zuständigen Stellen weiterleiten
> - Koordination der Aktivitäten
> - Abschluss des Auftrags und Übergabe an den Kunden
> - Reklamationsbearbeitung
> - After-Sales-Aktivitäten
>
> Das Problem besteht darin, dass Geschäftsprozesse stellenübergreifend über mehrere Funktionsbereiche hinweg ablaufen und es daher zu Verzögerungen und Brüchen im Prozessablauf kommen kann. Wettbewerbsentscheidend ist aber die schnelle und kostengünstige Abwicklung stellenübergreifender Gesamtprozesse, das setzt eine prozessorientierte und nicht nur aufgabenbezogene Betrachtungsweise aller Beteiligten voraus. Die Bedeutung der Prozessorientierung zeigt sich auch darin, dass Unternehmen zunehmend Personen als »Processowner« einsetzen, die die Konflikte zwischen den unterschiedlichen Zuständigkeiten und Kompetenzen lösen sollen.

Wer im Bewerbungsverlauf zeigt, dass er in Geschäftsprozessen denken kann, die eigene Tätigkeit also immer im Gesamtzusammenhang dieser Prozesse sieht, sammelt Punkte. Die praktische Umsetzung der Prozessorientierung setzt allerdings eine ausgeprägte Teamfähigkeit bei allen Beteiligten und eine Verringerung des Hierarchiedenkens voraus.

Test: Arbeite ich prozessorientiert?

1. Man kann sich zur falschen Zeit für eine richtige Sache engagieren.

   ☐ Stimmt ☐ Dazwischen ☐ Stimmt nicht

2. Wenn jeder sich um seine Aufgabe kümmert, ist allen geholfen.

   ☐ Stimmt ☐ Dazwischen ☐ Stimmt nicht

3. Man sollte immer die Neben- und Fernwirkungen des eigenen Handelns bedenken.

   ☐ Stimmt ☐ Dazwischen ☐ Stimmt nicht

4. Die meisten unproduktiven Konflikte entstehen, weil sich Mitarbeiter in die Aufgaben anderer einmischen, deshalb sollte das lieber unterbleiben.

   ☐ Stimmt ☐ Dazwischen ☐ Stimmt nicht

5. Man kann selten nur eine Sache machen. Meist passiert als Nebeneffekt an anderer Stelle etwas, das man möglichst berücksichtigen sollte.

   ☐ Stimmt ☐ Dazwischen ☐ Stimmt nicht

6. Man muss den Mitarbeitern nur eine eindeutige Aufgabenbeschreibung im Arbeitsvertrag vorlegen, dann funktioniert das schon.

   ☐ Stimmt ☐ Dazwischen ☐ Stimmt nicht

7. Dem Kunden ist es völlig egal, wie sich ein Betrieb organisiert hat — der will ein Produkt, das seinen Vorstellungen entspricht.

   ☐ Stimmt ☐ Dazwischen ☐ Stimmt nicht

8. Unternehmerisch denken? Das ist doch nur eine Idee des Neoliberalismus, um die Profite zu steigern.

   ☐ Stimmt ☐ Dazwischen ☐ Stimmt nicht

9. Ich habe immer Wert darauf gelegt, nicht nur Fachliteratur zu lesen.

   ☐ Stimmt ☐ Dazwischen ☐ Stimmt nicht

10. Man muss von seinem Job etwas verstehen — alles andere ist total nachrangig.

    ☐ Stimmt ☐ Dazwischen ☐ Stimmt nicht

11. Das Denken in »Kästchen« ist für manche Unternehmen ein existenzgefährdendes Problem.

    ☐ Stimmt ☐ Dazwischen ☐ Stimmt nicht

12. Ich möchte wissen, was ich zu tun habe. Was die anderen zu tun haben, geht mich im Grunde nichts an.

    ☐ Stimmt ☐ Dazwischen ☐ Stimmt nicht

Auswertung
- Testitems mit ungeraden Zahlen: »stimmt« = 2 Punkte, »stimmt nicht« = 0 Punkte
- Testitems mit geraden Zahlen: »stimmt nicht« = 2 Punkte, »stimmt« = 0 Punkte
- »Dazwischen« = 1 Punkt

Interpretation
24–16 Punkte: Das Ergebnis spricht dafür, dass Sie im Gesamtzusammenhang denken und handeln können und wollen. Bei Ihren Entscheidungen beachten Sie nicht nur den unmittelbaren Effekt, sondern auch die Neben- und Fernwirkungen. Dies ist eine gute Voraussetzung für Aufgaben, bei denen strategisches Denken erforderlich ist — insbesondere natürlich bei der Übernahme von Führungsverantwortung.

15–8 Punkte: Sie sind ein Anhänger des klaren Reglements. Das kann bisweilen sehr wichtig sein, schränkt aber die Handlungsmöglichkeiten und vor allem das Mitdenken der Mitarbeiter ein. Wer nur auf seine Aufgabe fixiert ist, hat im Kopf wenig Spielraum für Handlungen, die zwar nicht im Aufgabenkatalog stehen, aber für das Endergebnis bedeutsam sein können.

7–0 Punkte: Sie sind der ideale Checklisten-Vollstrecker. Ihre Arbeitswelt fühlt sich in Ordnung an, wenn alles festgezurrt und nicht einmal aus guten Gründen eine Abweichung vom vorgegebenen Pfad zulässig ist.

3.9 Kritikfähigkeit

Kritikfähigkeit gehört für Personaler zu den Top Ten der Soft Skills (Quelle: Statista 2015). Aus gutem Grund: Kritikfähigkeit ist die Grundvoraussetzung für persönliche Entwicklung und damit auch für die Entwicklung eines Unternehmens. Wenn die Unternehmenskultur es nicht zulässt, Produkte, Geschäftsmodelle und Ziele kritisch zu hinterfragen, hat es seine Zukunft bald hinter sich. Diese bittere Erfahrung musste insbesondere VW im Jahr 2015 machen.

Ein tragisches Beispiel ist hier auch der Niedergang der finnischen Ikone Nokia. Die Krise kam nicht unvermittelt. Nach Ansicht von Nokia-Watchern und Insidern bahnte sie sich schon seit zehn Jahren an. »Kritikresistenz« hieß die tödliche Krankheit, die sich in das erfolgsverwöhnte Unternehmen eingeschlichen hatte. Viele bemerkten die Symptome des einsetzenden Siechtums, wagten aber nicht, dies anzusprechen. Die typischen Hinweise waren innovationshemmende Strukturen, umständliche Informations- und Entscheidungsprozesse, Bürokratisierung, die Bestellung von 300 Vice-Presidents und ein irres »Powerpointing«. Gemanagt — nicht geführt — wurde Nokia von einem Justiziar und Finanzmann, dem ganz offensichtlich jegliches Verständnis für die Bedeutung von Soft Skills fehlte.

Vergleichbar ist dieser Fall mit Arcandor bzw. Karstadt in Deutschland. »Seine Entscheidungen habe ich als gottgegeben hingenommen«, sagte die Ex-Chefsekretärin von Ex-Vorstand Thomas Middelhoff im Betrugsprozess gegen denselben vor dem Landgericht Essen aus. Heute wird das »Jesus-Syndrom« (kann über Wasser laufen), an dem manche Manager leiden und das sie über jede Kritik erhebt, auch »Middelhoff-Syndrom« genannt.

Kritikfähigkeit hat mehrere Aspekte, und zwar zum einen die Bereitschaft, Kritik anzuhören bzw. zuzulassen, zum anderen die Fähigkeit und den Mut, Kritik zu äußern. Häufig trifft Kritik auf taube Ohren, weil sie weh tut und das Selbstwertgefühl beeinträchtigt. Das gilt insbesondere für Menschen, die von ihrer eigenen Vorzüglichkeit überwältigt sind. Sie merken gar nicht, wie sie für ihre Mitmenschen immer unerträglicher werden. Wie lautet doch eine Formel des Scheiterns? Wer nur hören will, was gefällt, lebt gefährlich. Aber auch dieser Grundsatz gilt: Wer nur sagt, was gut ankommt, ist gefährlich. »Der Schmeichler ist ein Bösewicht«, befanden die Gebrüder Jakob und Wilhelm Grimm. Konformismus, Opportunismus und falsch verstandene Loyalitäten haben in den letzten Jahren in deutschen Unternehmen einen immensen Schaden angerichtet. Man denke nur an die spektakulären Zinsmanipulationen (Libor-Skandal) einer großen deutschen Bank, an die Verfälschung von Umfrageergebnissen beim ADAC oder die Manipulation von Abgaswerten bei VW. Das wie auch immer motivierte Mitmachen bzw. Wegschauen hat den Unternehmen hohe Strafen und enorme Reputationsverluste eingebracht. Der Kritik und der Kritikfähigkeit gebührt folglich großes Lob.

In der Persönlichkeitspsychologie gilt der Grundsatz, dass Schwächen, die einem bewusst sind, weniger schaden. Und damit ist ein weiterer Aspekt der Kritikfähigkeit angesprochen — die Selbstkritik. Niemand soll sich unterschätzen, denn wer dies tut, lotet die Grenzen des eigenen Potenzials nicht aus — geschweige denn, dass er über sich hinauswächst. Wer sich allerdings notorisch überschätzt, wird irgendwann an der eigenen Überheblichkeit scheitern. Die Fähigkeit zur Selbstkritik ist durchaus eine persönliche Stärke. Wie heißt es doch zu Recht? Man muss nicht alles wissen und können, aber man sollte wissen, was man nicht weiß. Die angeblichen Alleswisser sind im Vorstellungsgespräch eine Plage. Wer mag, kann im Folgenden diesbezüglich sein Selbstbild überprüfen.

3 Kritikfähigkeit

Test: Wie selbstkritisch bin ich?

1. Meine Essmanieren sind zu Hause anders als in einem Top-Restaurant.
   ☐ Stimmt ☐ Stimmt nicht

2. Ich erreiche immer die Ziele, die ich mir gesetzt habe.
   ☐ Stimmt ☐ Stimmt nicht

3. Ich bin am Ende eines langen Arbeitstages manchmal müde.
   ☐ Stimmt ☐ Stimmt nicht

4. Ich kann ohne Schwierigkeiten und ohne rückfällig zu werden, alte Gewohnheiten ablegen.
   ☐ Stimmt ☐ Stimmt nicht

5. Es gelingt mir immer, meine Gefühle vollkommen zu beherrschen.
   ☐ Stimmt ☐ Stimmt nicht

6. Ich sage immer die Wahrheit.
   ☐ Stimmt ☐ Stimmt nicht

7. Manchmal klatsche ich ein wenig über andere Leute.
   ☐ Stimmt ☐ Stimmt nicht

8. Ich finde es ziemlich schwierig, andere Menschen richtig zu beurteilen.
   ☐ Stimmt ☐ Stimmt nicht

Auswertung
Einen Punkt für die Fähigkeit zur Selbstkritik gibt es für die folgenden Kreuzchen:

Aufgabe 1: stimmt
Aufgabe 2: stimmt nicht
Aufgabe 3: stimmt
Aufgabe 4: stimmt nicht
Aufgabe 5: stimmt nicht
Aufgabe 6: stimmt nicht
Aufgabe 7: stimmt
Aufgabe 8: stimmt

Interpretation

0–2 Punkte: Selbstzweifel werden Ihnen auf dem Weg nach oben nicht in die Quere kommen — dafür aber Konkurrenten, die Ihre mangelnde Selbstkritik zu nutzen wissen.

3–5 Punkte: Das angenehme Gefühl, vieles besser zu wissen und zu können, ist Ihnen nicht ganz fremd. Aber Sie bemühen sich, dies andere nicht ständig merken zu lassen.

6–8 Punkte: Sie wissen, dass die Kenntnis der eigenen Schwächen langfristig nur stärker macht. Sie trauen auch anderen etwas zu, verwechseln Delegation nicht mit dem Abschieben lästiger Aufgaben und können sich über gute Ideen freuen, auch wenn sie nicht von Ihnen stammen. Und genau das zeichnet eine (potenzielle) Führungskraft aus.

3.10 Konfliktfähigkeit

In Stellenangeboten bilden Durchsetzungsvermögen und Konfliktfähigkeit häufig ein Pärchen und dies aus gutem Grund. Wer sich mit seinen Ideen, Vorstellungen und Interessen durchsetzen will, muss zunächst einmal konfliktbereit und konfliktfähig sein. Wer harmoniebedürftig alles widerspruchslos hinnimmt, kann nicht auch noch ernst genommen werden wollen. Es sind die Ecken und Kanten, die das Profil ausmachen. Oder anders: Manche Zeitgenossen sind so glatt, dass man an ihnen hilflos abrutscht. Nur konfliktfähige Menschen sind als Sparringspartner geeignet, um sich reiben und entfalten zu können. Und da Reibung bekanntlich Kreativität erzeugt, gehört Konfliktfähigkeit für Personaler ebenfalls zu den Top Ten der gefragten Soft Skills.

Aber was ist mit dem Begriff »Konfliktfähigkeit« überhaupt gemeint? »Zivilcourage ist das, was von einem Menschen übrig bleibt, wenn der Vorgesetzte das Zimmer betritt.« Diese Aussage wird dem deutsch-amerikanischen Raketenforscher Wernher von Braun zugeschrieben und sie bietet einen guten Ausgangspunkt für die Einschätzung eines angemessenen Umgangs mit Hierarchien und Hierarchen. Starke Vorgesetzte wissen, dass man mit Ja-Sagern und Duckmäusern die Zukunft nicht gewinnen kann. Im Zweifelsfall bevorzugen diese Führungskräfte deshalb Mitarbeiter, die in der Sache unbequem sein können. Im Umkehrschluss sind es die schwachen Führungskräfte, die auf ihre nur geborgte Positionsmacht pochen und Mitarbeitern gern zeigen, wo der Hammer hängt.

Zivilcourage im Betrieb heißt, bei aller notwendigen Loyalität auf eigene Faust zu denken und gegebenenfalls die Zensoren aus dem Kopf zu entfernen. Ein guter Manager fördert eine Unternehmenskultur, die dies ermöglicht, während schwache Vorgesetzte Angst vor konfliktbereiten Mitarbeiterinnen und Mitarbeitern haben. Schwache Führungskräfte verfahren in ihren Personalentscheidungen vorzugsweise nach dem »Schmidt-sucht-Schmidtchen-Prinzip«, sie suchen Mitarbeiter, die pflegeleicht sind und ihnen aufgrund ihrer Kompetenzen nicht gefährlich werden können. Zukunftsfähigkeit sieht anders aus.

> **Beispiel: »Resolution Leads« gesucht**
>
> Für den Customer-Service (CS) bei Amazon wird ein »Resolution Lead« gesucht. Im Stellenangebot heißt es unter anderem: »Resolution Leads arbeiten als Experten, die Eskalationen auflösen, Kulanzregelungen finden sowie bei eskalierten Kundenkontakten unterstützen ... Sie demonstrieren Kundenorientierung und Eigentümerdenken bei jedem Kundenkontakt.« Von erfolgreichen Bewerberinnen und Bewerbern werden »Konfliktfähigkeit sowie diplomatisches Geschick, Taktgefühl und Gerechtigkeitssinn« erwartet. Wer Auseinandersetzungen scheut, wird mit dieser Aufgabe unglücklich werden.

Konfliktfähigkeit ist ebenfalls unverzichtbar, wenn es um die eigenen Interessen geht, dies gilt ganz besonders für Gehaltsverhandlungen. Manche Bewerber erwecken dabei den Eindruck, als sei es unanständig, Geld verdienen zu wollen. Auf die Frage nach der Einkommensvorstellung folgen verschwurbelte Sätze, aber keine klare Ansage (darauf wird an anderer Stelle noch konkret eingegangen).

> **Sechs Thesen zur Konfliktpsychologie**
>
> 1. Konflikte sind eine Grundbedingung des Lebens. Es gibt ein physikalisches Gesetz, das auch in der Arbeitswelt Gültigkeit hat: Jede Aktion erzeugt eine (oft gleich starke) entgegengesetzte Reaktion. Wer etwas verändern will, ruft offene und verdeckte Gegenspieler auf den Plan, die sich gegen Veränderungsprozesse sträuben.
> 2. Konflikte sind eine wichtige Funktionsbedingung von Entwicklung und Fortschritt. Wer die Auseinandersetzung mit anderen scheut, kann kein persönliches Profil entfalten.
> 3. Durch »Ketzer« bzw. Andersdenkende ist die Menschheit die Treppe hinaufgefallen.
> 4. Ziel der Konfliktregulierung sollte eine Win-win-Situation sein.
> 5. Konflikte produzieren auch Verlierer, deshalb hat der Wandel so viele Feinde.
> 6. Konflikte, die ignoriert bzw. nicht gelöst werden, vernichten materielle, mentale und physische Ressourcen.

Zur Konfliktfähigkeit gehört natürlich auch die Fähigkeit, Konflikte zu regulieren. Dafür hat sich die folgende Methode in der Praxis als sinnvoll erwiesen.

Step 1: Beschreibung
Sammlung aller bedeutsamen Informationen rund um den Konflikt. Dabei ist es wichtig, dass möglichst viele Perspektiven zusammentreffen, damit die Erfassung der Wirklichkeit breit angelegt werden kann. Schlüsselfrage: »Was ist Sache?«

Step2: Kontextbestimmung
Ein Sachverhalt begründet sich selten aus sich selbst heraus. Die Bemühung um das Verständnis der Zusammenhänge zwischen dem Konflikt und den Umfeldbedingungen löst die Perspektive aus der starren Betrachtung des Kernproblems. Meist hängt ja alles mit allem zusammen. Schlüsselfrage: »Was hängt womit zusammen?«

Step 3: Analyse/Entscheidung
Vernunftbetontes Handeln setzt die Kenntnis aller wichtigen Informationen und ihrer Zusammenhänge voraus. Erst dann können Entscheidungen über Maßnahmen zur Konfliktregulierung getroffen werden. Schlüsselfrage: »Was soll/muss getan werden?«

Moderationsaufgabe als Konfliktschlichter
Eine klare Trennung der drei Stufen ist erforderlich. Wer sofort mit Maßnahmen kommt, ehe sich ein gemeinsames Verständnis über die Konfliktursachen und die Zusammenhänge entwickelt hat, muss ausgebremst werden.

Krisensymptome bei der Konfliktregulierung
Debatte statt Analyse, banale Ergebnisse bei der Sammlung der Fakten und Fantasielosigkeit bei der Entwicklung von Kontextbezügen.

3.11 Verhandlungsgeschick

Verhandeln ist eine wechselseitige Kommunikation mit dem Ziel, Gewünschtes von anderen Leuten zu bekommen, die einem dies aber nicht geben wollen. Eine Übereinkunft lässt sich auf dem Verhandlungsweg nur erreichen, wenn auf beiden Seite neben den gegensätzlichen Interessen auch gemeinsame Interessen bestehen. Wenn es keine gegensätzlichen Interessen gibt, ist eine Verhandlung nicht nötig, wenn es keine gemeinsamen Interessen gibt, ist eine Verhandlung nicht möglich. Im Fall Griechenland beispielsweise — Euroraum verlassen oder nicht — gab es entnervende Verhandlungen, weil es neben den anscheinend unüberbrückbaren Gegensätzen eben auch Gemeinsamkeiten gab. Alle Beteiligten wollten den »Grexit« — also den Austritt Griechenlands aus der Eurozone — verhindern, aber bezüglich der Bedingungen für weitere EU-Mittel zur Abwendung der Zahlungsunfähigkeit gab es recht unterschiedliche Vorstellungen. Das Gleiche gilt für die jährlichen Tarifverhandlungen zwischen Arbeitgebern und Arbeitnehmern. Jede Partei möchte so viel wie möglich herausholen bzw. so wenig wie möglich geben; das gemeinsame Interesse besteht darin, einen kostspieligen Streik zu vermeiden.

Verhandlungsgeschick gilt im Berufsleben ebenfalls als Renner und wird an einem beliebigen Stichtag im Job-Portal www.monster.de in über 1.000 Stellenangeboten gefordert. Die Frage stellt sich, wie es sich von anderen Soft Skills wie Kommunikationsfähigkeit, Empathie, Durchsetzungsvermögen oder der eben besprochenen Konfliktfähigkeit abgrenzen lässt, denn Verhandlungsgeschick ist mehr als die Summe dieser Persönlichkeitseigenschaften.

1985 machte ein Buch von Roger Fisher und William Ury Furore: »Das Harvard-Konzept: sachgerecht verhandeln, erfolgreich verhandeln«. Dieses Buch beschreibt einige interessante Prinzipien erfolgreicher Verhandlungen, die Bewerberinnen und Bewerber nicht nur kennen, sondern im Zweifelsfall im Vorstellungsgespräch parat haben sollten. Der Kern dieses Konzepts besteht aus folgenden Empfehlungen bzw. Grundsätzen:

1. Unterscheiden Sie zwischen dem Verhandlungsgegenstand einerseits und der Beziehung zwischen den Verhandlungspartnern andererseits.
2. Konzentrieren Sie sich nicht auf die Positionen, sondern auf die dahinterliegenden Interessen.
3. Entwickeln Sie zuerst möglichst viele Optionen, bewerten und entscheiden Sie später.
4. Lösen Sie Interessenkonflikte durch Hinzuziehen neutraler Beurteilungskriterien.

> **Das Harvard-Konzept** !
> **Erster Grundsatz: Sache und Personen trennen**
> Eine erfolgreiche Bearbeitung von Sachproblemen setzt eine störungsfreie Beziehung voraus. Idealerweise beruht diese auf gegenseitigem Vertrauen und Akzeptanz. Was tun, wenn einem die Verhandlungspartner unsympathisch sind? Machen Sie sich die eigene Antipathie bewusst, so können Sie Ihre Gefühle besser kontrollieren. Versuchen Sie positiv auf die Beziehungsebene einzuwirken. Hilfreich sind Begrüßungsrituale sowie Höflichkeitsformen im Gespräch und im Verhalten.

Zweiter Grundsatz: Konzentration auf die Interessen
Position und Interesse unterscheiden sich fundamental. Eine Position ist die Erklärung einer Verhandlungspartei, wie diese unter bestimmten Bedingungen handeln wird. Sie drückt eine bereits getroffene Entscheidung aus. Ein Interesse ist der Beweggrund hinter der Position. Es ist das, was sich die Partei wünscht oder unbedingt vermeiden will. Dies ist ein besonders wichtiger Ansatz im Harvard-Konzept, deshalb soll er an einem interessanten historischen Beispiel erörtert werden. 1978 wurde nach zähen Verhandlungen durch Vermittlung des US-Präsidenten Jimmy Carter zwischen Israel und Ägypten das Camp-David-Friedensabkommen geschlossen, das den Kriegszustand zwischen den beiden Ländern seit dem »Sechs-Tage-Krieg« 1967 beendete. Ein besonders strittiger Punkt war die von Israel besetzte Sinai-Halbinsel. Die unterschiedlichen Positionen schienen unvereinbar: Ägypten forderte den Sinai als Jahrtausende altes Staatsterritorium zurück und Israel wollte das Gebiet nicht räumen, weil es keine ägyptischen Panzer vor der Haustür haben wollte. Bewegung kam erst in die Verhandlungen, als beide Seiten ihre Positionen verließen und nach gemeinsamen Interessen suchten – und diese auch fanden. Der Sinai erhielt den Status einer entmilitarisierten Zone und wurde danach an Ägypten zurückgegeben. Der eine Verhandlungspartner hatte sein territoriales Interesse durchgesetzt und der andere seine Sicherheitsinteressen. Damit konnten beide Seiten gut leben.

Dritter Grundsatz: Viele Optionen entwickeln, später bewerten
Die Suche nach einer Lösung ist ein kreativer Prozess nach dem Motto: Vergrößern Sie den Kuchen, bevor Sie ihn teilen. Die Kreativität wird behindert, wenn vorschnell beurteilt wird. Deshalb empfiehlt es sich, die Suche nach Optionen und deren Bewertung voneinander zu trennen. Suchen Sie nach möglichen Lösungsalternativen. Befassen Sie sich mit den Interessen der Gegenseite.

Vierter Grundsatz: Hinzuziehen neutraler Bewertungskriterien
Objektive Kriterien wie allgemein gültige Normen oder Werte sind eine solide Entscheidungsgrundlage, da sie unabhängig von den subjektiven Interessen der Konfliktparteien bestehen und den Weg für die Lösung bahnen. Objektive Bewertungskriterien können im Fall einer Gehaltsverhandlung der allgemeine Marktwert von Ausbildungs- und Studienabschlüssen sowie Gehaltstabellen sein.

Strategie der Verhandlungsführung: »Tit for Tat«

In der Spieltheorie bezeichnet »Tit for Tat« die Strategie eines Spielers, der in einem mehrperiodischen Spiel im ersten Zug kooperiert und danach genauso handelt wie der Gegenspieler in der jeweiligen Vorperiode. Hat der Gegenspieler zuvor kooperiert, so kooperiert auch der Tit-for-Tat-Spieler. Hat der Gegenspieler in der Vorrunde defektiert, also nicht kooperiert, so antwortet der Gegenspieler zur Vergeltung auf gleiche Weise. Tit for Tat heißt: »Wie du mir, so ich dir.« Zusätzlich gilt das Prinzip der beschränkten Vergeltung, um Strafen gering und Belohnungen groß zu halten. Die Strategie hat außerdem die Regel, zu Beginn der Interaktion auf jeden Fall kooperativ zu handeln. Wenn zwei Tit-for-Tat-Spieler aufeinandertreffen, kooperieren sie immer.

Insbesondere beim Verhandlungsgeschick wird erkennbar, dass sich Schüsselqualifikationen lernen und trainieren lassen. Es reicht allerdings nicht, die Begriffe zu kennen, sondern man muss wissen, was sie inhaltlich bedeuten.

3.12 Organisationstalent

»Texter/Redakteur mit Social-Media-Kompetenz und Organisationstalent (w/m)« — so ist das Stellenagebot einer Medienagentur überschrieben. Was kann jemand besonders gut, wenn er über Organisationstalent verfügt? Er kann

- vorausschauend planen,
- proaktiv handeln,
- Aufgaben und Abläufe sinnvoll strukturieren und
- Prioritäten setzen.

Schon das Bewerbungsanschreiben kann zeigen, dass die Bewerberin oder der Bewerber in der Lage ist, Inhalte zu strukturieren und die richtigen Schwerpunkte zu setzen. Manchmal werden Personaler mit einem unappetitlichen Informationsbrei versorgt und nicht selten fragen sie sich, warum der Bewerber derartige Belanglosigkeiten schreibt. Wer im Anschreiben darauf hinweist, dass er MS Office beherrscht, kann nicht priorisieren, diese Angabe gehört in den Lebenslauf.

Natürlich sollte der gesamte Bewerbungsprozess vernünftig geplant werden: Es geht darum, Unternehmen und Angebote zu identifizieren, Bewerbungsvorgänge zeitlich und vom Ergebnis her zu verfolgen und die Vorstellungsgespräche gründlich und rechtzeitig vorzubereiten. Was weiß ich über das Unternehmen, die Mitbewerber und die Branche (siehe Kapitel 6.3)? Mit welchen Fragen muss ich rechnen (siehe Kapitel 6)? Wie begründe ich Unebenheiten im Werdegang (siehe Kapitel 4.6 und 6.5)? Wie gehe ich mit der Gehaltsfrage um (siehe Kapitel 6.8)?

Doch hier geht es auch um das effiziente Organisieren im betrieblichen Alltag. »Können Sie sich organisieren?«, so lautet beispielsweise eine Frage im Vorstellungsgespräch. Mit einem beherzten Ja ist hier niemand aus dem Schneider — eher schon mit dem Eisenhower-Prinzip (nach Dwight D. Eisenhower, dem 34. US-Präsidenten). Man nehme als Ausgangspunkt den Autofahrer, der sich wegen eines Zeitvorteils von zehn Minuten den Hals bricht. Die posthume Frage lautet: War die Sache, um die es ihm ging, wirklich so wichtig und eilig? Die richtige Antwort auf diese grundsätzliche Frage des Zeitmanagements ist zuweilen existenzentscheidend. Die Kenntnis und das Beherzigen des Eisenhower-Prinzips hätte dem unglücklichen Autofahrer eventuell das vorzeitige Ableben erspart und könnte viele Manager und Mitarbeiter vor chaotischem Aktionismus und Burnout schützen. Was hat es mit diesem Prinzip auf sich?

Wie bereits angedeutet, werden Aufgaben grundsätzlich unter zwei Fragestellungen sortiert:
1. Wichtig oder unwichtig?
2. Eilig oder nicht eilig?

Mit dieser Methode ergeben sich vier Aufgabentypen:
1. Aufgaben, die wichtig und eilig sind
2. Aufgaben, die wichtig, aber nicht eilig sind
3. Aufgaben, die unwichtig, aber eilig sind
4. Aufgaben, die unwichtig und nicht eilig sind

Eisenhower ist mit diesen »Arbeitspaketen« folgendermaßen umgegangen:
- Wichtig und eilig: sofort anpacken
- Wichtig, aber nicht eilig: in die Zeitplanung aufnehmen
- Weniger wichtig und eilig: delegieren
- Unwichtig und nicht eilig: Papierkorb

Das Eisenhower-Prinzip stellt eine praktikable Grundlage für eine ressourcenschonende Selbstorganisation im beruflichen Alltag dar.

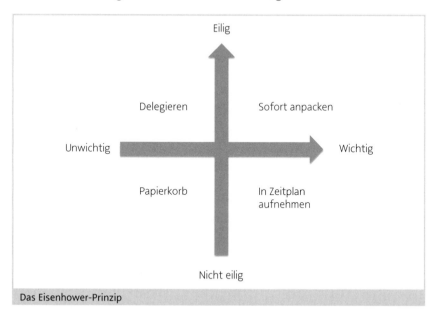

Das Eisenhower-Prinzip

3.13 Interkulturelle Kompetenz

Im Zuge der Globalisierung lautete eine wesentliche Forderung an die Unternehmen und deren Belegschaften: »Bridge the cultural gaps« (»Baue eine Brücke zwischen den Kulturen«). Bei dieser Forderung geht es nicht nur um Sprachwissen, sondern um die Kenntnis und das Verständnis identitätsprägender historischer Ereignisse, nationale Befindlichkeiten und Empfindlichkeiten sowie typische Verhaltensmuster. Hier soll keiner oberflächlichen Völkerpsychologie das Wort geredet werden (»Polen sind ...«), aber wer in Polen tätig ist und den Aufstand im Warschauer Ghetto im Jahr 1943 mit dem Warschauer Aufstand von 1944 verwechselt, zeigt ein hohes Maß an interkultureller Inkompetenz. Einem Polen fällt es schwer, diese Ignoranz insbesondere eines Deutschen angesichts der unzähligen Opfer und unglaublichen Leiden im Aufstand gegen die deutsche Wehrmacht zu ertragen.

Zunächst aber zum fachlichen Hintergrund der interkulturellen Kompetenz: In der Psychologie gibt es drei Aussagen über den Menschen, die zugleich drei psychologische Disziplinen begründen:
1. Jeder Mensch ist in gewisser Hinsicht wie **alle** anderen Menschen: Hier geht es um die Natur des Menschen, die »conditio humana« bzw. anthropologische Konstanten. Mit diesen Fragen befasst sich die »allgemeine Psychologie«.
2. Jeder Mensch ist in gewisser Hinsicht wie **kein** anderer Mensch: Hier geht es um den Menschen als einmaliges und einzigartiges Individuum. Dies ist das Forschungsgebiet der »differentiellen Psychologie« bzw. »Persönlichkeitspsychologie«.
3. Jeder Mensch ist in gewisser Hinsicht wie **viele** andere Menschen: Dieser Aspekt betrachtet den Menschen als »soziales« Wesen, das durch seine kulturelle Zugehörigkeit geprägt wird. Dies ist der Gegenstand der »Sozialpsychologie«.

Um den letzten Punkt geht es beim Merkmal interkulturelle Kompetenz. Kulturen sind Wertegemeinschaften. Das Handeln und Entscheiden der Mitglieder wird von kulturspezifischen Werten und Normen beeinflusst. Dies zeigt sich beispielsweise an sichtbaren Phänomenen wie der »Kleiderordnung«, den Begrüßungsritualen, religiösen Bräuchen sowie Ess- und Trinkgewohnheiten. Sie werden sozusagen mit der Muttermilch aufgenommen. Der renommierte Kulturwissenschaftler Geert Hofstede spricht vom »collective programming of the mind« und weist darauf hin, dass verinnerlichte Werte und Normen als solche gar nicht mehr wahrgenommen werden, sondern als selbstverständlich gelten. Zur Anschauung sei der Asien-Korrespondent Peter Achten zitiert: »Auf dem Damm am Roten Fluss in Hanoi, Vietnam. Ein Hunderestaurant reiht sich ans andere. Gleich beim Eingang in einem kleinen Drahtgehege ein Dutzend Hunde.

Hellbraunes Fell, vom Aussehen ähnlich den kanadischen Huskys. Nicht Straßenköter werden hier also zum Essen feilgeboten, sondern eigens gezüchtete Hunde. Der Ehrengast darf aussuchen. Während meiner Jahre in Hanoi war ich oft Ehrengast. Ablehnen konnte ich nicht. Doch es war eine Tortur. Nicht dass die etwa zwei Stunden später aufgetischten Hundegerichte — gebraten, gegrillt, gekocht, als Steak, Gehacktes, als Wurst oder Stew, einerlei — vom Geschmack her schlecht oder ungenießbar gewesen wären. Keineswegs. Nur eben, wer mit Hunden aufgewachsen ist, hat eine Barriere. Definitiv und nicht zu beseitigen« (www.journal21.ch).

Interkulturelle Kompetenz hat sehr viel mit Toleranz zu tun, die manchmal auch die eine oder andere Belastungsprobe aushalten muss. Und natürlich muss man nicht alles gut finden, was für manche Wertegemeinschaften selbstverständlich ist. Wer in Saudi-Arabien Geschäfte machen möchte und deshalb im vorauseilenden Gehorsam eine öffentliche Steinigung oder Enthauptung okay findet, ist nicht interkulturell kompetent, sondern verrät die Menschenrechte, die sich niemand »abkaufen« lassen darf. Ebenso unnötig ist es, vorsätzlich oder aus Ahnungslosigkeit seine Gesprächs- oder Geschäftspartner zu verletzen. Interkulturelle Kompetenz hat also auch mit Respekt zu tun, den man jenen entgegenbringt, die Werte und Normen verinnerlicht haben, die sie sich nicht aussuchen durften. In einer pluralistischen Gesellschaft ist das zum Glück anders.

> **Begriffsdefinition »Interkulturelle Kompetenz«**
> »Interkulturelle Kompetenz beschreibt die Kompetenz, auf Grundlage bestimmter Haltungen und Einstellungen sowie besonderer Handlungs- und Reflexionsfähigkeiten in interkulturellen Situationen effektiv und angemessen zu interagieren« (Darla K. Deardorff im »Thesenpapier Interkulturelle Kompetenz« der Bertelsmann Stiftung, www.bertelsmann-stiftung.de).

Test: Verfüge ich über interkulturelle Kompetenz?

1. Wann fand der »Warschauer Aufstand« statt?

    ☐ a) 1934   ☐ b) 1944

2. In Barcelona spricht man

    ☐ a) spanisch.   ☐ b) katalanisch.

3. Wer viele Sprachen spricht, verfügt über hohe interkulturelle Kompetenz.

    ☐ a) Stimmt   ☐ b) Möglicherweise

4. Wie sich Individuen unterscheiden, so unterscheiden sich auch Völker.

    ☐ a) Reines Vorurteil   ☐ b) In gewisser Hinsicht ja

Interkulturelle Kompetenz 3

5. Man sollte mit Angehörigen anderer Kulturkreise alles kontrovers diskutieren können.

    ☐ a) Stimmt ☐ b) Manchmal gibt es Tabus.

6. Interkulturelle Kompetenz zeigt sich darin, dass man die Werte und Überzeugungen anderer vorbehaltlos akzeptiert.

    ☐ a) Stimmt völlig ☐ b) Stimmt nicht immer

7. In den USA sollte man sich als Fremder bei Gesprächen über Religion zunächst lieber heraushalten.

    ☐ a) Dafür gibt es keinen Grund. ☐ b) Stimmt

8. In der arabischen Welt kann es einem Deutschen passieren, dass

    ☐ a) Karl Marx gelobt wird. ☐ b) Adolf Hitler gelobt wird.

9. Die Französische Revolution fand statt im Jahr

    ☐ a) 1689. ☐ b) 1789.

10. Lord Nelson war 1805 der Sieger in der Schlacht von

    ☐ a) Alexandria. ☐ b) Trafalgar.

11. Die Schlacht auf dem Amselfeld im Jahr 1389 gegen die Türken spielt eine große Rolle im Selbstverständnis der Serben. Die Serben

    ☐ a) verloren die Schlacht. ☐ b) gewannen die Schlacht.

12. Konfuzius (um 500 v. Chr.) war ein

    ☐ a) chinesischer Philosoph. ☐ b) japanischer Philosoph.

13. Schengen steht für

    ☐ a) Einreise ohne Passkontrolle. ☐ b) Zollfreiheit.

14. Welche Reihenfolge von Norden Richtung Süden ist richtig?

    ☐ a) Estland, Lettland, Litauen ☐ b) Litauen, Estland, Lettland

15. Was war 1776 in den USA?

    ☐ a) Unabhängigkeitserklärung ☐ b) Bürgerkrieg

16. Im Spiegelsaal von Versailles wurde 1871

    ☐ a) das Deutsche Reich gegründet. ☐ b) die V. Republik ausgerufen.

17. Der Spanische Bürgerkrieg spielt im Bewusstsein der Spanier

    ☐ a) eine große Rolle.   ☐ b) keine Rolle mehr.

18. Wenn ich ein fremdes Land bereise, informiere ich mich zuerst über die

    ☐ a) Geschichte.   ☐ b) Sehenswürdigkeiten.

19. Die Globalisierung »produziert« überwiegend Gewinner.

    ☐ a) Stimmt   ☐ b) Stimmt nicht

20. Ich habe bereits diverse fremde Länder bereist.

    ☐ a) Stimmt   ☐ b) Stimmt nicht

Auswertung
Bei den Fragen 1 bis 10 gibt es für jedes b) einen Punkt und bei den Fragen 11 bis 20 für jedes a) einen Punkt.

Interpretation
20–14 Punkte: Interesse an anderen Menschen zeigt sich darin, dass man etwas über diese weiß bzw. sich nach früheren Kontakten gemerkt hat. Das gilt auch für Völker und Kulturen. Die implizite Frage der Gastgeber in fremden Kulturkreisen lautet: Hat sich der Gast die Mühe gemacht, unser Denken und Fühlen zu verstehen? Sie gehören zu jenen, die sich mit dieser Frage ernsthaft befassen. Und deshalb werden sich Ihnen in fremder Umgebung auch die Türen öffnen. Das Merkmal »interkulturelle Kompetenz« wird noch an Bedeutung gewinnen und da erschließen sich Ihnen interessante berufliche Perspektiven.

13–7 Punkte: Es gibt Nachholbedarf, aber gute erste Ansätze. Natürlich ist dies alles auch eine Frage des Alters und der bisherigen Erfahrungen.

6–0 Punkte: Bei einem Auftritt auf internationalem Parkett laufen Sie Gefahr, in Fettnäpfchen zu treten.

3.14 Analysefähigkeit

Diese fachübergreifende Qualifikation hat nichts mit Wissen zu tun, sondern mit der Fähigkeit, logisch und abstrakt zu denken. Damit ist sie eine wesentliche Grundlage für beruflichen Erfolg. Wenn von Intelligenz gesprochen wird, ist in der Regel zunächst Analysefähigkeit gemeint.

Analysefähigkeit 3

Machen Sie doch bitte einmal einen kleinen Test mit und analysieren Sie die folgende Meldung: »Die Zahl der Flüge am Frankfurter Flughafen wächst langsamer als erwartet. Dennoch wird ein neues Terminal gebaut. Da zeige sich mal wieder die Rücksichtslosigkeit der Betreiber gegenüber den Anwohnern, sagen die Ausbaugegner.« Wo steckt der Denkfehler bzw. wie wird der Leser in die Irre geführt? Genauer anzuschauen ist der Satz: »… die Zahl der Flüge … wächst langsamer.« Hier wird vermittelt, dass deshalb der Terminalausbau nicht nötig sei. Wenn man aber »Flüge« durch »Passagiere« ersetzt, ergibt sich ein völlig anderes Bild, denn deren Zahl steigt und steigt, weil die Fluggesellschaften mehr Reisende in ihre Flugzeuge packen und größere Modelle einsetzen. Selbst bei unveränderter Zahl der Starts reicht die Abfertigungskapazität deshalb nicht mehr. Analysefähigkeit heißt, den Dingen inhaltlich auf den Grund zu gehen und sich ein angemessenes Bild von der Wirklichkeit zu machen.

Noch ein Beispiel, die Schlagzeile lautet: »Zahl der Krankentage durch psychische Leiden verdoppelt!« Laut BKK-Gesundheitsatlas 2015 hat sich die Zahl der Fehltage wegen Depressionen seit 2003 verdoppelt. Das ist vordergründig eine beunruhigende Entwicklung, sowohl menschlich als auch volkswirtschaftlich. Und natürlich wird diese alarmierende Nachricht im gesamten Medienbetrieb weitergereicht. Sind die Deutschen ein Volk der Neurotiker? Seit Stars wie Sarah Connor, Angelina Jolie, Lady Gaga, Demi Moore und Eminem — um nur einige zu nennen — mit ihren Depressionen Furore machen, ist dieses psychische Leiden deutlich aufgewertet worden. Wo Ärzte früher aus Verlegenheit Schlafstörungen oder Rückenschmerzen diagnostizierten, erkennen sie heute als Ursache eine Depression. Es steigt also nicht die Zahl der Erkrankungen, sondern die Zahl der Diagnosen.

»1,000+ Analytische Fähigkeiten« meldet monster.de an einem beliebigen Tag und das ist nicht verwunderlich. Täglich gilt es in zumindest halbwegs anspruchsvollen Jobs Sachverhalte auf ihren Wahrheitsgehalt hin zu untersuchen bzw. Plausibilitätsprüfungen vorzunehmen. Und deshalb soll im Folgenden noch genauer untersucht werden, was mit Analysefähigkeit gemeint ist. Es gibt grundsätzlich zwei Arten des logischen Schlussfolgerns — das deduktive und das induktive. Beim deduktiven Vorgehen wird vom Allgemeinen ausgegangen und daraus etwas für den Einzelfall gefolgert. Etwa:
- Alle Menschen sind sterblich.
- Sokrates ist ein Mensch.
- Also ist Sokrates sterblich.

Induktives Schlussfolgern geht den umgekehrten Weg, nämlich vom Einzelfall zum Allgemeinen. Aus vorgegebenen oder bekannten Fakten werden Regeln oder Gesetzmäßigkeiten abgeleitet. Etwa: In Deutschland, Spanien, Portugal,

Irland und diversen anderen Ländern hat die Konsolidierung der Staatshaushalte das Wirtschaftswachstum erhöht und die Zahl der Arbeitslosen vermindert. Daraus könnte die allgemeine Regel abgeleitet werden, dass konsolidierte Haushalte das Wirtschaftswachstum ankurbeln. Induktives Denken ist bedeutsam, wenn es darum geht, Hypothesen aufzustellen, Zusammenhänge aufzuspüren, Voraussagen zu machen oder für das Auftreten bestimmter Ereignisse Wahrscheinlichkeiten festzulegen. So kann eine genaue Beobachtung der Märkte zu dem induktiven Schluss führen, dass bei digitalen Essensbestellplattformen noch Luft nach oben ist.

> **Test: Analysefähigkeit**
>
> Hier haben Sie die Möglichkeit, Ihre Analysefähigkeit auf die Probe zu stellen.
> **Induktives sprachliches Denken**
> a) Brücke — b) Grenze — c) Ehe — d) Steg — e) Gemeinschaft
> a) Kompass — b) Uhr — c) Wegweiser — d) Polarstern — e) Kurs
> a) Renovieren — b) konstruieren — c) kontrollieren — d) korrigieren — e) reparieren
> Streichen Sie jeweils den Begriff, der nicht in die Reihe passt. Dazu müssen Sie eine Regel erkennen.
> **Induktives Denken mit Zahlen**
>
> | 13 | 15 | 18 | 14 | 19 | 25 | 18 | ? |
> |----|----|----|----|----|----|----|---|
> | 7 | 5 | 10 | 7 | 21 | 17 | 68 | ? |
>
> Wenn Sie die Regel erkennen, nach der die Zahlenreihen jeweils aufgebaut wurden, können Sie diese fortsetzen.
> Tab. 1: **Lösung:** Grenze, Kurs, kontrollieren; 26, 63

3.15 Stringenz

»Er war 100 Prozent flugtauglich ohne jede Auffälligkeit.« Das sagte der Lufthansa-Chef Carsten Spohr am 26.3.2015, nachdem ein Co-Pilot der Lufthansa-Tochter Germanwings sein Flugzeug in den französischen Alpen zum Absturz brachte und damit 149 Fluggäste tötete. Ist dieser Befund stringent, also folgerichtig und zwingend schlüssig? Ist jemand »100 Prozent flugtauglich«, wenn er es aufgrund seines fliegerischen Könnens schafft, ein Flugzeug vorsätzlich gegen eine Felswand zu steuern? Ja, der Co-Pilot konnte fliegen. Zur Stringenz gehört aber auch die gedankliche Geschlossenheit einer Beweisführung bzw. Argumentation, also die ganzheitliche Betrachtung von Sachverhalten. Und die kann nur zu dem Schluss führen, dass der Germanwings Co-Pilot nicht flugtauglich war.

> **Beispiel: Der Fall Leonarda**
> Eine Roma-Familie wird 2013 mit ihrer 15-jährigen schulpflichtigen Tochter rechts- und regelkonform von den zuständigen Behörden aus Frankreich abgeschoben. Nach einem Sturm der Empörung in der Bevölkerung verfügte Präsident François Hollande, dass das Mädchen nach Frankreich zurückkehren dürfe — aber ohne seine Familie. Die 15-Jährige lehnte das Angebot ab bzw. machte zur Bedingung, dass auch ihre Familie wieder einreisen dürfe. Der Sturm der Entrüstung in Frankreich war größer als vorher.

Was ist hier warum schiefgelaufen? Genau auf diese Weise zeigen sich die fatalen Folgen mangelnder Stringenz. Bei einer gegebenen gedanklichen Geschlossenheit hätte Hollande darauf kommen können, dass ein 15-jähriges schulpflichtiges Mädchen nicht seine Eltern verlassen möchte. Das Angebot, allein nach Frankreich einreisen zu dürfen, war nicht durchdacht. Und besonders katastrophal sind die Folgen für die französischen Behörden, die die Roma-Familie rechts- und regelkonform abgeschoben haben. Die können zukünftig gleich jeden Einzelfall dem französischen Präsidenten auf den Schreibtisch legen.

Im unternehmerischen Alltag richtet mangelnde Stringenz häufig einen erheblichen Schaden an. Da verlangt beispielsweise ein Kunde von seinem Kundenberater einen Nachlass wegen einer zu beanstandenden Leistung. Der Kundenberater räumt einen Rabatt von 25 Prozent ein, mit dem der Kunde aber nicht einverstanden ist. Weil der Berater aus sachlichen Gründen und im Interesse seines Arbeitgebers keine weiteren Zugeständnisse machen will, wendet sich der Kunde an dessen Vorgesetzten — und bekommt 30 Prozent Nachlass. Stringenz heißt hinsichtlich des öffentlichen Auftritts eines Unternehmens »one face to the customer«. Umgangssprachlich könnte man auch sagen, dass bei gegebener Stringenz jeder weiß, woran er ist. Das ist keine schlechte Voraussetzung für ein gedeihliches Miteinander.

3.16 Hands-on-Mentalität

»Fachinformatiker (m/w) mit Hands-on-Mentalität gesucht!« Derartige Stellenangebote häufen sich seit einigen Jahren. Es ist noch gar nicht so lange her, da wusste mit dem Begriff »hands on« niemand etwas anzufangen — heute finden sich unter diesem Stichwort bei Google fast 500.000 Einträge. Bewerber, die sich für ein entsprechendes Stellenangebot interessieren, sollten natürlich wissen, welche Arbeitshaltung gemeint ist.

Der Begriff »hands on« bedeutet im Englischen »praktisch«, »zupackend«, damit ist schon alles gesagt. Atemberaubend neu ist die Sache nicht, denn es war schon immer Voraussetzung, Pläne und Konzepte in der Praxis umsetzen zu können, um erfolgreich zu sein. Bei dem Begriff »Hands-on-Mentalität« haben sich wohl eher die Wortdesigner durchgesetzt, die wissen, dass sich viele mit dem Gebrauch von Anglizismen auf der Höhe der Zeit wähnen.

Wie aber lässt sich im Vorstellungsgespräch mit einem Satz die Frage beantworten, was unter der im Stellenangebot erwähnten Hands-on-Mentalität zu verstehen ist? Etwa so: »Es reicht nicht aus, das Richtige zu wissen – man muss es auch umsetzen können.« Und damit schließt sich wie von selbst eine weitere Schlüsselqualifikation an.

3.17   Durchsetzungsfähigkeit

Das Wort »Durchsetzungsfähigkeit« hat keinen guten Klang, denn Assoziationen wie »Härte«, »Kälte«, »Rücksichtslosigkeit«, »Ellenbogen«, »Egoismus«, »Kampf«, »Aggression« oder »Gewalt« fliegen einem wie von selbst zu. Dieses Soft Skill (!) ist meist emotional negativ besetzt und wird von vielen Bewerberinnen und Bewerbern deshalb eher verschämt als persönliche Stärke angeführt. Mit dieser Haltung lässt sich in eigener Sache aber nicht viel erreichen und im Zweifelsfall bringt sie auch dem Unternehmen – zumindest bei bestimmten Positionen – wenig Nutzen. Einer der wichtigsten Grundsätze für Erfolg und Zufriedenheit im Beruf lautet: Es reicht nicht aus, das Richtige zu wissen – man muss es auch durchsetzen können. Viele Menschen haben hervorragende Kenntnisse und die richtigen Erkenntnisse, was aber folgenlos bleibt. Oft, weil sich die Betreffenden nicht trauen, ihr Wissen in Worte zu fassen, oder weil sie mit ihren Ideen kein Gehör finden. Durchsetzungsfähigkeit hat also eine große Schnittmenge mit der kommunikativen Kompetenz einer Person.

Wie es um die Durchsetzungsfähigkeit von Bewerberinnen und Bewerbern bestellt ist, wird häufig in Assessment-Centern untersucht und da gilt es aufzupassen: Wer in Diskussionsrunden alle an die Wand redet, bekommt den begehrten Job ebenso wenig wie jemand, der nur auf Harmonie und Konsens achtet. Wenn – wie sehr oft – ein »durchsetzungsfähiger, kommunikativer Teamplayer« gesucht wird, geht es im Grunde um gebackene Schneebälle. Bei der fraglichen Aufgabe ist nämlich das Kunststück gefordert, zwei sich bisweilen eher ausschließende Eigenschaften zu vereinen, also die Gratwanderung zwischen Teamfähigkeit und Durchsetzungsfähigkeit hinzubekommen.

3 Durchsetzungsfähigkeit

Test: Kann ich mich durchsetzen?

1. Wenn sich jemand in einer Warteschlange vordrängelt, sage ich in der Regel nichts.

   ☐ Stimmt   ☐ Dazwischen   ☐ Stimmt nicht

2. Wenn ich von einer Sache überzeugt bin, versuche ich sie umzusetzen — auch wenn es Gegenwind gibt.

   ☐ Stimmt   ☐ Dazwischen   ☐ Stimmt nicht

3. Auf die Standardfrage »Hat es Ihnen geschmeckt?« antworte ich immer mit »Ja« — auch wenn ich mit dem Essen nicht sonderlich zufrieden war.

   ☐ Stimmt   ☐ Dazwischen   ☐ Stimmt nicht

4. Es hat nichts mit Friedfertigkeit zu tun, sich von anderen übervorteilen zu lassen.

   ☐ Stimmt   ☐ Dazwischen   ☐ Stimmt nicht

5. Für mich ist es sehr wichtig, von anderen anerkannt und akzeptiert zu werden.

   ☐ Stimmt   ☐ Dazwischen   ☐ Stimmt nicht

6. Man kann auch einmal in Vorleistung gehen und sollte deshalb nicht immer sofort aufrechnen.

   ☐ Stimmt   ☐ Dazwischen   ☐ Stimmt nicht

7. Durchsetzungswille hat viel mit Egoismus zu tun und gefährdet deshalb den Zusammenhalt des Teams.

   ☐ Stimmt   ☐ Dazwischen   ☐ Stimmt nicht

8. Ich bin ein Freund der offenen Aussprache — auch wenn es mal etwas wehtun sollte.

   ☐ Stimmt   ☐ Dazwischen   ☐ Stimmt nicht

9. Bei der Verfolgung von Zielen gilt es immer zu bedenken, dass man falsch liegen könnte.

   ☐ Stimmt   ☐ Dazwischen   ☐ Stimmt nicht

10. Für mich sind Menschen wenig glaubwürdig, die vorgeben, ihre persönlichen Ziele den gemeinsamen Zielen grundsätzlich unterzuordnen.

    ☐ Stimmt   ☐ Dazwischen   ☐ Stimmt nicht

11. Das Wichtigste ist eine gute Atmosphäre im Team.

    ☐ Stimmt   ☐ Dazwischen   ☐ Stimmt nicht

12. Ich äußere meine Meinung auch dann, wenn ich genau weiß, dass ich die Mehrheit gegen mich habe.

    ☐ Stimmt   ☐ Dazwischen   ☐ Stimmt nicht

Auswertung
- Testitems mit ungeraden Zahlen: »stimmt« = 0 Punkte, »stimmt nicht« = 2 Punkte
- Testitems mit geraden Zahlen: »stimmt nicht« = 0 Punkte, »stimmt« = 2 Punkte
- »Dazwischen« = 1 Punkt

Interpretation

24–16 Punkte: Sie verfügen über einen ausgeprägten und gesunden Durchsetzungswillen. Dabei geht es Ihnen nicht zwangsläufig darum, als Gewinner vom Feld zu gehen, sondern Dinge anzuschieben. Harmonie im Team ist für Sie kein Selbstzweck — was zählt, sind die Ergebnisse. Und da kann es durchaus schon mal hart zur Sache gehen. Wenn Sie zudem über eine hohe soziale Intelligenz verfügen, wäre ein Job mit Verhandlungsaufgaben passend für Sie.

15–8 Punkte: Durchsetzungswille hat für Sie etwas mit Machtansprüchen zu tun und deshalb ist Ihnen diese Eigenschaft nicht ganz geheuer. Bei Auseinandersetzungen ziehen Sie es deshalb vor, sich selbst zurückzunehmen.

7–0 Punkte: »Bloß nicht anecken!« Mit dieser Haltung gehören Sie zu den eher pflegeleichten Zeitgenossen. Damit können Sie sogar Karriere machen, denn es gibt Vorgesetzte, die eine widerspruchslose Anpassungsbereitschaft schätzen und honorieren.

3.18 Führungsfähigkeit

»Es sollte uns nachdenklich machen, dass im Deutschen einen anführen so viel heißt wie einen betrügen«, das bemerkte einst der Philosoph und Naturwissenschaftler Georg Christoph Lichtenberg. In der Tat: Vom Führen zum Verführen bedarf es manchmal nur eines kleinen Schrittes, leiten und verleiten liegen ebenfalls faktisch nahe beieinander; nachtrotten und vertrotteln ist ebenfalls mehr als nur ein Wortspiel. Ohne Zweifel bestimmt das Führungspersonal in Politik, Wirtschaft und Gesellschaft in erheblichem Maß über das Wohl und Weh der Menschen. Die vielen einschlägigen personellen Fehlentscheidungen der letzten Jahre und die damit verbundenen persönlichen Dramen und Abstürze sind spektakulär. Wer kann und soll führen?

In folgendem Stellenangebot heißt es lapidar: »Ihr Profil: Ingenieur/in oder Techniker/in und Führungspersönlichkeit.« Doch was heißt Führungspersönlichkeit hier? Worin besteht das Geheimnis guter Führung? Eine erste Antwort findet sich in einem Grundsatz der Mechanik: »Ziehen ist besser als schieben.« Wer es schafft, Mitarbeiterinnen und Mitarbeiter für sich und die Unternehmensziele zu gewinnen, hat die besten Voraussetzungen dafür, als Führungskraft erfolgreich zu sein. Im Grunde ist Führungskompetenz eine Schnittmenge der bisher erörterten Soft Skills. Hinzu kommen vor allem die Eigenschaften, eine glückliche Hand bei der Personalauswahl und keine Angst vor unangenehmen Gesprächen und Entscheidungen zu haben. Und was häufig insbesondere Führungsnachwuchskräfte vergessen: Erfolgreiche Führung setzt den Willen zur Führung voraus. Wer es als unanständig empfindet, Macht über andere zu haben und diese im Zweifelsfall auch in Form von Konsequenzen umzusetzen, sollte die Personalverantwortung meiden.

Wie kann nun die Antwort lauten, wenn im Vorstellungsgespräch nach der »idealen Führungskraft« gefragt wird? Nach allem, was wir heute über eine erfolgreiche und damit zeitgemäße Führung wissen, lassen sich die Anforderungen an Vorgesetzte wie folgt verdichten.

1. Fordern
Eine Führungskraft hat im Arbeitsvertrag vereinbarte Leistungen einzufordern und gegebenenfalls nachzuforschen, wieso diese nicht erbracht wurden. Dabei muss sie sich selbst als möglicherweise leistungsbehindernden Faktor hinterfragen.

2. Ziele und Leistungen vereinbaren und kontrollieren
Das Führungskonzept »Management by Objectives« (MbO) bzw. Führen durch Zielvereinbarungen ist nach wie vor sinnvoll. Durch die Beteiligung der Mitarbeiter am Zielfindungsprozess wird die Informationsbeschaffung verbessert. MbO beinhaltet das weitgehende Delegieren von Entscheidungsbefugnissen an die Mitarbeiter, regelmäßige Rückmeldungen zum Grad der Zielerreichung und die Kopplung von Belohnungen an diese.

3. Dialogisch führen
Dialogisch führen heißt
- zum Gespräch einzuladen und den anderen zu besuchen,
- die richtigen Fragen zu stellen,
- formal auf Gesprächssymmetrie zu achten,
- viele Sichtweisen einzubeziehen und
- mit möglichst breitem Konsens zu beschließen.

Irgendwann muss allerdings entschieden werden, das heißt, man kann nicht auf den »Letzten« warten.

4. Zutrauen

»Nichts kann einen Menschen mehr stärken als das Vertrauen, das man ihm entgegenbringt.« Dieser Befund von Adolf von Harnack, einem evangelischen Theologen und Wissenschaftsorganisator in Preußen, verdient absolute Anerkennung. Im Grunde geht es hier um ein von der psychologischen Forschung seit langem belegtes Phänomen, der Self-fulfilling Prophecy, bei der sich Vorhersagen, zum Beispiel: »Du schaffst das!«, von selbst erfüllen.

> **Self-fulfilling-Prophecy**
>
> Was wir tun können, wird bestimmt durch das, was wir glauben, tun zu können. Was wir glauben, tun zu können, wird wiederum bestimmt durch das, was andere glauben, was wir tun können. Also wird das, was wir tun können, durch das bestimmt, was andere glauben, was wir tun können. Was im Prinzip gut und richtig ist, gilt leider nicht für jeden Einzelfall. Wer Vertrauensbereitschaft mit Naivität verwechselt, bekommt Probleme. »Man kann nicht ohne jeden Anhaltspunkt und ohne alle Vorerfahrungen Vertrauen schenken.« Der Sozialwissenschaftler Niklas Luhmann erinnert daran, dass Vertrauen eine »riskante Vorleistung« ist.

5. Demotivation vermeiden

Es sind immer dieselben Muster, die Mitarbeiterinnen und Mitarbeiter demotivieren:

- Der Vorgesetzte kann und weiß immer mehr als sie.
- Einsame Entscheidungen.
- Überzogene, lautstarke, unsachliche, anmaßende Kritik.
- Der Vorgesetzte zieht ein Thema in Sekundenschnelle an sich und beherrscht es.
- Sie werden übersehen, wie Luft behandelt.
- Sie bekommen unzureichende, einseitige, verspätete oder lediglich auf ihr unmittelbares Arbeitsgebiet reduzierte Informationen.

Es gibt Mitarbeiterinnen und Mitarbeiter, die es sich verbitten, von ihrem Chef motiviert zu werden. Es reiche vollkommen aus, wenn er es unterlasse, sie zu demotivieren.

Der nun folgende Selbsttest ist für Young Professionals gedacht, die einmal eine Linienfunktion übernehmen möchten.

Führungsfähigkeit 3

Test: Kann ich führen?

1. Menschen sind grundsätzlich auf Leistung angelegt.

   ☐ Stimmt ☐ Dazwischen ☐ Stimmt nicht

2. Man muss Mitarbeitern immer klar vorschreiben, was sie zu tun haben, sonst stimmen die Ergebnisse nicht.

   ☐ Stimmt ☐ Dazwischen ☐ Stimmt nicht

3. Ein guter Vorgesetzter achtet erst einmal darauf, seine Mitarbeiter nicht unnötig zu demotivieren.

   ☐ Stimmt ☐ Dazwischen ☐ Stimmt nicht

4. Wenn ein Vorgesetzter eine Aufgabe delegiert, liegt die Verantwortung für das Resultat selbstverständlich beim entsprechenden Mitarbeiter.

   ☐ Stimmt ☐ Dazwischen ☐ Stimmt nicht

5. Ein guter Vorgesetzter ist für seine Mitarbeiter berechenbar.

   ☐ Stimmt ☐ Dazwischen ☐ Stimmt nicht

6. Ich bin dagegen, dass Menschen über Menschen Macht haben.

   ☐ Stimmt ☐ Dazwischen ☐ Stimmt nicht

7. Als Vorgesetzter muss man die klar erkannten Schwächen und Defizite von Mitarbeitern ansprechen und auf mögliche Konsequenzen hinweisen, wenn sich nichts ändert.

   ☐ Stimmt ☐ Dazwischen ☐ Stimmt nicht

8. Wenn ein Unternehmen Personalabbau verkündet, steigen sofort die Aktienkurse.

   ☐ Stimmt ☐ Dazwischen ☐ Stimmt nicht

9. Einer alleinerziehenden Mutter mit einem kranken Kind würde ich selbstverständlich freigeben oder ein Auge zudrücken, wenn sie nicht die volle Leistung im Job bringt.

   ☐ Stimmt ☐ Dazwischen ☐ Stimmt nicht

10. Als Führungskraft würde ich alles lassen, was das Betriebsklima gefährden könnte.

    ☐ Stimmt ☐ Dazwischen ☐ Stimmt nicht

11. Menschen dürfen auch im Job ruhig manchmal Angst vor den Folgen ihres Handelns oder ihrer Unterlassungen haben.

    ☐ Stimmt ☐ Dazwischen ☐ Stimmt nicht

12. Ich bin dafür, sämtliche Hierarchien abzuschaffen, und denke, dass dies auch möglich ist.

    ☐ Stimmt ☐ Dazwischen ☐ Stimmt nicht

Auswertung

- Testitems mit ungeraden Zahlen: »stimmt« = 2 Punkte, »stimmt nicht« = 0 Punkte
- Testitems mit geraden Zahlen: »stimmt nicht« = 2 Punkte, »stimmt« = 0 Punkte
- »Dazwischen« = 1 Punkt

Interpretation

24–16 Punkte: Die Gretchenfrage für jede Führungskraft lautet: »Von welchem Menschenbild gehst du aus?« Margaret Thatcher, die legendäre britische Premierministerin und »Eiserne Lady«, sagte einst: »Man kann nicht von einem falschen Menschenbild ausgehen und auch noch erfolgreich sein wollen.« Sie war eine überaus erfolgreiche Politikerin.

15–8 Punkte: Sie könnten in eine Führungsaufgabe hineinwachsen — würden aber zunächst einmal Lehrgeld bezahlen bzw. Enttäuschungen kassieren. Die Menschen sind eben nicht immer so, wie sie sein sollten und wie Sie sich das vorstellen — dies jedenfalls mutmaßen die Anthropologen, und die sollten es ja wissen.

7–0 Punkte: Personalführung wäre für Sie wie Flöhe hüten. Also lieber nicht bzw. noch nicht.

4 Mit Soft Skills in der schriftlichen Bewerbung punkten

Zur Erinnerung hier noch einmal die Formel des Scheitern aus Sicht von Personalberatern: »hired by ability — fired by personality.« Aufgrund ihrer fachlichen Qualifikation werden Bewerberinnen und Bewerber eingestellt und scheitern dann oft an ihrer Persönlichkeit bzw. ihren nicht fachlichen Defiziten. Wie können sie vorab vermitteln, dass sie keine »Fachidioten« sind, sondern über die im Anforderungsprofil gewünschten fachübergreifenden Qualifikationen verfügen?

4.1 Stellenangebote richtig interpretieren

So mancher Bewerber weiß gar nicht, um welche Aufgabe er sich bewirbt, weil er das Stellenangebot und damit das Anforderungsprofil nicht verstanden hat. Worauf kommt es eigentlich an? Wer das nicht weiß, kann sich im Anschreiben und im Lebenslauf nicht angemessen profilieren. Hier ein Beispiel:

»**Senior Consultant (m/w) Datenmodellierung**

Ihr Profil:
- Technisches Studium
- Fundierte Kenntnisse im Bereich Datenmodellierung
- …
- Teamfähige, belastbare und durchsetzungsfähige Persönlichkeit«

Die fachlichen Anforderungen dürften denjenigen, die sich von diesem Stellenangebot angesprochen fühlen, schnell klar sein. Aber nicht jeder erkennt, dass der zukünftige Senior Consultant eine komplizierte Gratwanderung zwischen Teamfähigkeit und Durchsetzungsfähigkeit hinbekommen muss. Wer das nicht schafft, kommt mit seiner Fachkompetenz gar nicht erst zum Zuge.

Viele Bewerberinnen und Bewerber schieben Frust, weil sie nicht zum Vorstellungsgespräch eingeladen werden, obwohl sie ihre Unterlagen nach allen Regeln der Kunst abgefasst haben. Und aufgrund des Allgemeinen Gleichbehandlungsgesetzes (AGG) erfahren sie auch nicht mehr, woran es gelegen hat. Schließlich möchte sich kein Unternehmen wegen eventuell unüberlegter oder verfänglicher Formulierungen der Diskriminierung beschuldigen lassen. Deshalb gibt es ja die stilvollendeten, aber völlig inhaltsleeren Absagen.

Ein häufiger Absagegrund liegt in dem Umstand, dass sich jemand um die falsche Stelle bewirbt. Wer sich also Arbeit und Frust ersparen möchte, sollte auch unter diesem Gesichtspunkt Stellenangebote sorgfältig lesen. Sie suchen als Absolvent mit Prädikatsexamen (Schwerpunkt Marketing) den ersten Job Ihres Lebens. Wie schätzen Sie Ihre Chancen für die folgende Aufgabe ein?

»**Teamleiter Marketing & Sales Communication (m/w)**
Deine Qualifikation:
- Erfolgreich abgeschlossenes Studium mit Schwerpunkt Marketing
- Ausgeprägte Kommunikationsfähigkeit
- Strukturierte Arbeitsweise
- Disziplinarische Führungserfahrung«

Bewerben? Oder hätten Sie für diesen Job bessere Chancen?

»**Teamleiter Marketing & Sales Communication (m/w)**«
Deine Qualifikation:
- Erfolgreich abgeschlossenes Studium
- Teamplayer
- Verbindliches und freundliches Auftreten gegenüber Kunden und Lieferanten
- Einschlägige Führungserfahrung ist von Vorteil«

> **!** **Keine Berufserfahrung/Führungserfahrung: Trotzdem bewerben?**
> Berufserfahrung/Führungserfahrung
> - … ist unverzichtbar.
> - Sie verfügen über …
> - … setzen wir voraus.
>
> Bei völlig fehlender Berufs- bzw. Führungserfahrung ist eine Bewerbung so gut wie sinnlos. Anders hier:
> Berufserfahrung/Führungserfahrung
> - … wäre von Vorteil.
> - … wäre wünschenswert.
> - Idealerweise verfügen Sie über …
>
> Hier können die Bewerber mit ihren Soft Skills überzeugen und trotz fehlender Berufs- bzw. Führungserfahrung eingeladen werden — und am Ende sogar das Rennen machen. Hilfreich sind Werkstudententätigkeiten und Praktika bzw. informelle Führungsaufgaben in Freizeit, Sport und anderen Projekten.

4.2 Das gewinnende Anschreiben

Auch im digitalen Zeitalter müssen Jobaspiranten zunächst einmal mit einem Anschreiben gut ankommen, egal ob die Bewerbung ausgedruckt oder online verschickt wird. Und da ist es schade, wenn der Personaler aus Zeit- und Kostengründen die Zahl der einzuladenden Interessenten auf zehn begrenzt und es nur für Platz elf reicht — und niemand sagt einem warum.

Das Anschreiben ist zweifellos der schwierigste Part der schriftlichen Bewerbung. Wenn es gelingt, ist ein großer Schritt in Richtung Einladung zum Vorstellungsgespräch getan. Der österreichische Schriftsteller Robert Musil bringt es auf den Punkt: »Eine Persönlichkeit ist Ausgangs- und Fluchtpunkt alles dessen, was gesagt wird, und dessen, wie es gesagt wird.« Und genau deshalb interessieren sich Personalexperten für das Anschreiben: Was erwähnt ein Bewerber im Anschreiben und wie formuliert er es? Sind Inhalt und Form stimmig? Wie wirkt der Ton? Ist es glatt oder holprig formuliert? Gibt es einen roten Faden? Wie gestalten sich Start und Abgang? Hier bietet sich die Gelegenheit zu zeigen, wer man ist. »Sprich, damit ich dich sehe«, hieß es in der Antike. »Schreibe, damit ich mir ein Bild von dir machen kann«, heißt es im Bewerbungsprozess.

Wie fange ich bloß an?
Wie man startet, so liegt man später im Rennen. Dieser Grundsatz aus der Leichtathletik gilt auch für das Bewerbungsanschreiben. Mit der Anrede geht es los. Bei Bewerbungen empfiehlt es sich, den Empfänger persönlich und mit Nachnamen zu benennen, wenn dieser bekannt ist. Also:
- Sehr geehrter Herr Mustermann
- Sehr geehrte Frau Mustermann
- Sehr geehrte Frau Mustermann, sehr geehrter Herr Müller

Richtet sich das Anschreiben gleichzeitig an männliche und weibliche Empfänger, ist es üblich, die Frau zuerst zu nennen — es sei denn, es gibt ein starkes Hierarchiegefälle: Werden ein Chef und dessen Assistentin adressiert, wird der Vorgesetzte normalerweise zuerst genannt. In vielen Unternehmen geht es im Briefverkehr und bei internen E-Mails allerdings längst lockerer zu. So haben sich inzwischen auch einige moderne Anredeformeln neben dem klassischen »Sehr geehrte Damen und Herren« etabliert. Dazu zählen beispielsweise:
- Guten Tag, Herr Müller
- Guten Tag, Frau Mustermann
- Hallo Herr Müller
- Hallo, liebe Frau Mustermann
- Lieber Herr Müller

An dieser Stelle kann der Absender bereits zeigen, ob er aufgrund eigener Recherchen und des Anzeigentextes die Unternehmenskultur zumindest ansatzweise verstanden hat. »Du hast Diesel im Blut und wir haben ihn im Tank.« Bei solch einer Headline braucht das Anschreiben nicht mit »Sehr geehrte Damen und Herren« zu beginnen.

Schauen Sie sich bitte einmal einige Beispiele an und überlegen Sie, ob eine passende Variante für Sie dabei ist. Wäre dies zum Beispiel ein guter Anfang?

»Sehr geehrte Frau Küster,

hiermit bewerbe ich mich bei Ihnen um eine Stelle als Mitarbeiter im Bereich der Steuerberatung …«

Lieber nicht. Klingt bürokratisch und abgegriffen. Vielleicht so?

»Hallo Herr Dingenskirchen,

ich interessiere mich sehr für ein Praktikum in Ihrem Hause und möchte mich hiermit bei Ihnen bewerben …«

Nein. Mit »ich« sollte man keinen Brief beginnen. Und was ist von diesem ambitioniert klingenden Start zu halten?

»Guten Tag, Herr Martin,

über Ihre Stellenausschreibung beim Karriereportal stellenanzeigen.de habe ich erfahren, dass Sie schnellstmöglich die Stelle als IT-Administrator besetzen möchten. Sie beschreiben einen Arbeitsbereich, der mich aufgrund seiner Anforderungen an analytisches Denken und Eigeninitiative besonders interessiert. Daher bewerbe ich mich um die von Ihnen ausgeschriebene Position mit Einsatzbereich in Köln …«

49 Wörter muss der Personaler lesen, bis der Bewerber mit der Sprache herauskommt und sich bewirbt. Langatmig! Umständlich! Absage! Da jeder aus den Fehlern anderer lernen kann, noch ein abschreckendes Beispiel:

»Sehr geehrte Damen und Herren,

eines meiner Grundprinzipien lautet: Achte nicht nur darauf, die Dinge richtig zu tun, sondern frage dich auch immer wieder, ob du die richtigen Dinge tust …«

Oder der Start: »Steve Jobs hat einmal gesagt …«

4 Das gewinnende Anschreiben

Schlaumeier sind eine Plage und Personalbeschaffer möchten in einer Bewerbung nichts über Steve Jobs lesen. Dafür gibt es die rote Karte. Das gilt auch für jene Bewerber, die Anschreiben mit eher traurigen Sätzen eröffnen: »Die in der Anzeige geforderte Ausbildung bringe ich zwar nicht mit, aber ...« Oder: »Auch ohne ein entsprechendes Studium nachweisen zu können bleibe ich fest davon überzeugt, Ihren Anforderungen zu entsprechen.« Wer so defensiv startet, muss damit rechnen, dass der Leser nicht mehr viel erwartet. In ein Anschreiben gehören nur Angaben, die einen für die angestrebte Aufgabe empfehlen.

Ist dies jetzt ein guter Einstieg? »Sie suchen für Ihr Unternehmen einen Vertriebsmitarbeiter im Außendienst zur Übernahme von konzeptionell-strategischen Aufgaben im operativen Tagesgeschäft, zur Betreuung und Erweiterung Ihres Kundenstammes mit den erforderlichen kaufmännischen und persönlichen Fähigkeiten und Eigenschaften sowie ...« Spätestens bei dem Wort »sowie« sind auch einem besonders leidensfähigen Personaler die Füße eingeschlafen. Also bitte im Anschreiben nicht den Text der Stellenanzeige wiederholen.

Nun zum Positiven. Wie liest sich ein guter Anfang? Eingangs wurden die verschiedenen Soft Skills besprochen — unter anderem kognitive Empathie, definiert als »Perspective Thinking« zur Erfassung der Fähigkeit, den Standpunkt eines anderen Menschen zu verstehen, also die Welt mit seinen Augen zu sehen. Versetzen Sie sich also in die Rolle des Recruiters, denn er ist der Empfänger Ihres Anschreibens. Was will er als Erstes wissen? Klar, er will wissen, worum es geht und welche Informationsquelle der Bewerbung zugrunde liegt. Das sollte folglich gleich in der Betreffzeile eines Anschreibens stehen. Zum Beispiel: »Bewerbung als .../stepstone.de, Referenznummer 34567« oder: »Bewerbung als .../Hamburger Abendblatt vom ...«

Dafür bedankt sich die Personalabteilung, denn häufig laufen ja mehrere Suchaktionen gleichzeitig und oft werden für die Stellenangebote verschiedene Medien (Tageszeitung, Jobbörsen, eigenes Karriereportal etc.) und Jobmessen genutzt. Bei der obigen Betreffzeile muss der Personaler die Informationen nicht erst (manchmal auch noch vergeblich) im Text suchen und spart somit Zeit und Aufwand. Auf diese Weise zeigen Sie als Bewerberin bzw. Bewerber Kundenorientierung und Mitdenkertum. Genau solche Menschen werden gebraucht.

Und nun ergibt sich fast wie von selbst der erste Satz. Etwa so:

»Sehr geehrte Damen und Herren,

Ihr Angebot habe ich mit Interesse gelesen und deshalb bewerbe ich mich um diese Aufgabe.«

Aus die Maus! Alles andere steht ja in der Betreffzeile. Solch ein schnörkelloser Satz ist eine Wohltat, aber man bekommt ihn selten zu lesen. Sprechen Sie Ihren Adressaten als Erstes direkt an (»Ihr« wird auch nach der Rechtschreibreform groß geschrieben). Und das Wort »Aufgabe« zeigt, dass Sie die richtige Vorstellung von der modernen Arbeitswelt haben. Es geht nicht um Stellungen und Positionen, sondern um zu erledigende Aufgaben. Manche Unternehmen haben den »Vertrauensarbeitsort« eingeführt, das heißt, die Mitarbeiter können ihren Verpflichtungen auch am Küchentisch nachkommen.

Es fällt auf, dass unzählige Bewerber ihre Zeit mit der Suche nach dem ersten Satz im Anschreiben vergeuden. Aber das Einfache ist eben oft besonders schwierig. Natürlich kommt hier häufig der Einwand, das sei ja alles recht einfallslos. Doch warum Energie mit dem Versuch verschwenden, einen besonders originellen Start hinlegen zu wollen? Das wird von Karriereberatern empfohlen, die selbst noch nie Personal eingestellt haben. Wie legte doch neulich ein Bewerber los? »Herzlichen Glückwunsch! Sie haben mit mir soeben den richtigen Kandidaten gefunden!« Oder: »Ich bin der, den Sie suchen!« Die meisten kennen das aus eigener Erfahrung: Es gibt Menschen, die unentwegt originell sein wollen und doch nur anstrengend sind.

> **!** **Das Anschreiben: Lieber schlicht als zum Gähnen »originell«**
>
> Personaler sind keine Marketingleute. Wer als Bewerber zu laut klappert, macht sich verdächtig. Die größte Sorge des Personalbeschaffers besteht darin, jemanden einzustellen, der sich nur gut verkaufen kann. Die Einstellung von »Blendern« richtet mutmaßlich einen enormen betriebswirtschaftlichen und volkswirtschaftlichen Schaden an. Ist diese Variante zielführend originell?
>
> Guten Tag, Herr Claus P. Müller-Thurau,
>
> Sie suchen eine engagierte Diplom-Betriebswirtin und ich suche ein vorausschauendes Unternehmen. Warum kommen wir nicht zusammen?
>
> Denn mitbringen werde ich
>
> 50 % Erfahrung
>
> 98 % Denkvermögen
>
> 98 % Organisationstalent
>
> 98 % Teamgeist
>
> 98 % Belastbarkeit
>
> Und da mir neben sehr gutem Englisch Französisch nicht »spanisch« ist, können wir es gemeinsam auf 100 % bringen.
> Wann darf ich mich vorstellen?
>
> Kein Kommentar!

4 Das gewinnende Anschreiben

Der Hauptteil des Anschreibens

In diesem Teil des Anschreibens kann der Absender kommunikative Kompetenz zeigen. Eine folgerichtige Struktur ergibt sich wie von selbst, indem nach der Frage »Was will ich?« die Frage »Was kann ich?« beantwortet wird. Zunächst sollte hier stehen, welche Abschlüsse (Ausbildung, Studium etc.) das fachliche Profil markieren und welche Erfahrungen bisher vorliegen. Ein Vorschlag hierzu: »Vor dem Hintergrund einer erfolgreichen Ausbildung zur Speditionskauffrau verfüge ich über eine zweijährige Erfahrung im Vertrieb von …« Hier sollten Kenntnisse und Kompetenzen zu finden sein, die den Bewerber für die angestrebte Aufgabe empfehlen. Oder: »Vor dem Hintergrund eines Studiums mit den Schwerpunkten xy verfüge ich über gute Kenntnisse und erste Erfahrungen auf den Gebieten … Im Rahmen einer umfangreichen Fortbildungsmaßnahme konnte ich …

Dann wird die Kernkompetenz noch etwas aufgefächert, etwa so: »In meinem letzten Anstellungsverhältnis bei … als … war ich vorrangig verantwortlich für … Davor habe ich …« Wenn das Thema einer Diplomarbeit oder Bachelor- bzw. Masterthesis zum angestrebten Job passt, gehört dies in das Anschreiben — aber nur bei Berufseinsteigern. Firmennamen stehen nicht im Anschreiben, sondern im Lebenslauf — es sei denn, sie haben einen besonderen Aufmerksamkeitswert.

Anschließend wird folgerichtig (Stringenz!) die Frage »Wer bin ich?« beantwortet. Etwa so: »Zu meinen persönlichen Stärken zähle ich …« Nennen Sie drei Soft Skills, die für die angebotene Aufgabe unverzichtbar sind. Warum drei? Eine alte Handwerkerregel lautet: »Nach fest kommt ab!« Wenn man eine Schraube zu stark anzieht, fällt sie einem vor die Füße. Wenn ein Bewerber zu viele vorteilhafte Eigenschaften für sich in Anspruch nimmt, nimmt ihm der Personaler nicht einmal mehr die erste ab.

Viele Jobaspiranten schreiben mechanisch die im Anforderungsprofil des Stellenangebots aufgeführten Soft Skills ab. Das ist keine gute Idee. Wenn im Anforderungsprofil »Stressresistenz« erwartet wird, geben Sie an, dass Sie auch unter Zeitdruck fehlerfrei arbeiten und den Überblick behalten. Umschreiben Sie die gewünschten Eigenschaften, verwenden Sie Synonyme und machen Sie aus Substantiven Eigenschaftswörter und umgekehrt. Dieser Satz beispielsweise bildet einen schönen Abschluss: »Außerdem kann ich sehr gut sowohl selbstständig als auch im Team arbeiten.« Teamfähigkeit ist ja nicht alles, man muss auch einmal die Tür zu machen können und auf sich allein gestellt Aufgaben erledigen.

Darf man das wirklich so machen? Einfach aufschreiben, was für ein toller Typ man ist? »Papier ist geduldig«, so hieß es vor dem Digitalzeitalter, und natürlich kann man bei den Soft Skills auch in der Online-Bewerbung lügen, dass sich die Balken biegen. Aber die Bewerberinnen und Bewerber können auch zeigen, dass sie die Aufgabe »kapiert« haben. Genau darum geht es. Wer sich beispielsweise um den Job als Assistent der Geschäftsführung bewirbt und als Erstes unter den Soft Skills anführt, dass er teamfähig sei, hat den Job nicht verstanden. Im Zweifelsfall wird er als rechte Hand des Chefs noch im Büro bleiben, wenn die Kollegen Feierabend machen, und von einem Team ist weit und breit nichts zu sehen. Hier lassen sich eher mit Eigenschaften wie Belastbarkeit, Flexibilität, Zuverlässigkeit und Diskretion Pluspunkte sammeln. Natürlich werden die Soft Skills im Vorstellungsgespräch noch einmal genauer untersucht, denn dafür ist das Interview ja hauptsächlich da.

Wie höre ich bloß auf?
 Vielleicht so? »Weitere Einzelheiten würde ich gern mit Ihnen in einem persönlichen Gespräch erörtern.« — »Ach was?«, hätte der Komiker Loriot geantwortet. Oder so? »Über eine baldige Antwort würde ich mich freuen, da ich noch bei einem anderen Unternehmen in der engeren Wahl bin und mich kurzfristig entscheiden muss.« Erpressung ist ein absolutes No-Go. Vielmehr gilt es, auch beim Abspann kognitive Empathie zu zeigen. Wie lautete noch die Definition dieser Eigenschaft? Es geht darum, die Welt des Adressaten mit den eigenen Augen zu sehen. Was also will der Personaler im Regelfall zum Schluss wohl noch wissen? Welche Gehaltsvorstellungen der Absender hat und ab wann er zur Verfügung steht. Um diese Angaben wird normalerweise im Stellenangebot auch gebeten. Hier eine Empfehlung, wie sich das machen lässt: »Für Ihre Planung füge ich noch an, dass ich kurzfristig zur Verfügung stehe [oder: einer Kündigungsfrist von ... unterliege] und mir ein Jahresentgelt von etwa ... Euro vorstelle.«

Die meisten Bewerber haben mit der Nennung ihrer Gehaltsvorstellungen erhebliche Probleme. Der Konflikt ist offenkundig: Die Gefahr besteht, wegen unrealistischer Wünsche gleich aussortiert zu werden, aber unter Wert verkaufen will man sich auch nicht. Nichts ist ärgerlicher, als später festzustellen, dass mehr drin gewesen wäre. Was also tun, wenn im Stellenangebot ausdrücklich darum gebeten wird, sich zum Thema Geld zu äußern? Eine Spanne von bis angeben? Das ist etwas für Feiglinge, die Angst haben, sich allzu sehr festzulegen. Im Verkaufsgespräch bekommt der Kunde bei der Frage nach dem Preis ja auch eine konkreten Betrag genannt. Umsteiger, die sich in einem Anstellungsverhältnis befinden, nennen am besten ihr derzeitiges Jahresentgelt. Damit bleibt einerseits Spielraum nach oben, denn normalerweise soll ein Wechsel ja eine Verbesserung mit sich bringen. Andererseits ist es zur Not auch möglich, Abstriche zu machen, ohne das Gesicht zu verlieren. Ersteinsteiger nennen — wie in der obigen Beispielformulierung — einen ungefähren Wert als Hausnummer, der mit einem »etwa« versehen werden darf.

Zum Schluss noch ein No-Go zum Gehaltsthema in der schriftlichen Bewerbung: »Die Gehaltsfrage sollten wir in einem Vieraugengespräch erörtern.« Solche Formulierungen erinnern an Weißkittel-Fragen wie »Haben wir denn regelmäßig unsere Medizin genommen?« oder »Wie geht es uns denn heute?« Ein solcher Satz ist absolut stillos.

Der allerletzte Absatz ist dazu da, sich anständig zu verabschieden. Verzichtet werden sollte auf das Bekenntnis, wie gern Sie den Job hätten und wie toll Sie das Unternehmen finden. Höchstens hat hier noch ein Satz darüber Platz, warum Aufgabe und das Unternehmen interessieren. Meist läuft dies aber auf eine Pflichtübung hinaus und das weiß ein Personaler. Die kecke Formulierung: »Ich freue mich auf unser gemeinsames Gespräch« ist indiskutabel. Auch dieser Satz wird von Flensburg bis Passau von »Experten« dringend empfohlen, die niemals in ihrem Leben eine Stelle besetzt haben. Bei den Deutschlehrern in der Schule geht das schon los, wenn Bewerbungen um Praktika besprochen werden. In Wirklichkeit gibt es keinen einzigen Grund, einen Vorstellungstermin als selbstverständlich anzunehmen, es sei denn, man leidet unter einer narzisstischen Persönlichkeitsstörung oder hat unwiderstehliche persönliche Beziehungen zum neuen potenziellen Arbeitgeber.

Wohltuend — weil äußerst rar — ist der schlichte Satz: »Über eine Einladung zu einem Vorstellungsgespräch würde ich mich freuen.« Es lebe der Konjunktiv, denn er zeugt von Bodenhaftung und einer gesunden Einstellung zum Wettbewerb. Der Einwand, man müsse als Bewerber doch selbstbewusst auftreten, wird durch seine ständige Wiederholung nicht richtig. Niemand muss sich kleinmachen, aber insbesondere Nachwuchskräften geht die Fähigkeit zur Selbstkritik oft ab, obwohl diese doch Voraussetzung für eine gute persönliche Entwicklung ist. Übrigens: Ein Vorstellungsgespräch würde (!) ja auch nicht mit dem Satz »Ich freue mich schon auf meinen Vertrag!« beendet werden.

Stil zeigen
Eine Schriftstellerregel lautet: keinen Satz so hinschreiben, wie er einem gerade einfällt. Manche Anschreiben sind stilistisch schaurig und geht es im Job unter anderem um kommunikative Kompetenz, hat sich die Sache oft schon erledigt. Personaler ärgern sich bisweilen auch über kleinere textliche Unebenheiten — vor allem, weil sie sich selbst bei der Ausformulierung von Stellenangeboten in der Regel viel Mühe geben.

> **Feilen und redigieren**
> - Keine Dubletten! Beispiel: »… suche ich eine neue Herausforderung. Da Ihr Unternehmen international tätig ist, wäre es für mich als Absolvent einer Business-School eine besondere Herausforderung …«
> - Keine Redundanzen! Es ist lästig, wenn im Anschreiben in Form eines Besinnungsaufsatzes der Lebenslauf bereits in epischer Breite vorweggenommen wird und das Ganze im CV nochmals tabellarisch aufbereitet wird. Es ist ebenfalls redundant, die Stellenbezeichnung aus der Betreffzeile im laufenden Text noch einmal zu erwähnen. Alles, was keinen zusätzlichen Informationsgewinn bringt, gehört gestrichen. Wie bereits erwähnt: Zeitdiebe werden nicht gesucht.
> - Keine Schachtelsätze! Drei Kommata in einem Satz ist eins zu viel. Beispiele: »Vom höheren Management wird zunehmend erkannt, dass schwierige Zeiten, ausgelöst durch die Euro-Krise und weltweite Konflikte, neue Unternehmensstrategien erfordern, mit denen man den einschlägigen Herausforderungen erfolgreich begegnen kann.«
> - Keine Strich- oder Punktaufzählungen! Dieses Gestaltungsmittel passt in den tabellarischen Lebenslauf – im Anschreiben wirkt es eilig und lieblos.
> - Nicht zu viele Substantive! Belastbarkeit, Flexibilität, Teamfähigkeit und kommunikative Kompetenz sind zweifellos gefragt, aber zur Abwechslung klingt ein Eigenschaftswort auch ganz schön.
> - Sätze nicht zu häufig mit »Ich« beginnen! Beispiel: »Ich habe Ihre Anzeige mit Interesse gelesen und … Ich habe eine Ausbildung zum …«
> - »Guten Tag, Frau Dingenskirchen!«, das klingt nicht für alle Adressaten so locker-flockig, wie viele glauben. Mit »Sehr geehrte(r)« kann man nichts falsch machen.
> - »Mit herzlichen Grüßen«: Hier ist die Schraube in Sachen Verbundenheit überdreht. Es ist schon toll, wie häufig Personaler von ihnen völlig fremden Menschen herzliche Grüße zugestellt bekommen.

Das Allermindeste: Es sollte deutlich werden, dass sich jemand beim Texten Mühe gegeben und ein Gespür dafür hat, wie das verfasste Anschreiben wirken könnte.

Der Ton muss stimmen

Wir fühlen, denken und handeln im Gleis der Sprache. Die Wortwahl ruft positive oder negative Assoziationen hervor und bestimmt deshalb in erheblichem Maß, wie das Geschriebene bzw. das Gesagte beim Adressaten ankommt. Seit 2013 heißt die Gebühreneinzugszentrale GEZ »Beitragsservice von ARD, ZDF und Deutschlandradio«. Diese Wortwahl soll dem Zweck dienen, das miese Image der alten Institution »GEZ« vergessen zu machen. Zumindest in größeren Unternehmen gibt es nach dem Beschluss wichtiger Maßnahmen den Tagesordnungspunkt »Wording«: Wie sagen wir es den Betroffenen bzw. wie benennen wir bestimmte Sachverhalte? Da werden dann Mitarbeiter freigestellt und nicht

»gefeuert«, es gibt keine Preiserhöhungen, sondern eine Bereinigung des Preisgefüges und keine zusätzlichen Leiharbeitnehmer, sondern Zeitarbeitnehmer. Werden Mitarbeiter freigestellt oder gefeuert? Maßgeblich in der Kommunikation ist nicht das Was, sondern das Wie. Definiert ein Bewerber seinen derzeitigen Status als »arbeitslos« oder schreibt er »ohne Anstellung«? Die richtige Wahl der Worte ist dabei nicht nur eine Frage des Wortschatzes, sondern vor allem eine Frage der Empathie.

Übellaunig werden viele unnötige Fremdwörter und Amerikanismen aufgenommen. Was sagte doch einmal ein Bewerber? »Es ist für mich eine Challenge, die Performance Ihrer Company zu toppen.« Keine Frage: Fremdwörter müssen sein und Anglizismen sind unvermeidbar. Aber die meisten Menschen merken sehr wohl, ob deren Verwendung auf Fachkompetenz hinweist — oder auf reines Imponiergehabe. Daher sei hier die Empfehlung von Albert Einstein angeführt: »So einfach wie möglich, aber auch nicht einfacher.«

> **Hier stimmt der Ton nicht**
>
> - »Nachdem ich aus Ihrer Anzeige ein Draft gemacht habe, bin ich zu der Überzeugung gekommen, dass ... Bezüglich der Benefits werden wir uns sicher einig werden.« Hier fragt sich der Personaler, wozu der Bewerber sonst noch fähig ist.
> - »Ich bin mir sicher, die geforderten Anforderungen zu erfüllen.« Gesucht werden selbstbewusste Mitarbeiterinnen und Mitarbeiter, denen allerdings die Fähigkeit zur Selbstkritik nicht abhandengekommen ist. Also Vorsicht: Ein zu forscher Marktauftritt wird keineswegs zwingend belohnt.
> - »Mit einer zügigen Bearbeitung meiner Bewerbungsunterlagen würden Sie mir sehr entgegenkommen, da ich mich innerhalb der nächsten Wochen entscheiden muss, ob ich eine mir angebotene Stelle im Außendienst annehme.« Das ist indiskutabel.
> - »Wann darf ich mich vorstellen?« Dem Personalentscheider nur noch gnädig die Freiheit der Terminwahl zu gewähren ist ein Eingriff in dessen Entscheidungsfreiheit.
> - »Ihr Unternehmen genießt weltweit einen hervorragenden Ruf und hat sich durch innovative Produkte einen einzigartigen Namen gemacht. Die Unternehmenskultur ist vorbildlich und ...« Lobhudeleien kosten Zeit und haben null Informationswert.
> - »Ich bin mir sicher, dass Sie mit der Wahl meiner Person die richtige Entscheidung treffen. Bitte geben Sie mir die Möglichkeit, mich Ihnen in einem persönlichen Gespräch vorzustellen.« Ein Bewerber ist kein Bittsteller und wenn er sich so aufführt, hat er meist einen unguten Grund dafür.

Null-Fehler-Toleranz

Es ist schon erstaunlich, wie häufig Excel ohne c und Akquisition ohne k geschrieben werden. Abgestraft wird übrigens nicht der ärgerliche Tippfehler, sondern der Verstoß gegen das Vieraugenprinzip. Jeder weiß oder sollte wissen, dass man gegenüber dem eigenen Text oft »blind« ist. Doch Zuverlässigkeit, Sorgfalt und Regeltreue sind im Berufsleben unverzichtbar. An der Null-Fehler-Toleranz bzw. am Versäumnis, eine Korrekturschleife einzulegen, haben sich manche Bewerberhoffnungen beizeiten zerschlagen. Und auf das Rechtschreibprogramm ist auch kein Verlass. Wenn als Abschlussformel »Mit freundlichen Füßen« unter dem Anschreiben steht, sagt der Rechner nichts.

4.3 Der ansprechende tabellarische Lebenslauf

Während das Bewerbungsanschreiben vor allem dazu da ist, die eigene kommunikative Kompetenz und soziale Intelligenz unter Beweis zu stellen, geht es im tabellarischen Lebenslauf (oder CV = Curriculum Vitae) darum, Informationen optisch gefällig und lückenlos aufzubereiten. Auch hier kommt es auf die sinnvolle Gliederung an. Der Verfasser darf also keinen Informationshaufen abliefern, sondern muss dem Leser einen roten Faden bieten, mit dessen Hilfe er sich im »Leben« des Bewerbers schnell zurechtfindet. (Ausnahme: Sie füllen einen Online-Bewerbungsbogen aus, bei dem Sie thematisch geführt werden.) Im Vergleich zum Anschreiben muss der Lebenslauf vollständig sein, das heißt, alle wichtigen Daten ohne verdächtige Lücken enthalten.

Struktur, Struktur, Struktur!
Die Fähigkeit, Inhalte sinnvoll zu strukturieren, ist in unserer Informationsgesellschaft unverzichtbar. Ohne Struktur geht gar nichts, das gilt für Aufgaben, Meetings, Verhandlungen, Kundengespräche, Briefe, Präsentationen sowie die Aufbau- und Ablauflauforganisation ganzer Unternehmen gleichermaßen. Mit der Gestaltung des CV zeigen Bewerberinnen und Bewerber schon einmal, ob sie in der Lage sind, Informationen folgerichtig aufzubereiten.

Die erste Frage, die es zu beantworten gilt: Welche Strukturierungselemente passen zum eigenen Werdegang? Es folgt eine mögliche Auswahl:
- Persönliche Angaben
- Schule
- Ausbildung
- Wehr-/Zivildienst, Bundesfreiwilligendienst etc.
- Studium
- Studienbegleitende Tätigkeiten
- Beruflicher Werdegang
- Praktika
- Werkstudententätigkeit
- Weiterbildung

- Fremdsprachen
- IT-Kenntnisse
- Methodenkenntnisse
- Ehrenamtliches Engagement
- Auslandserfahrungen
- Veröffentlichungen
- Hobbys

Bei der Gliederung des CV wird so einiges falsch gemacht. Zum Beispiel finden sich unter der Headline »Beruflicher Werdegang« häufig Angaben, die dort nicht hingehören. Insbesondere Berufseinsteiger, die unter dieser Überschrift nichts oder wenig zu bieten haben, versuchen hier zu tricksen. Ein Praktikum zum Beispiel hat hier nichts zu suchen, das gilt auch für Hospitationen und studienbegleitende Tätigkeiten. Wer einen Sack Kartoffeln kauft, möchte darin keine Gurke vorfinden. Stringenz ist ein eingangs besprochenes Soft Skill, hier wird sein Vorhandensein dadurch unter Beweis gestellt, dass die Zuordnung von Informationen zu den einzelnen Headlines schlüssig ist. In diesem Sinne wirkt eine Überschrift »Sonstiges« wenig stringent und hört sich eher nach Resteverwertung an. Erstaunlicherweise finden sich hier jedoch oftmals Sprach- und IT-Kenntnisse. Auch Methodenkenntnisse wie Projektmanagement, Balanced Scorecard oder Erfahrungen mit der SWOT-Analyse verdienen eine eigene Rubrik.

Und wie sollte mit den Hobbys verfahren werden? »Sag mir, was du in deiner Freizeit tust, und ich sage dir, wer du bist.« Das mag übertrieben sein, aber Hobbys und Liebhabereien verraten etwas über die Persönlichkeit. Deshalb kann es durchaus sinnvoll sein, am Ende des tabellarischen Lebenslaufs kurz auf die Freizeitinteressen einzugehen, ohne allerdings zu übertreiben oder sich etwas auszudenken, was vermeintlich gut ankommen könnte. Manche Bewerber geben in der Rubrik Hobbys beispielsweise »Lesen« an, können im Vorstellungsgespräch aber keinen einzigen aktuellen Buchtitel nennen.

> **Was Hobbys über die Persönlichkeit verraten können**
> - Mannschaftssport: Teamfähigkeit, Leistungsbereitschaft
> - Marathon: Belastbarkeit, Disziplin, Einzelkämpfer
> - Klettern: Zuverlässigkeit, Disziplin, Konzentrationsfähigkeit
> - Sport im Verein: Teamfähigkeit, Geselligkeit, Kontaktstärke
> - Musizieren (Instrument): Lernbereitschaft, Einfühlungsvermögen
> - Reisen: Neugierde, Aufgeschlossenheit
> - Literatur: Konzentrationsfähigkeit, abschalten können
> - Tanzsport: Geselligkeit, Einfühlungsvermögen, Teamplayer

Das Foto im Blick

»Ihre aussagekräftigen und vollständigen Bewerbungsunterlagen senden Sie bitte an …« Hierzu gehört in Deutschland — anders als in manchen anderen Ländern, etwa den USA — ein Lichtbild. Es sollte als Scan oder Printfoto auf der ersten Seite des Lebenslaufs rechts neben den persönlichen Angaben zu finden sein. Auch beim Foto kann einiges falsch gemacht werden. Manche Bewerber verwenden Ganzkörperablichtungen, Portraits mit vor der Brust verschränkten Armen oder mit »abgeschnittener« Schädeldecke — Letzteres scheint gerade besonders angesagt zu sein. Dabei folgen sie häufig den Empfehlungen von Fotografen, doch das geht meist nicht gut aus, weil diese eben nicht auf das Einstellen von Personal spezialisiert sind. Wer als Personalberater einen neuen Interessenten zum Vorstellungsgespräch empfängt, möchte manchmal fragen: »Was wollen Sie denn hier?« Das Foto aus den Bewerbungsunterlagen, das er sich gerade noch angesehen hat, stimmt mit der Wirklichkeit kaum überein, so viel ist daran herumretuschiert worden.

> **!** **Tipps**
>
> - Machen Sie keine Fotos im Automaten am Bahnhof, sondern gehen Sie zum Fotografen. Der sollte Ihr Abbild aber nicht bis zur Unkenntlichkeit verändern.
> - Machen Sie sich Gedanken über das Outfit: Was passt zum Unternehmen, bei dem Sie sich sich bewerben? Die meisten Branchen haben eine Kleiderordnung.
> - Manchmal kann es sinnvoll sein, vor dem Besuch des Fotostudios zum Friseur zu gehen. Dennoch: Die Teilnahme an einem Auswahlverfahren ist kein Schönheitswettbewerb.
> - Niemand muss sich verbiegen oder gar ein anderer Mensch sein wollen, aber es ist besser, gegebenenfalls den Nasenring oder das Lippenpiercing herauszunehmen.
> - Lassen Sie sich bei der Auswahl des Fotos gegebenenfalls von jemandem beraten, der ein gutes Gespür für Außenwirkung hat.
> - Das Foto sollte nicht zu groß sein, sonst könnte der Vorwurf der Eitelkeit aufkommen — Format höchstens 6 × 4,5 Zentimeter.
> - Farbe oder Schwarz-Weiß? Ist egal.
> - Scannen Sie Ihr Foto sauber ein (300 dpi).

Werbliche Optik des CV

Dieter Rams, ehemaliger Chef-Designer beim Elektrogerätehersteller Braun und Großvater des Apple-Designs, definierte sein Berufsverständnis folgendermaßen:

- Gutes Design ist unaufdringlich.
- Gutes Design ist ehrlich.
- Gutes Design ist konsequent bis ins letzte Detail.
- Gutes Design ist so wenig Design wie möglich.

Der ansprechende tabellarische Lebenslauf 4

Für die Gestaltung des CV bedeutet dies: Die Schriftgröße elf bis zwölf Punkt ist gut, der Schriftschnitt sollte sachlich und klar sein, zum Beispiel Arial. Kursivierungen erschweren das Lesen und Farbe hat im tabellarischen Lebenslauf — außer beim Foto — nichts zu suchen. Es gibt Bewerber, die beispielsweise die Hausfarbe ihres Adressaten glauben würdigen zu müssen, indem sie den Firmennamen bzw. Produktnamen in Blau ausdrucken. Wer sich bei dem Energiekonzern Eon »in Rot« bewirbt, wirkt nicht originell, sondern albern. Entscheiden Sie sich für einige Gestaltungsmerkmale und halten Sie diese Wahl konsequent durch.

Stringenz auch in der Gestaltung

- Wenn Sie Überschriften wie »Ausbildung« in einer halbfetten 14-Punkt-Schrift verfassen, sollten Sie das bei allen Rubriken auf dieser Gliederungsebene tun.
- Geben Sie zu den einzelnen Stationen Ihres Werdegangs Monat und Jahr an. Ausnahme: Schule.
- Wenn Sie im tabellarischen Lebenslauf Ihre Noten angeben, dann auch die weniger guten — oder eben gar keine.
- Die Zeilenabstände müssen die inhaltliche Struktur visuell unterstützen und dürfen deshalb nicht beliebig sein. Probieren Sie aus, was gut aussieht.
- Jeder Rechner bietet einstweilen Dutzende von Schriftarten an. Wenn Sie mehr als zwei verwenden, ist das schon eine zu viel.
- Es versteht sich von selbst, dass Sie mit den Tabstopps akribisch umgehen. Unebene Einrückungen bzw. Abstände verderben das Bild.

Lebenslauf
Persönliche Angaben
Miriam Michaelsen
Humboldtstraße 17
23564 Lübeck
Tel.: 0451 787971
miriam.michaelsen@gmx.net
geboren am 30.4.1990 in Lübeck
ledig

Schule

1996–2009	Grundschule Fischergrube/Johanneum (Abitur)

Berufsausbildung

08/09–08/11	Speditionskauffrau Firma Schencker in Lübeck mit IHK-Abschluss

Studium

10/11–10/14	BWL FH Kiel mit Schwerpunkt Finanz- und Rechnungswesen/ Abschluss Bachelor

Praktika

04/13–08/13	Controlling Firma Schencker

Beruflicher Werdegang

seit 01/15	Assistentin Leitung Finanz- und Rechnungswesen Jung Logistik GmbH

Sprachkenntnisse

Englisch verhandlungssicher

Spanisch gut

IT-Kenntnisse

Betriebssysteme: MS Windows 9x/NT, Unix, Linux

Business Software: Cognos Impromptu

Methodenkompetenz

Projektmanagement, SWOT-Analyse, Morphologische Analyse

Auslandserfahrung

Austauschsemester University of Dublin

Ehrenamtliche Tätigkeit

    Trainerin einer Jugend-Hockeymannschaft

Hobbys

    Segeln und Ausdauersport

    Plattdeutsch

Lübeck, den 18.6.20xx

4.4 Umgang mit Zeugnissen und Zertifikaten

In vermutlich keinem anderen Land wird so viel mit Zeugnissen und Zertifikaten hantiert wie in Deutschland. Das hängt mit unserem Arbeitsrecht und der daraus resultierenden Absicherungsmentalität der Entscheidungsträger in Personalfragen zusammen, aber leider auch mit Hochstaplern und Betrügern im Kreis der Bewerber. Man denke an jenen Postboten, der mit gefälschten Dokumenten jahrelang als Arzt praktiziert hat, oder an den aktuellen Fall einer Frau, die niemals ein Staatsexamen abgelegt hat, aber viele Jahre als Lehrerin im Staatsdienst mehrerer Bundesländer angestellt war.

Dokumentieren, was sinnvoll ist

Kein Personaler hat Zeit und Lust, sich durch nicht enden wollende Anhänge zu scrollen. Warum, fragt sich mancher unter ihnen, werde ich mit einem Zertifikat der Volkshochschule über einen absolvierten Excel-Kurs belästigt? Schwimmpässe, Piloten- oder Jagdscheine — alles schon als Personalberater erlebt — haben in einer Bewerbung nichts zu suchen, es sei denn man bewirbt sich als Bademeister, Pilot oder Jäger. Die angefügten Zeugnisse und Zertifikate zeigen, ob jemand priorisieren, also das Wichtige vom Unwichtigen unterscheiden kann. Bürokraten haben wir schon genug.

> **Tipps zum Anhang der schriftlichen Bewerbung**   !
> - Nach dem CV kommt das aktuelle Zertifikat, zum Beispiel das letzte Arbeits- oder Examenszeugnis.
> - Es folgen die Abschlusszeugnisse nach Wertigkeit, zum Beispiel Studium vor Ausbildungszeugnis und Ausbildungszeugnis vor dem Schulabgangszeugnis.
> - Arbeitgeberzeugnisse müssen vollständig sein.
> - Bewerber mit Berufserfahrung lassen Schulzeugnisse weg.

- Berufseinsteiger sollten Zeugnisse über Praktika und/oder Werkstudententätigkeiten anfügen, sofern es sich um qualifizierte Zeugnisse handelt, Bescheinigungen weglassen.
- Nebentätigkeiten, die während des Studiums dem Gelderwerb dienten, müssen nicht schriftlich nachgewiesen werden.
- Mit zunehmendem Berufsalter sollten die Unterlagen »ausgelichtet« werden. Schulzeugnisse und Praktikumsbescheinigungen fliegen zuallererst raus. Zeugnisse über Ausbildungen (IHK), Fortbildungen und abgeschlossene Studien sind bleibender Bestandteil einer Bewerbung.
- Mit bezahlten Gutachten über die eigene vortreffliche Persönlichkeit macht man sich lächerlich.
- Absolut daneben ist eine Bescheinigung über die Teilnahme an einem Bewerberseminar. Reichen Sie diese an Ihr Finanzamt weiter, aber niemals an einen potenziellen neuen Arbeitgeber.

Verdächtige Zwischenzeugnisse

Nicht wenige Bewerber verderben sich die Chance, zum Vorstellungsgespräch eingeladen zu werden, indem sie ein hervorragendes Zwischenzeugnis vorlegen. Wie kann das sein? In einem Zwischenzeugnis werden Leistungen und Verhalten eines Mitarbeiters bewertet, der in »trockenen Tüchern« ist. So lautet die entscheidende Frage für den Personaler, warum das Zeugnis überhaupt ausgestellt wurde. Steht dann im Abspann: »Dieses Zwischenzeugnis wurde auf Wunsch von Herrn X ausgestellt«, stimmt das nachdenklich. Warum, fragt sich der Personaler, kommuniziert jemand seinem Arbeitgeber den eigenen Abwanderungswunsch? Die Sache mit dem Anschlussjob kann sich ja noch eine Weile hinziehen und in der Zeit gilt die betreffende Person im Betrieb als jemand, der auf dem Sprung ist und sicher nicht mehr an die Grenzen seiner Leistungsfähigkeit gehen wird. Echtes Commitment, also die erwünschte emotionale Bindung an das Unternehmen, kann nicht mehr vorausgesetzt werden. Und was ist, wenn sich der Veränderungswunsch gar nicht zu den erhofften Bedingungen realisieren lässt? Dann fristet derjenige welche das kümmerliche Dasein eines »innerlich Gekündigten«.

Manche Zwischenzeugnisse haben auch eine »Weglob-Funktion«. Wenn zum Beispiel der Arbeitsplatz auf der Kippe und eine Abfindung im Raum steht, ist das Unternehmen dem Betroffenen gern dabei behilflich, woanders unterzukommen — mithilfe eines tollen Zwischenzeugnisses. Ein guter Personaler hat dafür ein Gespür.

Der richtige Zeitpunkt für ein Zwischenzeugnis
- Der Vorgesetzte wechselt.
- Das Unternehmen hat fusioniert.

- Die Rechtsform des Unternehmens ändert sich oder es wird umstrukturiert.
- Das persönliche Aufgabenfeld ändert sich.
- Nach einer Beförderung.
- Das Unternehmen befindet sich im Insolvenzverfahren.

Deckblätter sind lästig

»Gut gemeint«, befand der Kulturkritiker Karl Kraus einmal, »ist ein anderes Wort für schlecht.« Deckblätter sind gut gemeint. Versetzen Sie sich in die Lage des Empfängers. Er nimmt die Bewerbungsmappe zur Hand, sieht das Deckblatt nebst sympathischem Foto — und blättert um. Aus den Augen, aus dem Sinn. So war das jedenfalls früher. Heute wird die erste Seite mit Foto und persönlichen Angaben binnen weniger Sekunden in das Datennirwana gescrolled. Schade, aber es geht nicht anders, denn die relevanten Informationen finden sich ja erst im Anschreiben und im tabellarischen Lebenslauf.

Wie heißt doch der implizite Appell aller Bewerber? »Machen Sie sich ein Bild von mir!« Und das gelingt dem Personaler am besten, wenn er neben den persönlichen Angaben auf der rechten Seite ein Foto sieht. Machen Sie sich ein Bild von mir, und zwar im doppelten Sinne des Wortes. Es ist pure Zeitverschwendung — für den Bewerbungstrainer Zeitschinderei —, wenn in unzähligen Bewerberseminaren Deckblätter »gebastelt« werden. Zur Erinnerung: In den USA ist ein Foto aufgrund der strengen Antidiskriminierungsgesetze tabu. In der globalen Welt sollte auch in Deutschland dem Foto weniger Bedeutung gegeben und keine ganze Seite dafür verschwendet werden. Wie immer bestätigen Ausnahmen die Regel: Wer sich als Dressman oder Model bewirbt, muss sich im Vergleich zum Controller fotogen inszenieren. Alle anderen sollten auch optisch sein, wer sie sind.

4.5 Wie sehr darf man seinen Werdegang »schönen«?

Dem früheren Verteidigungsminister Karl-Theodor zu Guttenberg wurde nicht nur zu Recht vorgeworfen, seine Doktorarbeit in großen Teilen abgeschrieben, sondern auch seinen beruflichen Werdegang geschönt zu haben. Was ist zum Zweck einer positiven Selbstdarstellung tabu und was ist erlaubt? Ein Praktikum darf dem Personaler nicht als Berufserfahrung oder Station im beruflichen Werdegang untergejubelt werden. Wer also als Praktikant bei einer Tageszeitung tätig war, kann dies nicht eigenmächtig zur journalistischen Tätigkeit upgraden. Auch »Hospitationen« im Ausland, die vermeintlich wenig nachprüfbar sind, werden oft überhöht dargestellt. Eine wesentliche Aufgabe des Personalers besteht nun einmal darin, zwischen Schein und Sein zu unterscheiden, um mehr oder weniger talentierten Selbstdarstellern nicht auf den Leim zu gehen.

Über Täuschungsversuche
Dieser Lebenslauf ist »aufgehübscht«

Studium

03/07–10/12	Studium der Wirtschaftswissenschaften an der Universität Hamburg

Beruflicher Werdegang

06/08–10/10	Studentische Hilfskraft am Institut für Betriebswirtschaftslehre Universität Hamburg
2011–2012	Eventmanager bei der Agentur »dialog«
01/13–01/14	Praktikum Meinungsforschungsinstitut Prägnant
seit 2015	Beratungstätigkeit Institut für Demoskopie

Was stört beim Lesen dieses CV? Der erste Täuschungsversuch fällt bereits bei der Erwähnung des Studiums der Wirtschaftswissenschaften auf. In fast allen Fällen sucht man hier vergeblich in den Unterlagen nach einem Abschlusszeugnis (Diplom, Bachelor oder Master). Kein Wunder, denn das Studium wurde abgebrochen oder der Studierende hat das Examen nicht geschafft. Das kann passieren und ist auch keine Schande. Grenzwertig ist allerdings die Spekulation, bei einem vielleicht weniger aufmerksamen Leser als Absolvent durchzugehen. Wer sich hier angesprochen fühlt, füge bitte als Zusatz in Klammern »ohne Abschluss« an.

Die dann folgende Präsentation des beruflichen Werdegangs ist eine Mogelpackung. Hier wird zusammengefügt, was nicht zusammengehört. Praktika und studienbegleitende Tätigkeiten müssen — wie bereits erwähnt — als solche benannt werden. Außerdem kommt beim Personaler wenig Freude auf, wenn er die einzelnen Posten auseinandersortieren muss.

Missmutig stimmen auch die großzügigen Zeitangaben, bei denen nur mit Jahren hantiert wird: »2011–2012 Eventmanager«. Das könnte eine Verweildauer von immerhin zwei Jahren sein, stimmt aber gar nicht. Der Blick ins Arbeitszeugnis verrät, dass der Bewerber die Firma bereits nach zehn Monaten wieder verlassen hat. Die darauf folgende Beschäftigung als Praktikant hat unter der Rubrik »Beruflicher Werdegang« nichts verloren. »Seit 2015« ist der Bewerber in einem Institut für Demoskopie als Berater tätig. Es ist nicht unerheblich, ob der Starttermin im Januar oder im Dezember des Jahres war. Personalbeschaffer fühlen sich bei solchen Interpretationsspielräumen um die Linde geführt.

So darf man seinen Lebenslauf »glätten«

In der Praxis kommen regelmäßig Bewerbungen an, deren CV nach den persönlichen Angaben sinngemäß wie folgt startet:

Beruflicher Werdegang

seit 09/15	arbeitssuchend
07/11–08/14	Projektmanager Firma Meyer & Sohn
01/07–06/11	Junior-Berater KPMG

…

Leitmuster bei der Gestaltung des CV ist hier der seit einigen Jahren dringend empfohlene »Reverse-chronological«-Lebenslauf. Zum Glück gibt es noch keine bindende EU-Vorschrift zur Gliederung von Bewerbungsunterlagen, denn in dem hier vorgestellten Fall ist es unklug, die »Last-job-first«-Version (amerikanischer Lebenslauf) zu verwenden. Die erste Botschaft lautet ja, dass der Kandidat schon mehr oder weniger lange vergeblich eine neue Aufgabe sucht. Da stimmt wohl etwas nicht, könnte man mutmaßen, und wenn die Zahl der Bewerbungen hoch ist, landet diese schnell auf dem Absagestapel oder per Mausklick im Absagen-Ordner.

Im obigen Fall ist unbedingt die klassische Variante der CV-Gestaltung zu empfehlen. Da erfährt der Adressat zunächst etwas über die Erfolge des Kandidaten: Ausbildung und Studium sind abgeschlossen und der Berufseinstieg unmittelbar nach Ende des Studiums ist ebenfalls geglückt. Dann folgen eventuell weitere berufliche Stationen, die positiv zu bewerten sind und auf den Bewerber neugierig machen. Der Umstand, dass es zurzeit nicht rund läuft, wird aufgrund der Vorkenntnisse in einem günstigeren Licht gesehen. Und um bei dieser Gelegenheit ein Missverständnis aus der Welt zu schaffen: Es heißt immer, dass Personaler sich für die Gegenwart eines Bewerbers interessierten und nicht für dessen Vergangenheit. Also: Sage mir, wo du jetzt stehst, und ich sage dir, wie es beruflich weitergeht! In der Eignungsdiagnostik hält man sich lieber an den folgenden Appell: Sage mir, wo du herkommst, und ich sage dir, wohin dich deine berufliche Reise führt!

4.6 Umgang mit Lücken im Werdegang

Es gibt eine menschliche Eigenschaft, für die Psychologen den Begriff »intolerance of ambiguity« verwenden. Gemeint ist damit die Neigung, unklare Verhältnisse mit Sinn »aufzuladen« — in diese also etwas hineinzuinterpretieren, was nicht der Realität entsprechen muss. Ein Beispiel: Keiner weiß, wie es in der Firma wegen roter Zahlen weitergeht, und schon entstehen Gerüchte. Personalabbau! Firma fusioniert oder wird verkauft! Neue Geschäftsführung! Insolvenz! Oder: Die neuen Nachbarn stellen sich nicht vor, noch nach Monaten weiß man nichts über. Bald heißt es: »Mit denen stimmt etwas nicht!«

Bei Personalfachleuten ist diese Intoleranz gegenüber Unklarheiten naturgemäß besonders ausgeprägt. Wer Lücken im Lebenslauf zu kaschieren versucht, muss damit rechnen, dass diese mit Mutmaßungen »aufgefüllt« werden — leider zu Ungunsten des Bewerbers und oft auch zu Recht. Da liest man dann als Begründung für eine längere Auszeit »Berufliche Neuorientierung«, »selbstständig als Berater« oder »Pflege eines Familienmitglieds«. Das kann ja alles sein und wer sich um einen pflegebedürftigen Menschen kümmert, verdient Respekt — dennoch riechen solche Begründungen oft nach einer »Vertuschung« der Sachlage: Es gibt in Wirklichkeit Probleme bei der Suche nach einer angemessenen neuen Aufgabe.

Es empfiehlt sich, beherzt mit eventuellen »scharfen Biegungen« im eigenen Lebenslauf umzugehen. Offenheit wird eher belohnt als der meist untaugliche Versuch, Misserfolge zu verbergen. Eine überschaubare zeitliche Lücke zwischen dem Abschluss einer Berufsausbildung oder einem Studium und dem Start ins Berufsleben ist nicht anrüchig. Man darf diese Zäsur im Leben gern für eine längere Reise nutzen, man sollte die Sache aber nicht unbedingt zur »Studienreise« aufmotzen.

Ein wenig Wortkosmetik ist erlaubt. Wie also benennt man Phasen der Arbeitslosigkeit? »Arbeitslos«? Kann man schreiben, klingt aber nach Behörde. »Arbeitssuchend«? Klingt dynamischer, wirft aber die Frage auf, ob die betreffende Person in der Zeit nicht auch noch etwas anderes gemacht hat. »Aktiv arbeitssuchend?« Wer gefragt wird, worin der Unterschied zwischen den beiden letzten Bezeichnungen einer Lücke besteht, kommt in Schwierigkeiten. Besser ist die Formulierung — wie bereits erwähnt — »ohne Anstellung«. Sie benennt den derzeitigen Status am Arbeitsmarkt, lässt jedoch die Möglichkeit offen, dass in dieser Zeit durchaus eine Menge los war. Krankheiten und Reha-Phasen etwa sind bei manchen ein schicksalhafter Teil der Biografie. Die dadurch entstandenen Lücken sollten nicht ausgeblendet werden. Unerfreuliche Lebensphasen, die gemeistert wurden, können bekanntlich die Persönlichkeit festigen. Es gibt Personaler, die das durchaus so sehen oder selbst einmal betroffen waren.

Möglicherweise mag dieser offene Umgang mit Schwächen und Defiziten manchen zu weit gehen. Sie vermissen eine Strategie des »Sich-Verkaufens«, das clevere Selfmarketing. Natürlich sollen sich Bewerberinnen und Bewerber von der besten Seite zeigen — nämlich als offene und integre Menschen. Genau das ist die Strategie und sie hat den Vorteil, dass man sich nicht verbiegen muss. Wer Legenden aufbaut, kommt später im Vorstellungsgespräch schnell ins Schleudern.

4.7 Initiativbewerbungen verfassen

Vergessen Sie ganz schnell alles, was Sie bisher über »Blindbewerbungen« gehört oder gelesen haben. Falsche Begriffe behindern richtiges Denken! »Blindbewerbungen« landen im Nirgendwo und sind reine Zeitverschwendung. Verfassen Sie stattdessen Initiativbewerbungen, um auch mental auf dem richtigen Gleis zu sein. Eine Initiativbewerbung ist keine Reaktion auf ein Angebot, sondern der Absender handelt proaktiv.

Dos und Don'ts

- Gründlich recherchieren, welche Branche und welche Unternehmen zum eigenen Leistungs- und Interessenprofil passen könnten.
- Regelmäßig den Wirtschaftsteil der Tageszeitungen bzw. Wirtschaftspresse lesen. Mit ein wenig Glück findet man Beiträge über Firmen, die passen könnten und ein gutes Motiv für eine Bewerbung abgeben.
- Insbesondere zum Jahresende erscheinen in den Medien Beiträge mit der Headline »Diese Unternehmen stellen im nächsten Jahr Personal ein«, sie bieten hilfreiche Informationen.
- Keine anonymen Anschreiben verschicken: Mit der Anrede »Sehr geehrte Damen und Herren« landen sie oft bei jemandem, der sich nicht zuständig fühlt, und damit im Papierkorb.
- Namen bzw. Adressaten finden sich vorzugsweise auf den Karriereportalen der Unternehmen oder lassen sich durch einen Anruf in der Zentrale herausfinden: »Wer ist bei Ihnen verantwortlich für Personal?« Natürlich werden die Anrufenden bisweilen gefragt, worum es geht. Mit der Begründung, man möchte sich persönlich bewerben, kommt man in Zeiten des »war for talents« meist an die Namen.
- Bewerben Sie sich im Zweifelsfall auch direkt bei der infrage kommenden Fachabteilung. Dort ist zuallererst bekannt, ob bzw. wann es eine Vakanz gibt.
- Zwei Seiten sind genug, das Anschreiben und ein tabellarischer Lebenslauf mit eingescanntem Foto reichen. Bieten Sie an, bei Interesse eine komplette Bewerbung zu senden.
- Bei Initiativbewerbungen ist die Papierform im DIN-A5-Umschlag sinnvoll. Eine E-Mail wird schneller gelöscht als ein Brief in den Papierkorb geworfen.
- In einer Initiativbewerbung sollten die Gehaltsvorstellungen enthalten sein. Sie zeigen an, ob der Absender zu einer eventuellen Vakanz passen könnte.

5 Der souveräne Auftritt vor Ort

Warum werden überhaupt Vorstellungsgespräche geführt? Wieso werden Bewerber mit Prädikatsexamen und perfekt zur Aufgabe passendem Ausbildungsweg nicht sofort eingestellt? Oder anders: Warum erhalten manche Jobaspiranten mit blendendem Bildungsweg dennoch nach dem Vorstellungsinterview eine Absage?

Hier sei noch einmal das Konzept der Passung in Erinnerung gerufen, an dem sich erfolgreiche Personalbeschaffer zumindest implizit orientieren. Aus dem Bildungsweg, den Examina und gegebenenfalls dem bisherigen beruflichen Werdegang lässt sich ableiten, ob jemand fachlich zur Aufgabe passt, aber das reicht eben nicht. Zum »Person-Job-Fit« gehören immer auch weiche Faktoren wie Kommunikationsfähigkeit, Belastbarkeit, Flexibilität, Teamorientierung und viele andere der eingangs besprochenen Persönlichkeitsmerkmale. Und die zeigen sich oft nur ansatzweise in der schriftlichen Bewerbung. Ob ein neuer Mitarbeiter zu den Kollegen (Person-Group-Fit), zum Vorgesetzten (Person-Supervisor-Fit) und zur Unternehmenskultur (Person-Organization-Fit) passen wird, kann ebenfalls nur begrenzt aus der schriftlichen Bewerbung abgeleitet werden.

5.1 Was ziehe ich bloß an?

»Stil ist die Kleidung der Gedanken«, hat der englische Staatsmann Philip Chesterfield im 18. Jahrhundert festgestellt. Er meinte die Sprache, aber sinngemäß kann dies durchaus auch auf das äußere Erscheinungsbild eines Menschen zutreffen. Selbstverständlich geht es im Vorstellungsinterview zuallererst um die häufig bemühten inneren Werte. Leider sind diese nicht sofort erkennbar, sondern erschließen sich dadurch, was ein Mensch von sich zeigt. Was also gibt ein Mensch von sich preis, wenn vor dem Interview kein Friseur um Beistand gebeten wurde und das Outfit eher gewöhnungsbedürftig ist? Die Botschaft könnte lauten: »Äußerlichkeiten sind mir egal! Ich will durch Leistung überzeugen!«

Diese Haltung mag Anerkennung verdienen, aber es ist doch ein Unterschied, ob man sich bei einem Start-up in der Berliner Pappelallee vorstellt oder seine Zukunft in einem Unternehmen sucht, das auf eine korrekte Außenwirkung der Mitarbeiterinnen und Mitarbeiter besonderen Wert legt. Auch eine sichtbare Tätowierung kann manchmal völlig in Ordnung und manchmal inakzeptabel sein.

> **! Tipps zur „Kleiderordnung«**
> - Die Kleidung muss zur Branche und zum Job passen. Wer sich als Ringrichter im Boxsport bewirbt, darf die Fliege nicht ablehnen. Wer als zukünftiger Banker gern Kunden persönlich betreuen möchte, sollte kein Freund des Zungenpiercing sein.
> - Manche Bewerberinnen versuchen, ihre Weiblichkeit in den Hintergrund zu stellen: Die Kleidung ist grau und hochgeschlossen, die Haare glatt und zurückgekämmt. Die Sozialpsychologin Anke von Rennenkampff meint dazu: »Keine erstklassige Frau sollte versuchen, einen zweitklassigen Mann aus sich zu machen.«
> - Falls Sie unsicher sind, finden Sie heraus, welcher Dresscode angesagt ist. Gehen Sie in eine Bankfiliale und sehen Sie sich an, wie die Mitarbeiterinnen und Mitarbeiter gekleidet sind, oder schauen Sie sich die Firmen-Homepage an, auf der ja oft Betriebsangehörige vorgestellt werden.
> - Kleidung hat eine ausgeprägte sozialpsychologische und meist auch kommunikative Funktion. Sie kann Menschen verbinden und trennen. Letzteres passiert manchmal bei Feierlichkeiten, wenn ein Gast in gediegener Abendrobe auftaucht, während alle anderen »casual« tragen. Erde öffne dich! Die falsche Kleidung kann nicht nur peinlich sein, sondern sogar ausgrenzend wirken.
>
> Passt der Bewerber zu uns? Ein erster positiver Eindruck kann schon entstehen, ehe ein Wort gewechselt wurde.

5.2 Mental gut drauf sein: Beobachter oder Beobachteter?

Jeder Leistungssportler weiß, dass der Erfolg im Kopf beginnt. Deshalb ist es ratsam, sich auf die entscheidende Bewährungssituation — das Interview — auch mental gut vorzubereiten. Immerhin geht es um die Goldmedaille, denn Silber und Bronze sind wertlos. »Ihre schriftlichen Unterlagen haben uns überzeugt und deshalb möchten wir Sie gern in einem persönlichen Gespräch kennenlernen.« Das ist ein Kompliment, über das sich der Empfänger erst einmal freuen sollte. Und dann gilt es, sich gedanklich auf den Termin einzustimmen.

Ein Bewerber ist nicht zuletzt wegen des Wandels vom Arbeitgeber- zum Arbeitnehmermarkt keinesfalls Bittsteller! Zwischen geeigneten Personen und Stellenanbietern besteht kein Machtgefälle. Manche Bewerber schrauben sich in die Haltung hinein, dass sie für eine Zusage dankbar sein müssten — vor allen nach einigen Absagen. In Wirklichkeit steht es pari, denn beide Seiten haben ein Problem: Einerseits sucht jemand eine Aufgabe, die passt, andererseits will jemand eine Aufgabe vergeben, und zwar an eine Person, die passt. Was beide gedanklich verbindet — wenn sie gut sind —, ist die Angst vor einer Fehlentscheidung.

> **Sie können auch Nein sagen**
>
> Gehen Sie in jedes Vorstellungsgespräch mit der Option, auch Nein sagen zu können! Das mag verwegen klingen, bringt Sie psychologisch aber in eine vorteilhafte Position. Sie sind weniger verkrampft, fragen kritischer nach — was meist Pluspunkte einbringt — und wirken damit überzeugender. Pflegeleichte Ja-Sager sind nicht unbedingt die Wunschkandidaten eines Unternehmens. Natürlich darf man nicht überziehen und sich nonchalant oder gar arrogant geben.

Nehmen Sie sich vor, ein guter Beobachter zu sein! Viele Bewerber fühlen sich im Interview ständig beobachtet und deshalb unbehaglich. Sie befassen sich mehr mit sich selbst, als mit ihrem Gesprächspartner und dessen Umfeld. Begeben Sie sich deshalb von Anfang an in die Rolle des Beobachters: Welche Bilder hängen im Eingangsbereich oder in den Fluren? Sind Unternehmensgrundsätze ausgehängt? Sind Produkte im Empfangsbereich ausgestellt? Wie ist das Büro des Gastgebers eingerichtet? Gibt es Hinweise auf Liebhabereien? Wer die Augen offen hält, findet bestimmt einen guten Aufhänger für das spätere Gespräch.

Seien Sie zudem Psychodiagnostiker! Begeben Sie sich nicht wie ein Opfer auf den Prüfstand, sondern drehen Sie den Spieß um. Fragen Sie sich als Bewerber: Mit wem habe ich es zu tun? Was verrät das Verhalten meines Gegenübers über dessen Charakter? Welche körpersprachlichen Signale oder Eigenarten sind typisch? Und vermuten Sie nicht hinter jeder Frage eine Falle. »Welches Buch haben Sie zuletzt gelesen?« — Wer hier dem Fragenden listige Absichten unterstellt, steht sich selbst im Weg. Meist geht es darum, vom rein sachbezogenen Gespräch auch mal wegzukommen. Schließlich möchte der Entscheider den möglicherweise zukünftigen Mitarbeiter nicht nur als Funktionsträger, sondern als ganzen Menschen kennenlernen.

Wer das alles ein wenig beherzigt, geht in sein nächstes Vorstellungsgespräch wie in eine sportliche Herausforderung, die ja auch Spaß machen soll. Und genau mit dieser Haltung wird der Sieg meist erst möglich.

5.3 Begrüßung und Smalltalk

Als das englische Königspaar einmal die Bundesrepublik besuchte, wurde Prinz Philip, der Gemahl der Queen, mit dem Wort »Protokoll« konfrontiert. »Protokoll?«, soll er gefragt haben. »Das Wort kennen wir gar nicht.« Als der Gesprächspartner dem Prinzen erklärt hatte, was darunter zu verstehen sei, soll der geantwortet haben: »Ein Protokoll gibt es bei uns nicht. Alles, was wir haben, sind gute Manieren!«

Gutes Benehmen, heißt es, sei Glücksache. Doch es ist in erster Linie das Beherrschen gewisser Regeln. Wer geht vor, wenn man mit der Personalleiterin eine Treppe hinaufsteigt? Darf man beim gemeinsamen Essen in der Kantine die Suppe von der Löffelseite in den Mund fließen lassen und Kartoffeln schneiden, wenn man ein nicht anlaufendes Edelstahlmesser zur Hand hat? Benimmbücher und -kurse haben Konjunktur. Das hängt damit zusammen, dass die Flegeljahre des Benehmens vorbei sind und sich die Umgangsformen seit Erica Pappritz, der früheren Anstandsdame der Nation, verändert haben. Vor allem hängt es auch damit zusammen, dass einem die Kenntnis dieser Regeln in sozialen Situationen Sicherheit vermittelt.

Wie also kommen Bewerberinnen und Bewerber bei der Begrüßung formell auf die sichere Seite? Früher hing die Frage, wer wen zuerst grüßt, mit dem Status zusammen. »Heute«, so die Hamburger Benimm-Expertin Alexa Hengstenberg, »grüßt derjenige zuerst, der den anderen zuerst sieht.« Das gilt allerdings nicht für das Händeschütteln. Bewerber, die mit ausgestreckter Hand auf den Personaler zusteuern, kommen nicht unbedingt gut an. Kennen Sie übrigens die Stärke Ihres Händedrucks? Es gibt Männer, deren Begrüßung an den Tatbestand der Körperverletzung grenzt — vor allem, wenn das Gegenüber einen Ring trägt. Auch das lässige »Hallo« wird nicht von jedem geschätzt. Floskeln wie »Darf ich mich vorstellen?« oder »Gestatten?« sind überholt. Man nennt seinen Namen und quittiert die Namensnennung des anderen mit einem »Freut mich«.

Wenn das Gespräch bereits begonnen hat und ein weiterer Gesprächspartner dazukommt, steht man selbstverständlich zur Begrüßung auf. Die Regel, dass eine Dame in diesem Fall immer sitzen bleibt, gilt nicht mehr. »Heute entscheidet jede Frau selbst, ob sie bei der Begrüßung aufstehen möchte«, sagt Inge Wolff, Vorsitzende des Arbeitskreises Umgangsformen International.

Nach der Begrüßung werden ein paar freundliche Worte gewechselt. Smalltalk ist eine Urfunktion der Sprache — er dient der Kontaktaufnahme und soll »Nestwärme« herstellen. Auch wenn harte Verhandlungen anstehen, wird zunächst aus guten Gründen die Gesprächsatmosphäre gepflegt, es wird also geplaudert. Das fällt nicht jedem leicht, aber die Fähigkeit, mit fremden Menschen über belanglose Themen ins Gespräch zu kommen, ist eine Frage der Sozialkompetenz. Wer hier als Bewerber verkrampft, hölzern oder hilflos wirkt, hat im Verlauf des Gesprächs eine Menge zu tun, um einen ungünstigen Eindruck wieder wettzumachen. Das gilt umso mehr, wenn es um eine Aufgabe geht, die Kontaktstärke erfordert.

> **Smalltalk — oder: „Hatten Sie eine gute Anreise?"**
>
> Es ist sinnvoll, sich auch auf die Smalltalk-Phase vorzubereiten. Nicht immer wird einem ein Ball zugeworfen, manche Gesprächspartner warten ab, ob der Gast die Initiative ergreift bzw. wie er die fremde Situation meistert. Die Frage nach dem werten Befinden wird dabei als völlig unangemessen und ein Kommentar zum Wetter als wenig originell gewertet. Als Aufhänger für eine kurze Plauderei können sich folgende Themen eignen:
> - In einer fremden Stadt ein Produkt, Bauwerk, historisches Ereignis etc., auf das man stolz ist. Die meisten Gesprächspartner steigen da sofort in ein Gespräch ein.
> - Dinge, die einem im Foyer oder Eingangsbereich des Betriebs aufgefallen sind: eine Maschine oder ein Produkt aus den Gründerjahren, eine Vitrine mit Exponaten, nostalgische Fotos, Werkstücke von Auszubildenden und Ähnliches.
> - Bilder im Büro des Gastgebers: »Wie ich sehe, sind Sie auch ein Fan von Edward Hopper.«

Dabei gilt der Grundsatz, nichts krampfhaft an den Haaren herbeizuziehen und bestimmte Themen von vornherein zu meiden. Etwa — mit Blick auf den Schreibtisch: »Aha, da haben wir ja die werte Frau Gemahlin und die süßen Kleinen!«

5.4 Sitzordnung und Sitzhaltung

»Bitte schön, nehmen Sie doch Platz!« Es gibt Bewerber, die verfrachten sich bei dieser Aufforderung auf den Stuhl des Gastgebers, obwohl auf dem Tisch bereits Unterlagen liegen. Es ist keine Schande, nervös zu sein, aber gerade deshalb ist es gut, sich vorab mit einer angemessenen Sitzordnung vertraut zu machen, um nicht da zu landen, wo man schlecht positioniert ist. Bei Gesprächen in einem großen Konferenzraum platzieren sich manche Bewerber so, dass der Gesprächspartner ein Opernglas bräuchte. Ebenfalls unzweckmäßig ist der Stuhl »in Tuchfühlung« zum Einladenden.

> **Wie sitzt man im Vorstellungsgespräch gut?**
> - Warten Sie ab, bis man Sie bittet, sich zu setzen.
> - Wenn Ihnen kein bestimmter Platz zugewiesen wird, nehmen Sie nicht an der Stirnseite des Tisches Platz.
> - Wenn Sie die Wahl haben, vermeiden Sie eine Platzierung, bei der Sie die Sonne quälen könnte.
> - Setzen Sie sich so, dass Sie Ihre Gesprächspartner gut im Blickfeld haben. Bei einem einzigen Interviewpartner ist die »Über-Eck-Position« die angenehmste.
> - Quetschen Sie sich nicht mit dem Stuhl an die Tischkante.

Und nun noch einige Anmerkungen zu Sitzhaltungen, mit denen sich Bewerber keinen Gefallen tun. Meist haben Männer dabei die größeren Probleme. Keine gute Figur gibt man ab mit

- lang ausgestreckten Beinen,
- auf den Tisch gestützten Ellenbogen,
- verschränkten Armen,
- dem mit einer Hand »gehaltenen« Kopf,
- einer Hand vor dem Mund,
- einem lässig im Stuhl hängenden Körper,
- auf dem Tisch ausgebreiteten Händen und Armen sowie
- hinter dem Kopf verschränkten Armen.

Es gibt auch Bewerber, die krallen sich mit Händen und Füßen an ihrem Stuhl fest, als säßen sie auf einem Schleudersitz. Viele körpersprachliche Signale wirken nicht nur unangenehm, sondern werden (oft zu Recht) als mangelnde seelische Belastbarkeit interpretiert. Für Berufseinsteiger ist das in der Regel kein großes Thema, es sei denn, sie bewerben sich um eine Aufgabe mit direktem Kundenkontakt. Hier kann eine unangemessene Körpersprache manchen Auftrag gefährden.

Abschließend zum Thema Körpersprache noch eine Anmerkung: Manche Bewerber vermitteln im Vorstellungsgespräch den Eindruck, dass es nicht um Leben und Tod ginge — sondern um viel mehr. Die vorsätzlich wichtige Miene in Form eines »Aktenvermerksausdrucks« wirkt meist sehr gekünstelt und fördert nicht gerade eine entspannte Gesprächsatmosphäre. Natürlich darf ein Vorstellungsgespräch nicht mit einer Plauderstunde verwechselt werden, aber Unternehmen suchen Mitarbeiter, die mit Freude bei der Sache sind und sich für etwas begeistern können. Also: Gesicht entkrampfen und wenn es zum Gesprächsinhalt passt, auch einmal lächeln.

5.5 Konfusion mit den Namen

Sven P. hat sich im Zuge seines Vorstellungsgesprächs einen der vorderen Plätze erarbeitet. »Er könnte zu uns passen«, meinen im Stillen seine drei Gesprächspartner — der Personalberater, die Personalleiterin und ein Fachvorgesetzter. Aber wie beim Fußball zählt auch hier noch die letzte Minute. Bei der Verabschiedung spricht Sven P. jeden der drei konsequent mit falschem Namen an. Er wird höflichst korrigiert und macht sich etwas betreten davon. Natürlich muss ein solcher Fauxpas nicht gleich den Job kosten, aber er ist ärgerlich und vermeidbar.

Tipps zum Umgang mit Namen

Jeder Mensch hört seinen Namen gern — allerdings nur, wenn er richtig ausgesprochen wird. Wer nach einem Vorstellungsgespräch die Personalleiterin Bleifeld als Frau »Bleifuß« verabschiedet, hat etwas falsch gemacht. Dabei geht es nicht nur um eventuell verletzte Eitelkeiten, sondern auch um die Frage, ob so jemand zum Beispiel für den Aufbau und die Entwicklung von Kundenkontakten geeignet ist. Sich Namen einzuprägen, korrekt auszusprechen und wohldosiert im Gespräch zu nutzen gehört zur sozialen Kompetenz eines Menschen. Für den Bewerber ist das nicht ganz einfach, wenn er zum Interview überraschend mit weiteren Personen bekannt gemacht wird. Beherzigen Sie im Umgang mit Namen am besten diese Tipps:

- Wenn Ihnen die Namen Ihrer Gesprächspartner vorab mitgeteilt wurden, machen Sie sich einen Notizzettel und prägen Sie sich unmittelbar vor dem Termin nochmals ein, wie die Teilnehmer heißen.
- Fragen Sie sofort nach, wenn Sie meinen, einen Namen bei der Vorstellung nicht richtig verstanden zu haben. Am Ende des Gesprächs ist es hierfür zu spät. Etwa: »Wie heißen Sie noch mal?«
- Eventuell erhaltene Visitenkarten können für eine gewisse Zeit offen auf dem Tisch liegen bleiben.
- Sprechen Sie Ihre Gesprächspartner hin und wieder mit Namen an oder beziehen Sie sich namentlich auf die Äußerungen anderer: »Darf ich noch einmal auf das zurückkommen, was Frau Y vorhin gesagt hat?« Aber: Penetrant wirkt es, wenn jemand alle Beteiligten ständig mit Namen anspricht.
- Nicht den eventuellen Doktor- oder Adelstitel der Gesprächspartner ignorieren — er ist Bestandteil des Namens.

5.6 Souveränes Verhalten an Türen, Treppen und Fahrstühlen

Wer hat das nicht schon einmal erlebt — zwei Personen blockieren sich gegenseitig, weil jeder vor der Tür oder dem Fahrstuhl dem anderen den Vorrang einräumen möchte. Als Bewerber können Sie derart unbeholfene Szenen vermeiden, indem Sie sich an einige Regeln halten.

Wer geht und steht wo?

- Die »Ehrenseite« ist rechts. Wenn Sie als Bewerber von Ihrem Gastgeber durch das Firmengebäude geleitet werden, gehen Sie auf dessen rechter Seite.
- Beim Betreten von Fahrstühlen hat der Gast den Vortritt. Verzichten Sie auf ein Hin und Her, sondern marschieren Sie — mit einem »danke« — beherzt los.
- Kompliziert wird es, wenn ein Mann von einer Frau zum Vorstellungsinterview eingeladen wurde. Vor allem ältere Männer haben den Grundsatz verinnerlicht, dass die Frau immer rechts geht. Nach der modernen Etikette machen Männer aber auch nichts falsch, wenn sie sich rechts von der Gastgeberin halten. Für eine Bewerberin ist die Sache allemal klar. Sie ist der Gast und wählt die »Ehrenseite«.

- Und wie verhalten sich Männer mit weiblicher Begleitung an der Treppe, wenn für zwei Personen nebeneinander kein Platz ist? Treppauf geht sie voran und treppab geht er voran. In beiden Fällen kann er sich im Fall eines Stolperns als Beschützer bewähren.

5.7 Sozialkompetenz und »Gabeltest«

Zum Assessment-Center gehört nicht selten der »Gabeltest« — die Bewerberinnen und Bewerber werden also zum Essen eingeladen. Dieser Umstand gehört zu den angenehmen Seiten von Auswahlverfahren, darf aber in seiner psychodiagnostischen Bedeutung nicht unterschätzt werden.

Zur Zeit Karls des Großen diente als Esswerkzeug das eigene Messer, das man sicherheitshalber sowieso immer bei sich hatte. Teller gab es nicht, dafür aber Vertiefungen im Tisch — und darin lagen die Speisen. Da zumindest bei Hof unmäßig viel gegessen und noch mehr getrunken wurde, kam es nicht selten zu Streit und Raufereien. Heute hat das gemeinsame Essen vor allem eine soziale Funktion: Man will sich kennen- und einschätzen lernen, Bindungen aufbauen oder verstärken und manchmal auch Frieden stiften. Weil es meist nicht mehr darum geht, sich den Bauch vollzuschlagen, spielen die Dos und Don'ts bei der Nahrungsaufnahme eine wichtige Rolle. Beim gemeinsamen Essen können Kandidaten also eine Kostprobe in Sachen Sozialkompetenz abgeben.

Zeitgemäße Tischsitten

- Die Hände sind immer auf dem Tisch.
- Das Besteck des ersten Gangs liegt ganz außen und dann geht es Richtung Teller weiter.
- Auch bei angeregten Gesprächen wird nicht mit Messer und Gabel in der Luft herumgefuchtelt.
- Bevor man zum Glas greift, wird der Mund mit der Serviette kurz abgetupft.
- Das Weinglas wird am Stiel angefasst.
- Werden Messer und Gabel während des Essens abgelegt, dann mit der Spitze zur Tellermitte hin.
- Nach dem Essen sollte das Besteck in der Position »20 nach« auf der Uhr auf dem Teller liegen.
- Spargel, Kartoffeln und Gemüse dürfen mit dem Messer geschnitten werden.
- Oliven- oder Kirschkerne »spuckt« man oben in die Faust.
- Der Gang zur Toilette erfolgt nur am Ende eines Gangs.
- Wer das Essen allmählich beenden möchte, sollte sich zunächst einmal nicht nachschenken lassen.
- Unbedingt das Handy auf lautlos schalten!

Kleidung, Begrüßungsrituale, Sitzordnung oder Tischmanieren — nicht jeder Fauxpas wirft einen gleich aus dem Rennen. Wenn die Bratensoße auf der Bluse oder Krawatte landet, können Sie mit einem schlagfertigen Kommentar aus dem Missgeschick noch etwas Gutes machen.

Test: Wie stilsicher ist mein Auftritt?

1. Früher war die Frage, wer wen zuerst grüßt, eine Statusfrage. Heute grüßt derjenige zuerst, der den anderen zuerst sieht.

    ☐ Stimmt   ☐ Stimmt nicht

2. Wenn das Gespräch bereits begonnen hat und ein weiterer Gesprächspartner dazu kommt, steht man als Mann heutzutage zur Begrüßung nicht mehr auf.

    ☐ Stimmt   ☐ Stimmt nicht

3. Die Regel, dass eine Dame in diesem Fall immer sitzen bleibt, gilt nicht mehr. Heute entscheiden Frauen selbst, ob sie bei der Begrüßung aufstehen möchten.

    ☐ Stimmt   ☐ Stimmt nicht

4. »Bitte schön, nehmen Sie Platz!« Das war einmal. Souveräne Bewerber warten nicht auf diese Aufforderung, sondern suchen sich ihren Platz selbst aus.

    ☐ Stimmt   ☐ Stimmt nicht

5. Wenn Getränke angeboten werden, sollte man sie annehmen.

    ☐ Stimmt   ☐ Stimmt nicht

6. Kompetente Bewerber eröffnen das Gespräch und zeigen damit Initiative. Etwa so: »Ich möchte vorschlagen, dass …«

    ☐ Stimmt   ☐ Stimmt nicht

7. Wer als Bewerberin oder Bewerber von seinem Gastgeber durch ein Gebäude geleitet wird, geht auf dessen rechter Seite.

    ☐ Stimmt   ☐ Stimmt nicht

8. Treppab geht der Mann hinter seiner weiblichen Begleitung, wenn für ein Nebeneinander nicht ausreichend Platz ist.

    ☐ Stimmt   ☐ Stimmt nicht

9. Welche Regel gilt für ein Fünf-Gänge-Menü? Das Besteck des ersten Gangs liegt ganz außen, dann geht es Richtung Teller weiter.

    ☐ Stimmt   ☐ Stimmt nicht

10. Nach dem Essen wird das Besteck in der Position »20 vor« auf der Uhr auf den Teller gelegt.

    ☐ Stimmt   ☐ Stimmt nicht

Auswertung
- Testitems mit ungeraden Zahlen: »stimmt« = 2 Punkte, »stimmt nicht« = 0 Punkte
- Testitems mit geraden Zahlen: »stimmt« = 0 Punkte, »stimmt nicht« = 2 Punkte

6 Im Interview Persönlichkeit zeigen

In diesem Kapitel geht es darum, wie und warum sich manche Bewerber im Vorstellungsgespräch und »Frage-und-Antwort-Spiel« um Kopf und Kragen reden und wie und warum sich andere vorteilhaft positionieren und das Rennen machen. Zur Erinnerung: Im Interview geht es nicht um die Fachkompetenz, denn die ist ja weitgehend durch Zeugnisse und Zertifikate in der schriftlichen Bewerbung belegt. Falls es da irgendwelche Defizite gibt, lassen sich diese durch spezifische Weiterbildungsmaßnahmen ja oft recht schnell ausgleichen. Wer keine Excel-Tabellen bauen kann, kann sich dies bei entsprechender Lernbereitschaft — auch das ist allerdings ein Soft Skill — locker innerhalb einer Woche aneignen. Wer Zweifel an seiner Teamfähigkeit aufkommen lässt, obwohl die Eigenschaft bei der angestrebten Aufgabe unbedingt erforderlich ist, muss mit einer Absage rechnen, weil diese eben nicht mit einem Crashkurs nebenbei vermittelbar ist.

Nun zur ersten Station im Vorstellungsinterview. Manche Bewerber verhalten sich hier suboptimal bzw. wissen sie nicht für den weiteren Gesprächsverlauf zu nutzen.

6.1 Das Unternehmen stellt sich vor

Es ist immer das gleiche Ritual: Kaum hat der Personaler angekündigt, das Unternehmen und das Umfeld der zu besetzenden Position vorstellen zu wollen, fragen die Bewerber, ob sie sich Notizen machen dürfen — und zwar in einem Ton, als verdienten sie Applaus dafür. Jetzt ist kognitive Empathie gefragt, also die eingangs beschriebene Fähigkeit, den Standpunkt eines anderen Menschen zu verstehen. Versetzen Sie sich in die Lage Ihres Gastgebers: Sie erzählen Ihrem Gegenüber alles Wissenswerte über Land und Leute — und der schreibt emsig mit. Wie fühlen Sie sich? Wie bei einem Diktat. Blickkontakt? Keiner. Dialog? Unmöglich. Und wenn dann jemand noch sehr langsam schreibt, kommen Sorgen um den Terminplan auf. Schließlich warten draußen noch weitere Bewerber.

Personalentscheider wünschen sich konzentrierte Zuhörer, die sie anschauen und sich etwas merken können. Kompetente Bewerber haben Ohren wie Schöpflöffel. Und wer richtig gut ist, achtet auf Informationen, die sich für ein späteres Nachfragen eignen. Irgendwann kommt ja jene Gesprächsphase, in der die Rollen getauscht werden und die Bewerberinnen und Bewerber zeigen können, dass sie sich Details gemerkt haben. Etwa so: »Sie haben eingangs erwähnt, dass Ihr Unternehmen bisher nur in Westeuropa agiert und dass das nicht so bleiben soll. Haben Sie auch vor, sich in den östlichen EU-Staaten zu engagieren? Ich kann ganz gut Polnisch.«

6.2 Die gekonnte Selbstdarstellung

Nach der Vorstellung des Betriebs ist in der Regel der Bewerber dran: »Nun schießen Sie mal los!« Manche Kandidaten kennen gar kein Halten mehr und dampfplaudern aus ihrem Leben. Halten Sie sich an Martin Luther: »Tritt fest auf! Mach's Maul auf! Hör bald wieder auf!« Beschränken Sie Ihre Selbstdarstellung auf die wesentlichen Punkte, also diejenigen, die Sie für die fragliche Aufgabe empfehlen — aber ohne zu überziehen. »Wer seine Ware zu sehr lobt«, heißt es in einem chinesischen Sprichwort, »macht sie verdächtig.« Das gilt auch für ein Vorstellungsinterview. Bewerberinnen und Bewerber sollen sich gut verkaufen, aber nicht die eigene Vorzüglichkeit ausloben.

Sprechen Sie ruhig auch »proaktiv« über Ihre Misserfolge und Niederlagen, wenn es sich ergibt. Erstens macht das sympathisch und zweitens hat Ihr Gegenüber in seinem beruflichen Leben bestimmt auch die eine oder andere Pleite erlebt. Wie lautet die Devise von Jürgen Heraeus, Aufsichtsratschef des gleichnamigen Unternehmens? »Stolpern fördert!« Deshalb frage er im Bewerbungsgespräch immer auch nach der größten Niederlage. »Denn Misserfolge«, so Heraeus, »bringen einen weiter.« Seien Sie sich Ihrer Stärken bewusst, aber gehen Sie offen und offensiv mit den eventuellen scharfen Biegungen in Ihrem Werdegang um.

Was wäre nun eine »gekonnte Selbstdarstellung«? Hier ein Beispiel zur Orientierung: »Wie Sie meinen Unterlagen entnommen haben, habe ich eine Ausbildung zum Kaufmann im Groß- und Außenhandel absolviert und danach … In meinen ersten Anstellungsverhältnis war ich unter anderem verantwortlich für … Ich konnte da für mich wertvolle Erfahrungen sammeln, insbesondere auf den Gebieten … Zurzeit arbeite ich als … Und deshalb denke ich, dass die Aufgabe, so wie Sie sie mir erläutert haben, gut zu mir passt.«

Sie erzählen also nicht in epischer Breite, wann Sie geboren sind und was für eine schwere Kindheit Sie hatten, sondern fokussieren jene Kenntnisse und Erfahrungen, die Sie für die fragliche Aufgabe empfehlen. Mit einigen Beispielen können Sie Ihre Aussagen noch unterfüttern, dann beenden Sie Ihre Ausführungen mit einem Bekenntnis: »Ja, ich will!«

»Welche Stärken zeichnen Sie aus?«

Der vergessene Schriftsteller Wilhelm Raabe hat eine typisch menschliche Schwäche einmal so umschrieben: »Unsere tägliche Selbsttäuschung gib uns heute!« Diese kann sich nach Erkenntnissen der Psychologie auf das Leugnen von Schwächen — zum Schutz des Selbstwertgefühls —, aber auch auf das Behaupten von Stärken beziehen. Wer kennt das nicht aus den Niederungen des Alltags? Da trifft man auf Zeitgenossen, die sich für die Größten halten und deshalb zum Ärgernis werden. Weiß ich! Kann ich! Mach ich! Und dann gibt es die anderen, die mit ihrem Wissen und Können unsichtbar bleiben und unter Wert weggehen.

Worum also geht es bei der Frage nach den Stärken? Es werden Frauen und Männer gesucht, die sich ihrer Talente bewusst sind und jene Stärken fokussieren, die für die fragliche Aufgabe und zukünftige Entwicklungsschritte unverzichtbar sind. Und es geht darum zu zeigen, dass man die Aufgabe verstanden hat.

Antworten aus der Praxis des Personalberaters
Antwort 1: »Ach, wissen Sie, das können andere besser beurteilen. Ich kann mich zu diesem Thema doch nur ganz subjektiv äußern. Das klingt immer so nach Eigenlob und das liegt mir gar nicht.«

Kommentar: Solche Gemeinplätze sind ärgerlich, zwingen den Personaler nachzufragen und kosten deshalb Zeit.

Antwort 2: »Meine Stärken? Teamfähigkeit, Durchsetzungsfähigkeit, Sozialkompetenz! Außerdem finde ich schnell Kontakt zu anderen Menschen. Ja, ich denke, dass ich auch kommunikationsstark bin. Ich kann außerdem sehr gut zuhören. Aktives Zuhören ist eine wichtige Fähigkeit heutzutage.«

Kommentar: Wer bei der Frage nach den Stärken alle möglichen Soft Skills beliebig aufsagt, wirkt unglaubwürdig. Weniger ist manchmal mehr.

Antwort 3: »Mit dieser Frage habe ich mich natürlich noch einmal gründlich befasst, als ich Ihr Stellenangebot gelesen habe. Ich glaube, ich erkenne recht schnell, worauf es ankommt, kann mich gut strukturieren und Prioritäten setzen. Ich hatte einen Deutschlehrer, der uns eingebläut hat, bei jedem Thema zunächst die Frage zu stellen: ›Worauf kommt es eigentlich an?‹ Das war ein guter Tipp, der mir immer sehr geholfen hat. Außerdem halte ich mich für besonders belastbar. Ja, ich denke, das sind die Stärken von mir und die sind für die Aufgabe, über die wir reden, ja wichtig.«

Kommentar: Dem ist nichts hinzuzufügen.

> **Dos und Don'ts**
>
> - Das Anforderungsprofil der Aufgabe beachten! Es geht nicht um irgendwelche tollen Eigenschaften, über die der Bewerber verfügt, sondern um jene, die zur Aufgabe passen.
> - Die im Stellenangebot benannten Eigenschaften umformulieren! Es ist nicht ratsam, bei der Frage nach den Stärken die im Stellenangebot erwähnten Soft Skills nur einfach aufzusagen. Verwenden Sie eigene Formulierungen, ohne allerdings den Kern der Anforderungen zu verfälschen. Sagen Sie statt »Ich kann Prioritäten setzen« beispielsweise: »Ich kann recht gut zwischen Wichtigem und weniger Wichtigem unterscheiden.«
> - Keine falsche Bescheidenheit! Im Job gilt es, die Vorzüge des eigenen Unternehmens bzw. seiner Produkte selbstbewusst nach außen zu vertreten — das sollte auch in eigener Sache funktionieren. Wer sich bei der Frage nach den Stärken zu lange ziert, gerät in Verdacht, dass er sich im Markt bzw. beim Umgang mit Kunden zu defensiv verhalten wird.
> - Weniger ist mehr! Es gibt Bewerber, die bei der Frage nach den Stärken ein breites Sortiment ausloben. Das wirkt unglaubwürdig.
> - Behaupten Sie keine Eigenschaften als Stärke, für die Sie eventuell sofort den Beweis antreten müssen, aber dabei mit ziemlicher Wahrscheinlichkeit scheitern werden. Manche Bewerber sprechen recht unbedarft von ihrer kommunikativen Kompetenz und bekommen in Wirklichkeit keinen Satz vernünftig zu Ende. Wer seinem Gesprächspartner bei der Begrüßung die Hand wie einen nassen Lappen gereicht hat, sollte sich überlegen, ob er Belastbarkeit in Bewährungssituationen als besonderen Vorzug angibt.

»An welchen Schwächen möchten Sie zukünftig arbeiten?«

Schwächen, die einem bewusst sind, können nicht mehr sonderlich schaden. Das ist ein psychologischer Grundsatz und darum geht es bei dieser Frage. »Wo Licht ist, ist auch Schatten. Bitte erzählen Sie uns etwas über Ihre Schwächen.« Viele Bewerber greifen bei dieser Frage erst einmal nach der Kaffeetasse wie nach einem Rettungsring. Unangenehme Frage? Überrascht? Nicht vorbereitet? Im Umgang mit der Frage nach den Schwächen kann man gleich mehrere Soft Skills unter Beweis stellen — nämlich Belastbarkeit, Selbstkritik bzw. Kritikfähigkeit und soziale Intelligenz. Wer dabei aber den Blick auf seelische Abgründe freigibt, ist nicht wahrhaftig, sondern naiv. Etwa: »Wissen Sie, ich suche eigentlich einen Job, den ich aus einer freizeitorientierten Schonhaltung heraus wahrnehmen kann und der mich schnell reich macht.«

Antworten aus der Praxis des Personalberaters
Antwort 1: »Mein Problem ist, dass mir die Dinge manchmal nicht schnell genug gehen, und dann werde ich ungeduldig.«

Kommentar: Tausend Mal gehört. Bitte streichen! Außerdem lässt sich von Ungeduld auf mangelnde Belastbarkeit schließen.

Antwort 2: »Ich glaube, dass man ein gesundes Selbstbewusstsein braucht, um erfolgreich zu sein. Das ist es, darauf kommt es an. Ansonsten gilt: Nobody is perfect.«

Kommentar: Der Satz »Nobody is perfect« müsste verboten werden. Hier wird der Gesprächspartner gleich mit in den Kreis der defizitären Personen vereinnahmt. Null Empathie.

Antwort 3: »Ich fürchte, dass ich trotz oder eher wegen meines Studiums zu wenig anwendungsbezogenes Wissen mitbringe. Ein akademisches Seminar hat vermutlich nicht immer etwas mit der betrieblichen Wirklichkeit zu tun. Andererseits habe ich gelernt, mir die notwendigen Kenntnisse und Informationen zu beschaffen und diese kritisch zu bewerten.«

Kommentar: Der Bewerber hat eine Schwäche angesprochen, die für Berufseinsteiger — insbesondere für Hochschulabsolventen — normal ist. Dies zeugt von Problembewusstsein und kommt deshalb gut an.

Antwort 4: »Mich ärgert es maßlos, wenn Kolleginnen und Kollegen ihr Wissen für sich behalten — so nach der Devise: »Ich mach die anderen doch nicht schlau.« Hier werden viele Reibungsverluste produziert. Wenn alle von ihrem Wissen abgeben, könnte vieles schneller gehen, zum Beispiel bei der Einarbeitung in einen neuen Job. Wenn ich so etwas merke, reagiere ich meist recht ungehalten und manchmal undiplomatisch.«

Kommentar: »Wenn Siemens wüsste, was Siemens weiß!« So manches Unternehmen leidet darunter, dass Wissen und Informationen nicht weitergegeben werden. Das verlangsamt die Prozesse und beeinträchtigt die Wettbewerbsfähigkeit. Die Antwort ist also gelungen. Und so wird aus einer Schwäche letztlich noch eine Stärke.

Antwort 5: »Im Anforderungsprofil Ihres Stellenangebots steht, dass Sie verhandlungssichere Englischkenntnisse verlangen. Sie haben sicher meiner Bewerbung entnommen, dass meine Englischkenntnisse dieses Kriterium nicht erfüllen. Aber ich bin mir sicher, dass ich mit einigen Crashkursen und durch Übung in der Praxis bald da sein werde, wo Sie es erwarten.«

Kommentar: Da der Personalbeschaffer dieses Defizit gesehen und Sie dennoch eingeladen hat, sind Sie auf der sicheren Seite, diese »Schwäche« von sich aus anzusprechen. Eine Empfehlung für alle, die sich mit der Frage nach den Schwächen schwertun: Gleichen Sie vor dem Vorstellungsinterview noch einmal Ihr persönliches Leistungsprofil mit dem Anforderungsprofil der Sie interessierenden Aufgabe ab. Wo gibt es Abweichungen, die der Personaler bestimmt gesehen hat? Und die sprechen Sie dann bei der Frage nach den Schwächen an.

> **Dos und Don'ts**
> - Es geht nicht darum, einen Einblick in seelische Abgründe zu gewähren. Die Frage nach den persönlichen Schwächen zielt auf die Soft Skills Kritikfähigkeit bzw. Selbstkritik ab.
> - Unwissen zugeben! »Wenn die Menschen nur über das sprächen, was sie begreifen, dann würde es sehr still auf der Welt sein.« Die Mutmaßung von Albert Einstein ist zwar ironisch überspitzt, enthält aber einen wahren Kern. Begeben Sie sich nicht fahrlässig auf dünnes Eis, sondern bekennen Sie sich zu Ihrer Ahnungslosigkeit.

»Was heißt für Sie Erfolg?«

Das ist auch so eine Frage, über die nicht nur Jobsuchende hin und wieder nachdenken sollte. Für den französischen Romancier Gustave Flaubert bestand Erfolg vor allem darin, möglichst viele Menschen vor den Kopf zu stoßen. Albert Einstein drückte sich eher mathematisch aus: Erfolg = Arbeit + Muße + Mundhalten. Jeder möchte erfolgreich sein, aber die Vorstellungen, was eigentlich angestrebt wird, gehen oft weit auseinander.

Ihr Gesprächspartner möchte mit dieser Frage erfahren, wie hoch Sie die Messlatte legen: Sind Sie eher ein Minimalist, der bereits von Erfolgen spricht, wo andere aufgrund ihrer Anspruchshaltung nur eine normale Pflichterfüllung sehen? Oder haben Sie als möglicher Leistungstreiber Freude daran, über sich hinauszuwachsen?

Antworten aus der Praxis des Personalberaters
Antwort 1: »Ein Erfolgserlebnis empfinde ich, wenn ich mein Arbeitspaket gut bewältigt habe und dabei meine Kenntnisse und Fähigkeiten voll einsetzen konnte.«

Kommentar: Die Antwort geht in Ordnung.

Antwort 2: »Das Gefühl, wirklich erfolgreich zu sein, stellt sich bei mir ein, wenn ich eine Aufgabe mit gutem Ergebnis bewältige, bei der die Wahrscheinlichkeit des Scheiterns bei 50 Prozent liegt. Wenn es Hindernisse gibt, wird die Sache spannend.«

Kommentar: Wer diesen Anspruch für sich formuliert, dürfte über das Mittelmaß hinauswachsen bzw. längst hinausgewachsen sein.

> **Das Flow-Erleben nach Csikszentmihályi**
>
> Ein Name, den man sich merken sollte: Mihály Csíkszentmihályi hat als Professor für Psychologie an der University von Chicago und als »Glücksforscher« weltweit Aufmerksamkeit und Anerkennung gefunden. Seine Forschungsthemen waren Glück und Glückseligkeit im Beruf bzw. bei einer Tätigkeit. Das von ihm beschriebene Flow-Erleben ist dadurch charakterisiert, dass eine Person ausschließlich auf ihr Tun konzentriert ist und darin aufgeht. Dieses Erleben bewirkt, dass sie sich selbst und die Zeit vergisst. Und unter welchen Voraussetzungen kann sich der Flow-Effekt einstellen? Die folgende Abbildung zeigt, dass es darum geht, Aufgabenschwierigkeit und Fähigkeiten in der Balance zu halten.

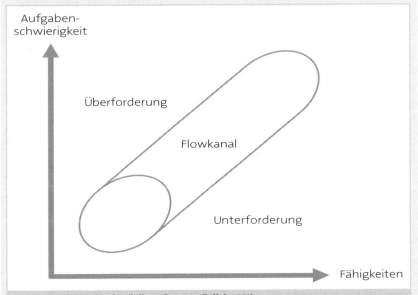

Das Flow-Erleben (nach Mihály Csíkszentmihályi, 1975)

Eine Schieflage führt entweder zum Burnout-Syndrom oder zum Boreout-Syndrom. Die einen verbrennen ihre letzten Reserven, die anderen langweilen sich zu Tode. Auf lange Sicht ist man nach Csíkszentmihályi nur erfolgreich, wenn man sich im »Flowkanal« hält. Wie gesagt — den Namen sollte man sich merken, er spricht sich »Tschiksäntmihaji«.

»Was war in Ihrem Leben die beste Entscheidung?«

Nicht alle Fragen und Antworten beziehen sich zwingend auf die Berufsrolle. Im Vorstellungsinterview möchten die Entscheider keine zukünftigen Funktionsträger erleben, sondern etwas über den ganzen Menschen erfahren. Und natürlich geht es hier um eine im Berufsleben wichtige Eigenschaft, nämlich die Entscheidungsfähigkeit. Sie ist vor allem relevant, wenn jemand eine Führungsaufgabe anstrebt oder als Nachwuchskraft dafür mittelfristig vorgesehen ist.

Antworten aus der Praxis des Personalberaters
Antwort 1: »Vor etwa fünf Jahren habe ich mich entschieden, einer Einladung zu folgen – obwohl ich eigentlich keine Lust hatte. Auf der Fete habe ich meinen heutigen Mann kennengelernt.«

Kommentar: So geht das auch.

Antwort 2: »Ich denke, es war eine gute Entscheidung, nach der Ausbildung noch ein Studium anzuhängen.«

Kommentar: Hier muss der Bewerber damit rechnen, dass der Interviewer die Frage umpolt: »Welche gravierende falsche Entscheidung haben Sie in Ihrem Leben denn getroffen?« Flexibilität ist gefragt. Wer eine Ausbildung abgebrochen oder in einem Job voreilig das Handtuch geworfen hat, kann dies durchaus ansprechen.

»Worauf sind Sie in Ihrem Leben besonders stolz?«

Vor einiger Zeit gab es in Deutschland eine Debatte um die Frage, ob man auf etwas stolz sein dürfe, was man nicht selbst geleistet habe. Lassen Sie sich nicht verunsichern! Sie dürfen bei gegebenem Anlass durchaus stolz auf Ihren Lebenspartner, Ihre Kinder, Ihre Eltern oder Ihren Fußballverein sein. »Tu Gutes und sprich darüber«, so lautet ein für die Außendarstellung wichtiges PR-Prinzip. Auch die Mitarbeiter eines Unternehmens sind eingeladen, dabei mitzuwirken. Dies funktioniert allerdings nur, wenn sie sich mit ihrem Betrieb und seinen Produkten oder Dienstleitungen identifizieren – und vielleicht sogar stolz darauf sind. Oder anders: Menschen, die alles kleinreden, erzeugen keine Aufbruchstimmung, sondern verderben das Arbeitsklima.

Stolz ist eine elementare und universelle Emotion, die der Gewissheit entspringt, etwas Besonderes geleistet zu haben. Das tut dem Selbstbewusstsein gut und verleiht der Seele Rückenwind. In diesem Sinne hängt die Stärke eines Unternehmens nicht nur von der Kapitalausstattung ab, sondern von den immateriellen Energien, die in der Belegschaft vorhanden und zu mobilisieren sind. Wenn Mitarbeiter stolz auf die Leistungen ihres Betriebs sind, erschließt sich eine wichtige Kraftquelle. Sie kann aber auch versiegen, wenn beispielsweise Unternehmen ethisch unkorrekt arbeiten. »Man könnte im Boden versinken«, schrieb Hans-Werner Sinn, damals noch Chef des ifo-Instituts, in der »Wirtschaftswoche« vom 9.10.2015 über den VW-Skandal mit den manipulierten Abgaswerten.

Antworten aus der Praxis des Personalberaters
Antwort 1: »Ich habe ja, wie Sie meinen Unterlagen entnommen haben, nach meiner Ausbildung berufsbegleitend das Abitur nachgeholt. Über die Hälfte meiner Klasse hat damals die Ausbildung hingeschmissen — und ich bin doch ein wenig stolz darauf, dass ich mich durchgebissen habe und dabei mein Job auch nicht zu kurz kam.«

Kommentar: So etwas hört jeder Personaler gern.

Antwort 2: »Stolz bin ich auf meine Kinder. Die Jüngste hat gerade eine Ausbildung zur Industriekauffrau begonnen und mein Ältester ist demnächst mit seiner Ausbildung fertig. Beide haben erfreulicherweise ihren Weg gefunden.«

Kommentar: Manche Fragen kann man durchaus auch privat beantworten. Natürlich kommt diese Antwort besonders gut an, wenn sich der Interviewpartner in einer vergleichbaren familiären Situation befindet oder sie selbst erlebt hat.

Worauf man stolz sein kann
- Mitgliedschaft in einem Verein oder einer Organisation
- Leistungen des Vereins oder der Organisation
- Renommierte(r) Schule, Ausbildungsbetrieb, Hochschule
- Fehlschläge oder Krisen, die überwunden wurden
- Erwerb ungewöhnlicher Fertigkeiten
- Sportliche, musikalische, künstlerische Erfolge oder Preise
- Prädikatsexamen
- Publikationen

»Wie richten Sie sich nach einem Misserfolg wieder moralisch auf?«

Ein erfülltes und erfolgreiches Leben ist ohne Niederlagen undenkbar. Fortschritt lässt sich oft nur mit dem Prinzip »Versuch und Irrtum« erzielen — ein mögliches Scheitern gehört grundsätzlich dazu. Viele Menschen haben eine falsche Einstellung zum Misserfolg und machen sich damit das Leben unnütz schwer.

Gesucht werden Mitarbeiter, die einen langen Atem haben, geduldig auf den Erfolg hinarbeiten und Misserfolge wegstecken können. Die weder vorschnell an sich zweifeln noch an der Aufgabe verzweifeln, sondern Herausforderungen mit einem »Jetzt erst recht!« beantworten. Gehen Sie deshalb freimütig-offensiv mit den kleinen oder größeren Niederlagen in Ihrem Lebenslauf um. Und verdeutlichen Sie, wie Sie sich nach einer persönlichen Kalamität wieder aufgerichtet haben. Das hat eine Menge mit Frustrationstoleranz, Belastbarkeit und Flexibilität (Plan B) und damit der persönlichen Zukunftsfähigkeit zu tun.

Antworten aus der Praxis des Personalberaters
Antwort 1: »Ach, bisher habe ich im Leben eigentlich immer Glück gehabt. So richtig schiefgegangen ist bei mir eigentlich noch nichts.«

Kommentar: Selbst wenn es stimmt, ist dies keine glückliche Antwort. Man könnte zu dem Schluss gelangen, dass der Bewerber in seinem bisherigen Leben keine Chance hatte, auch nur ein Mindestmaß an Frustrationstoleranz zu entwickeln. Die ist nämlich nur zu haben, wenn man hin und wieder mal einen Dämpfer erhält und etwas nicht so läuft, wie man sich das vorgestellt hat. Im Boxsport spricht man von Nehmerqualitäten und meint damit die Fähigkeit, diverse gegnerische Treffer hinzunehmen, ohne aufzugeben oder k. o. zu gehen.

Antwort 2: »Nach einem Misserfolg mache ich zunächst eine Ursachenanalyse: Was ist warum schiefgegangen? Vor allem suche ich nach meinem persönlichen Anteil am Scheitern: Was habe ich falsch eingeschätzt? Habe ich mich nicht ausreichend informiert oder vorbereitet? Und dann suche ich nach dem Guten am Schlechten: Hat mich die Niederlage vor Schlimmerem bewahrt? Was habe ich daraus für die Zukunft gelernt? Wichtig ist für mich auch, die Dinge nicht für mich zu behalten, sondern mit anderen darüber zu sprechen.«

Kommentar: Dem ist nichts hinzuzufügen.

»Wofür arbeiten Sie eigentlich?«

»Leben Sie, um zu arbeiten, oder arbeiten Sie, um zu leben?« Es gibt Zeitgenossen, die nicht zwischen Job und Privatleben unterscheiden, und es gibt andere, die ihre Arbeit nur als erzwungene und ungeliebte Unterbrechung der Freizeit empfinden. Der Interviewer möchte natürlich herausfinden, zu welcher Gruppe ein Bewerber gehört.

Wir leben in einer Zeit der Arbeitsverdichtung: Immer weniger Menschen müssen immer mehr leisten. Gesucht werden deshalb Mitarbeiter, die mit dem Herzen

Die gekonnte Selbstdarstellung 6

dabei sind und nicht auf die Uhr schauen, wenn eine Sache noch erledigt werden muss. Und wem das zu arbeitgeberfreundlich klingt, der sei an den chinesischen Philosophen Konfuzius erinnert: »Wähle einen Beruf, den du liebst, und du brauchst keinen Tag in deinem Leben mehr zu arbeiten.«

Antworten aus der Praxis des Personalberaters
Antwort 1: »Wofür arbeite ich? – Zufrieden bin ich, wenn ich den Anforderungen einer Aufgabe gerecht werde und das Gefühl habe, einen guten Job zu machen. Und wenn ich merke, dass ich besser werde. Ja, natürlich möchte ich beruflich vorankommen und die finanziellen Rahmenbedingungen sollten auch stimmen.«

Kommentar: Diese Antwort ist gut, weil der Bewerber es nicht als unmoralisch empfindet, für seine Leistungen bezahlt werden zu wollen.

Antwort 2: »Ich habe eine Ausbildung und ein Studium absolviert und da möchte ich natürlich meine erworbenen Kenntnisse erfolgreich anwenden. Schon während des Studiums hatte ich immer ein angenehmes Gefühl, wenn ich etwas gut hinbekommen habe, zum Beispiel eine Klausur oder eine Hausarbeit.«

Kommentar: Das überzeugt.

> **Was heißt eigentlich Work-Life-Balance?**
> Dieser Begriff ist zurzeit in aller Munde und bedeutet »Arbeit-Leben-Gleichgewicht«. Dabei wird Arbeit assoziativ mit Anstrengung und Mühe verbunden und auf die Tätigkeit in einem Unternehmen bezogen. Das ist eine falsche Abgrenzung zwischen Arbeit und Leben, denn auch das Privatleben beinhaltet Arbeiten wie Haushaltspflichten, Kindererziehung, Nachbarschaftshilfe oder die Pflege von Netzwerken. Andererseits finden im Arbeitsleben Aktivitäten statt, die durchaus zur Erholung und zum Wohlbefinden beitragen. Dazu gehören beispielsweise die sozialen Kontakte im Betrieb oder die Beschäftigung mit einer besonders interessanten Aufgabe. Deshalb versteht man unter Work-Life-Balance ein Gleichgewicht zwischen belastenden und erholenden Aktivitäten, die sowohl im Arbeits- als auch im Privatleben stattfinden.

»Wovor haben Sie Angst?«

Der amerikanische Präsident Franklin D. Roosevelt warnte einst seine Landsleute: »The only thing we have to fear is fear itself.« Da ist etwas dran. Und geradezu unwiderstehlich ist der Vorsatz, den der großartige, leider sehr früh verstorbene Publizist Johannes Gross in sein lesenswertes »Notizbuch« schrieb: »Mit 40 habe ich beschlossen, keine Angst mehr zu haben. Ich habe es nicht bereut.«

Wie soll man sich als Bewerber bei dieser Frage positionieren? Die Sprache als Lehrmeister der Psychologie könnte hier weiterhelfen. »Angst« leitet sich ab vom mittelhochdeutschen »Angustie«, und das bedeutete damals so viel wie »Enge«. Das stimmt: Angst schränkt einen Menschen in seinen Möglichkeiten ein. Und Angst ist vor allem ein Energiefresser. Ängste können einem den Schlaf rauben und lähmend wirken. Andererseits gilt die Angst als »Hüter der Gesundheit«. Wer sich vor nichts fürchtet, kann ein Risiko für sich selbst und andere sein. Der österreichische Spötter und Publizist Karl Kraus kam bei diesem Thema zu folgendem Befund: »Wer keine Angst hat, hat keine Fantasie.« Gefragt ist weder der Angsthase noch der kaltschnäuzige Draufgänger.

Antworten aus der Praxis des Personalberaters
Antwort 1: »Wovor ich mich fürchte? Dass meiner Familie ein Unheil widerfährt — vor einer unheilbaren Krankheit habe ich Angst.«

Kommentar: Die Antwort geht völlig in Ordnung. Allerdings ist damit zu rechnen, dass nachgehakt wird: »Nennen Sie doch bitte noch ein Beispiel, das etwas mit Ihrem Beruf zu tun hat.«

Antwort 2: »Ich glaube, dass derjenige, der kein Risiko eingehen will, in Zeiten des Wandels das größte Risiko eingeht. Man muss etwas wagen, um erfolgreich zu sein. Angst habe ich eher davor, eine günstige Gelegenheit zu verpassen oder Dinge falsch einzuschätzen.«

Kommentar: Risiko und Chance sind Geschwister. In diesem Sinne ist das eine gute Antwort.

Antwort 3: »Ich habe Angst davor, Fehlentscheidungen zu treffen. Zum Beispiel — falls Sie mir ein Angebot machen — muss ich mich ja festlegen, ob die Aufgabe wirklich zu mir passt. Was ist, wenn ich mich falsch entscheide? Dann hätte ich ein Problem.«

Kommentar: Diese Antwort ist weniger gut — vor allem, wenn es um eine Führungsaufgabe geht. Entscheidungsschwache Manager sind eine Gefahr für jedes Unternehmen. So schrieb John Cryan, der neue Vorstandsvorsitzender der Deutschen Bank, in einem Brief vom 1.7.2015 an alle Mitarbeiterinnen und Mitarbeiter: »Wir müssen dem Überhandnehmen von Ausschüssen und Komitees entgegenwirken …, sie dürfen die persönliche Verantwortung des Einzelnen nicht ersetzen. Ein Kollege sagte mir kürzlich, dass er neun Monate benötigt habe, um Vorstellungsgespräche zu führen und letztlich jemanden einzustellen. So etwas darf nicht mehr passieren. Wir müssen unsere Manager in ihrer Rolle bestärken und sie ermutigen, Entscheidungen zu treffen.«

»Arbeiten Sie lieber allein oder mit anderen zusammen?«

Die obige Alternativfrage verleitet fast alle Jobaspiranten zum Bekenntnis, ein großartiger Teamplayer zu sein. Aber Vorsicht! Wer sich als Consultant bewirbt und in diesem Job oft von Montag bis Freitag in der Fremde bei Kunden auf sich allein gestellt ist, wird mit einer anderen Antwort punkten als jemand, der Mitarbeiter in einer verkaufsunterstützenden Vertriebsabteilung werden möchte. Es gibt Aufgaben, bei denen es um einen herum recht einsam sein kann, und das muss man aushalten. Dennoch wird auch Einzelkämpfern Teamfähigkeit abverlangt, denn sie müssen Kontakt zur Zentrale halten und diese mit Informationen versorgen.

Antworten aus der Praxis des Personalberaters
Antwort 1: »Ich arbeite am liebsten im Team. Da stellen sich die besten Ideen ein und man kann sich gegenseitig motivieren. Alle großen Leistungen sind im Grunde ja Teamleistungen. Das ist wie im Mannschaftssport.«

Kommentar: Diese Antwort ist riskant. Sie ist riskant, wenn der Job — wie oben erörtert — vor allem den Einzelkämpfer fordert. Und sie ist nicht ohne Risiko, wenn der Gesprächspartner von Teamarbeit herzlich wenig hält. Da sich dies vorab nicht klären lässt, sollte sich bei dieser Frage niemand zu weit aus dem Fenster lehnen.

Antwort 2: »Ich denke, dass ich ein guter Teamplayer bin. Ich habe viel Mannschaftssport betrieben. Da kann nur erfolgreich sein, wer einen angemessenen Platz im Team findet. Dennoch muss man mit seinen Aufgaben schon einmal allein klarkommen. Ich arbeite gern mit anderen zusammen, beiße mich aber auch allein durch. Man kann ja nicht immer nach dem Team rufen.«

Kommentar: Gelungen.

> **Teamplayer und Individualist**
> Bekennen Sie sich zum Teamprinzip, wenn es Ihrer Auffassung entspricht. Andersfalls suchen Sie sich eine Aufgabe, die den Einzelkämpfer fordert. Wer lieber für sich allein arbeitet, ist nicht automatisch abartig veranlagt. Es gibt allerdings kaum Jobs, in denen nicht ein Mindestmaß an Kooperationsbereitschaft und -fähigkeit verlangt wird.
> - Wie bereits zuvor angemahnt: Machen Sie deutlich, dass Harmonie kein Selbstzweck ist. Durch »Groupthink« kommt es häufig zu fatalen Fehlurteilen und Entscheidungen.
> - Kehren Sie nicht den »Gutmenschen« heraus. Kollegialität ist gut, doch wer den Eindruck erweckt, sich für andere aufopfern zu wollen, ist im Zweifelsfall nicht einmal für eine karitative Organisation geeignet.

> - Zum Schluss streichen Sie noch den folgenden Satz: »Die Aufgabe interessiert mich, weil ich Freude am Umgang mit Menschen habe.« Sigmund Freud soll einmal gegenüber einem jungen Mann, der unbedingt anderen Menschen helfen wollte, den Verdacht geäußert haben, dass er ja wohl ein Sadist sein müsse.

»Wo konnten Sie Ihre Kreativität bisher unter Beweis stellen?«

Mit dem Begriff »Kreativität« wird in Deutschland besonders häufig hantiert — aber allein das Wort trifft noch nicht die Sache. Die Zahl von Nobelpreisen spricht dafür, dass Deutschland in Sachen Kreativität arg zurückgefallen ist. Wir müssen uns im Zuge der Globalisierung und dem damit verbundenen Wettbewerbsdruck jedoch ständig etwas Neues einfallen lassen. Das gilt vor allem angesichts der revolutionären Veränderungen, die von der Industrie 4.0, dem Internet der Dinge, zu erwarten sind.

Antworten aus der Praxis des Personalberaters
Antwort 1: »Ich war bei unserer Schülerzeitung drei Jahre für die Gestaltung der Titelseite verantwortlich. Und während meiner Ausbildung habe ich zwei Veranstaltungen mitkonzipiert, in denen wir unsere Leistungen — also die der Azubis — sozusagen der innerbetrieblichen Öffentlichkeit präsentiert haben. Es gab ein Rahmenprogramm und was noch alles zu einem solchen Event dazugehört. Wir haben uns einiges einfallen lassen und das ist auch gut angekommen.«

Kommentar: Eine pragmatische und nachvollziehbare Antwort.

Antwort 2: »Schon bei meinen Praktika und meiner Tätigkeit als Werkstudentin habe ich mir genau die Abläufe und Prozesse angesehen und überlegt, was sich anders machen ließe. Einmal habe ich einen Verbesserungsvorschlag eingereicht, der sogar prämiert wurde.«

Kommentar: Ja, so können Bewerber ihre Kreativität unter Beweis stellen.

> **! Wie entsteht Kreativität?**
> - Methodismus überwinden! Der Erfolgskiller Nummer eins besteht in der Neigung, stur an einer Methode festzuhalten, die einem früher immer den Erfolg beschert hat. In den USA heißt Kreativität recht treffend »Out-of-the-box-thinking«. Es gilt, den Käfig der Gewohnheit zu verlassen. Eine gute Methode dafür ist das Brainstorming.

> - Die Perspektive wechseln! Antoine de Saint-Exupéry — der Autor von »Der kleinen Prinz« — hat empfohlen: »Um klar zu sehen, genügt oft ein Wechsel der Blickrichtung.« Deshalb ist es sinnvoll, im Team zu arbeiten, denn da kommen meist Menschen mit verschiedenen Sichtweisen zusammen.
> - Den Gesamtzusammenhang sehen! Die Schlüsselfrage lautet: Was hängt womit zusammen? Wer nicht das »Big Picture« sieht, bleibt in seinem Denken beschränkt.

»Was bedeutet für Sie Loyalität?«

»Ich liebe den Verrat, aber ich hasse den Verräter«, das sagte Julius Caesar. Natürlich möchten die großen und kleinen Mächtigen dieser Welt rechtzeitig etwas über mögliche Gegner, Intriganten oder Versager in den eigenen Reihen erfahren, aber der Lieferant dieser nützlichen Informationen disqualifiziert sich aufgrund seines miesen Charakters.

Die Forderung, sich gegenüber dem eigenen Unternehmen und seinem Vorgesetzten loyal zu verhalten, ist unverzichtbar. Das heißt allerdings nicht, alles klaglos hinzunehmen. Der Fall des ehemaligen Karstadt-Vorstandsvorsitzenden Thomas Middelhoff — intern Big-T genannt — hat gezeigt, wohin blinde Loyalität führen kann: Da macht er mit seinem Top-Management die große Sause in seiner Villa in Saint-Tropez und dabei beschließt man en passant die Entlassung von über 1.000 Mitarbeitern. Verkauft wurde das Ganze vor Gericht dann als Teambildungsprozess. Warum hat keiner beizeiten Einspruch erhoben? »Seine Entscheidungen habe ich als gottgegeben hingenommen«, sagte die Ex-Chefsekretärin von Thomas Middelhoff vor dem Landgericht Essen. Das galt wohl insbesondere auch für viele Führungskräfte und für den Aufsichtsrat. Der VW-Skandal hat dieses Thema gerade ganz nach vorne gebracht.

Antworten aus der Praxis des Personalberaters
Antwort 1: »Loyalität — das ist für mich Verlässlichkeit, Geradlinigkeit und vor allem Integrität. Ein loyaler Mitarbeiter würde zum Beispiel niemals intrigieren.«

Kommentar: Alles sachlich richtig, aber doch zu dünn vorgetragen.

Antwort 2: »Vielleicht mache ich an einem Beispiel deutlich, was ich darunter verstehe. Also, die Geschäftsleitung eines Unternehmens entwickelt ein neues Vertriebskonzept, das bei den Mitarbeitern auf Widerstand stößt. Es wird hart gerungen und am Ende setzt sich die Führung mit ihren Vorstellungen durch. Loyalität heißt nun, dieses Konzept zu akzeptieren und nicht hinter dem Rücken zu untergraben. Wer dies nicht kann oder will, muss das laut und deutlich sagen und eventuell für sich die Konsequenzen ziehen.«

Kommentar: Das ist es.

> **! Dos und Dont's**
>
> - Wenn eine Führungskraft mit den sie tangierenden konzeptionell-strategischen Überlegungen der nächsten Führungsebene nicht einverstanden ist, darf und sollte sie den eigenen Standpunkt vertreten. Ist aber eine Entscheidung getroffen, gibt es nur zwei Möglichkeiten: Die Entscheidung akzeptieren und beherzt im eigenen Verantwortungsbereich umsetzen oder den Job wechseln.
> - Im Außenverhältnis — vor allem gegenüber Kunden und Lieferanten — ist ein einheitlicher und geschlossener Marktauftritt selbstverständlich. Es kann folglich nicht angehen, dass Mitarbeiter Unternehmensentscheidungen gegenüber oder im Beisein von Geschäftspartnern kritisieren.
> - Wer mit dem Verhalten des direkten Vorgesetzten nicht einverstanden ist, hat für seine Beschwerde zunächst nur einen Gesprächspartner: den direkten Vorgesetzten.
> - Bleibt ein solches Gespräch ergebnislos oder ist der eigene Erfolg durch das Verhalten des Vorgesetzten gefährdet, kann man sich an eine höhere Instanz wenden. Allerdings nicht, ohne den betroffenen Chef darüber vorab in Kenntnis zu setzen.

»Was verstehen Sie unter Flexibilität?«

»Sie sind flexibel und ...« Der Begriff »Flexibilität« gehört ebenfalls zu den Rennern in Stellenangeboten. Doch so mancher Bewerber rühmt sich seiner Flexibilität, gerät aber in Not, wenn nachgefragt wird, worin sich diese im Alltag zeigt. Eine Eigenschaft sollte nur derjenige für sich beanspruchen, der eine Vorstellung davon hat, was sie konkret bedeutet.

Antworten aus der Praxis des Personalberaters
Antwort 1: »Ein flexibler Mensch ist nach meiner Auffassung jemand, der auf Veränderungen schnell und angemessen reagiert. Dabei kann es um neue Aufgaben gehen, die kurzfristig zu übernehmen sind — aber auch um so banale Dinge wie einen ausgefallenen Beamer während einer Kundenpräsentation.«

Kommentar: Eine gute Definition.

Antwort 2: »Wer flexibel ist, verliert nicht gleich sein seelisches Gleichgewicht, wenn sich eine Situation überraschend ändert, sondern reagiert ideenreich und souverän. Das ist sicher immer auch eine Frage der Erfahrung.«

Kommentar: Das ist eine pragmatische Definition.

»Können Sie sich durchsetzen?«

Das Soft Skill (!) »Durchsetzungsfähigkeit« ist meist emotional negativ besetzt und wird von vielen Bewerberinnen und Bewerbern deshalb — wenn überhaupt — eher verschämt als persönliche Stärke angeführt. Dabei ist diese Eigenschaft für viele Aufgaben unverzichtbar.

Antworten aus der Praxis des Personalberaters
Antwort 1: »Ob ich mich durchsetzen kann? Es kommt drauf an, worum es geht. In manchen Situationen gebe ich schnell nach, weil die Sache mir nicht wichtig ist oder ich es anderen gönne, sich zu profilieren. Aber wenn es drauf ankommt, versuche ich, meine Kontrahenten für meinen Standpunkt zu gewinnen.«

Kommentar: Absolut okay.

Antwort 2: »Aus meiner Erfahrung weiß ich, dass es nicht ausreicht, das Richtige zu wissen oder gute Ideen zu haben — man muss sich auch durchsetzen können, wenn es Widerstand gibt. Durchsetzungsvermögen ist für mich eine wichtige Voraussetzung für Wandel und Fortschritt. Da kann ich deshalb auch recht hartnäckig sein.«

Kommentar: Solche Frauen und Männer werden gesucht. Konsensorientierung ist zwar schön, bewirkt aber nicht selten Stillstand.

Es reicht nicht aus, das Richtige zu wissen

Viele Manager von Karstadt wussten schon seit Jahren, dass das Geschäftsmodell der 1920er Jahre, nämlich vom Bleistift bis zum Orientteppich alles unter einem Dach anzubieten, längst aus der Zeit gefallen war. Aber es war niemand da, der ein zukunftsfähiges Geschäftsmodell durchsetzen konnte oder überhaupt wollte. Dabei gab es Ideen für eine Neupositionierung. Und Opel? Vor vielen Jahren wurde intern schon davor gewarnt, dass sich das Image der Modelle zunehmend ins Biedere bewegt und das war am Ende ja auch das Ergebnis. Die Folgen waren Werksschließungen und ein massiver Personalabbau. Seit sich dann Fach- und Führungskräfte mit dem Lifestyle-Stadtauto Adam durchgesetzt haben, scheint eine Wende zum Besseren geglückt.

»Wie konfliktfähig sind Sie?«

Werden Konflikte — sei es durch Staatsmacht, sei es durch eine autoritäre Führungskultur im Betrieb — von vornherein unterbunden, gibt es keinen Wettbewerb der Ideen. Unter solchen Bedingungen ist nur selten eine rechtzeitige Anpassung an ein sich wandelndes Umfeld möglich. Was bleibt, ist das »Weiter so«. Viele der spektakulären Firmenpleiten der letzten Jahre lassen sich auf diese Haltung zurückführen. Nicht nur als Bewerber sind Sie deshalb gut beraten, zu den Persönlichkeitsmerkmalen »Konfliktbereitschaft« und »Konfliktfähigkeit« einen Standpunkt zu haben.

Antworten aus der Praxis des Personalberaters
Antwort 1: »Ich versuche, bei Konflikten zunächst einmal das Gute am Schlechten zu finden. Zu einem Konflikt kommt es häufig, wenn Menschen offen ihre Wünsche und Interessen formulieren und diese dann mit denen der anderen kollidieren. Aber das hat auch einen Vorteil — jeder weiß, woran er ist.«

Kommentar: Akzeptiert.

Antwort 2: »Meine Meinung ist, dass Konflikte die Menschheit sehr oft nach vorne gebracht haben — wenn sie vernünftig reguliert wurden. Destruktiv werden Konflikte dann, wenn sie nicht rechtzeitig angesprochen werden. Ich bin diesbezüglich für eine klare Ansage. Man muss deshalb allerdings nicht gleich alle an die Wand fahren.«

Kommentar: Gute Analyse, guter Standpunkt.

»Mit welchen besonderen Belastungen rechnen Sie in Ihrer möglichen neuen Aufgabe bei uns?«

Der passende Bewerber — und das ist hier die Frage — vermag die besonderen Erschwernisse einer angestrebten Aufgabe einigermaßen auf den Punkt zu bringen. Wer halbwegs realitätsgerecht antwortet, hat sich mit dem, was auf ihn zukommen könnte, beschäftigt.

Antworten aus der Praxis des Personalberaters
Antwort 1: »Na ja, ich kenne das von Kunden am Counter und Kunden am Telefon — möglichst zeitgleich. Und dann hat ein Kollege auch noch ein Anliegen. Hier geht es darum, den Überblick zu behalten und dass sich vor allem unter Zeitdruck die Beratungsqualität nicht verschlechtert.«

Kommentar: Passt!

Antwort 2: »Die Einarbeitungszeit wird sicher hart, denn ich muss mich ja erst einmal mit der neuen Branche vertraut machen. Aber das ist auch eine tolle neue Herausforderung und genau die suche ich ja.«

Kommentar: Prima!

»Was machen Sie in Ihrer Freizeit am liebsten?«

Viele Bewerber verzichten darauf, Hobbys oder private Interessen im tabellarischen Lebenslauf anzugeben. Oft hört man als Begründung, dies sei nicht mehr üblich. Das ist nicht richtig. Es geht bei Bewerbungen nicht darum, was gerade zeitgemäß ist, sondern es geht um Informationen, die für eine faire und sachgerechte Personalentscheidung hilfreich sein könnten. Und da sind die privaten Aspekte einer Person nicht unwichtig. Denn die Welt ist nicht so, wie sie sein sollte, und deshalb stellt ein golfspielender Personaler im Zweifelsfall einen golfspielenden Bewerber ein.

Erinnert sei hier an das eingangs erwähnte Konzept der Passung. Niemand gibt als Arbeitnehmer beim Betreten der Firma seine persönlichen Interessen, Neigungen, Hoffnungen und Sehnsüchte beim Pförtner ab. Ein begeisterter Bogenschütze bleibt auch an seinem Arbeitsplatz ein begeisterter Bogenschütze, wenn er Kollegen hat, die dieses Hobby mit ihm teilen — umso besser für alle. Viele Unternehmen fördern aus guten Gründen gemeinsame Freizeitaktivitäten.

Und natürlich sagt die Art der Freizeitgestaltung etwas darüber aus, wie sich jemand neue Energiequellen erschließt. Ob Handballverein oder Schachclub, durch solche Aktivitäten wird der Kopf wieder frei. Vorsichtige Rückschlüsse auf die Persönlichkeit sind auch möglich, wenn jemand die Freizeit gemeinsam mit anderen gestaltet oder lieber für sich allein bleibt. Mannschaftssport oder Mineraliensammlung? Orchestermusik oder allein am Piano?

Antworten aus der Praxis des Personalberaters
Antwort 1: »Lesen.«

Kommentar: Es schon erstaunlich, wie viel Bewerber auf die nachfassende Frage »Was denn?« mit »Alles Mögliche« oder »Bücher« reagieren. Das ist grenzwertig.

Antwort 2: »Wie Sie meinen Unterlagen sicher entnommen haben, fahre ich gern Ski. Der Kampf mit dem Hang und seinen Unebenheiten ist schon eine tolle Sache und hält einen körperlich und im Kopf fit.«

Kommentar: Kommt natürlich bei Skifahrern immer gut an. Aber der Waldlauf tut es auch.

»Wie wichtig sind für Sie Äußerlichkeiten?«

Eine Zeit lang war es üblich, die Frage nach dem Äußeren und den Äußerlichkeiten auf die Alternativen »Sein oder Design?« zuzuspitzen. Ein Zusammenhang zwischen innen und außen wurde geleugnet. Wer gedankenschwer durchs Leben ging, musste um der Authentizität willen schlampig gekleidet sein, die inneren Werte wurden beschworen. Natürlich haben Äußerlichkeiten immer gezählt und heute spielen sie eine besonders große Rolle: »destroyed« Jeans, Tattoos und Piercings wohin man schaut. Dabei geht es nicht immer um Ästhetik, sondern durchaus um die Lust auf Provokation.

Das äußere Erscheinungsbild eines Menschen hat heutzutage — im Vergleich zu Zeiten einer standesgemäß vorgeschriebenen Kleiderordnung — immer auch einen persönlichkeitspsychologischen Aspekt. Deshalb gilt inzwischen wieder folgender Befund von Oscar Wilde: »Nur oberflächliche Leute urteilen nicht nach dem Aussehen.« Allerdings fügt er listig hinzu: »Das Sichtbare ist das Geheimnis, nicht das Unsichtbare.«

Antworten aus der Praxis des Personalberaters
Antwort 1: »Äußerlichkeiten? Die sind für mich nicht wichtig. Entscheidend ist der Charakter eines Menschen. Der schöne Schein täuscht doch allzu oft.«

Kommentar: Alles sachlich richtig, aber einseitig und an der Wirklichkeit vorbei.

Antwort 2: »Na ja, ob es einem nun gefällt oder nicht: Der erste Eindruck spielt in vielen Situationen eine entscheidende Rolle. Und der kommt ja durch Äußerlichkeiten zustande. Die Kleidung, das Auftreten, die Umgangsformen — das alles ist schon wichtig. Natürlich sollte man sich selbst treu bleiben. Ich mache deshalb nicht jede Mode mit, auch wenn es grundsätzlich nicht falsch sein kann, sich in ein günstiges Licht zu rücken. Das gilt natürlich besonders im Umgang mit Kunden und Lieferanten.«

Kommentar: Die meisten Unternehmen geben sich aus guten Gründen sehr viel Mühe, Kunden auch optisch anzusprechen und zu überzeugen. Da die Mitarbeiter mehr oder weniger ihren Betrieb repräsentieren, gilt das auch für deren Outfit und Verhalten.

> **Äußeres und Äußerlichkeiten**
> Die Frage »Wie wichtig sind für Sie Äußerlichkeiten?« zielt manchmal auch auf die Bedeutung ab, die ein Bewerber Statussymbolen wie der Marke des Dienstwagens, der Büroausstattung und anderen sichtbaren Privilegien (eigener Parkplatz!) beimisst. Hier gilt es darauf zu achten, nicht in die falsche Optik zu geraten.

»Wie gehen Sie mit Stress um?«

Zu den wichtigsten fachübergreifenden Qualifikationen unserer Zeit gehört die psychische und körperliche Belastbarkeit. Dies hängt unter anderem mit der zunehmenden Arbeitsverdichtung sowie der häufig geforderten Mobilität und Flexibilität in der Arbeitswelt zusammen. Für viele kommt noch ein Leben in ständiger Unsicherheit hinzu: »Was mache ich morgen?« »Was wird aus meinem Arbeitsplatz?« »Wann muss ich wieder aus beruflichen Gründen umziehen?« Konkret geht es bei dieser Frage darum, ob jemand mit den Belastungen der Arbeitswelt in angemessener Weise umgeht und wie er seine psychische Gesundheit erhält.

Antworten aus der Praxis des Personalberaters
Antwort 1: »Ich liebe es, wenn richtig viel los ist. Es gibt ja eine Art von Stress, die beflügelt. Mir geht es jedenfalls so. Ich denke, wichtig ist, dass man irgendwann abschalten kann. Und das kriege ich gut hin.«

Kommentar: Eine schlichte und glaubwürdige Antwort.

Antwort 2: »Nach Feierabend treibe ich oft Sport mit Freunden oder bin sonst irgendwie unterwegs. Am nächsten Tag ist dann der Kopf wieder frei für den Job.«

Kommentar: Geht in Ordnung.

Antwort 3: »Ich meditiere regelmäßig. Und wenn ich dann meine innere Mitte gefunden habe, fühle ich mich wieder frisch und munter.«

Kommentar: Eine riskante Antwort, denn nicht jeder hält etwas von spirituellen Achtsamkeits- und Konzentrationsübungen.

> **Stress: Was ist das?**
>
> Was sagen die Fachleute zum Thema Stress? Zunächst einmal gibt es Übereinstimmung hinsichtlich der Feststellung, dass im öffentlichen Sprachgebrauch und Bewusstsein kaum etwas so gründlich missverstanden wird wie das Phänomen Stress. So stellte der kanadisch-ungarische Biologe Hans Selye, ehemals Direktor des Instituts für experimentelle Medizin und Chirurgie der Universität von Montreal, bereits vor Jahren fest: »Stress ist unser täglicher Begleiter ... Manchmal geht uns seine Anhänglichkeit auf die Nerven; dennoch verdanken wir ihm jeden persönlichen Fortschritt und erreichen durch ihn immer höhere Stufen geistiger und körperlicher Weiterentwicklung. Er ist die Würze unseres Lebens.«
>
> Als Selye im Jahr 1974 auf einem internationalen Kongress der Weltgesundheitsorganisation WHO in Stockholm seine biologischen und medizinischen Befunde zum Stress-Syndrom vorstellte, erhielt er freilich nicht nur Zustimmung. Vor dem Kongressgebäude wurden Handzettel verteilt, auf denen zu lesen stand, dass sein Stresskonzept eine kapitalistische Erfindung sei, die vor allem bezwecke, die Arbeiter zu größeren Leistungen anzuspornen. Man erinnere sich: In jenen Jahren galt die Bereitschaft zur Leistung manchen als unanständig. Den Menschen mit dieser Haltung mochte es gar nicht gefallen, dass ein anerkannter Wissenschaftler die psychohygienische Bedeutung der Arbeit schlüssig belegte und aufgrund seiner Ausdrucksweise auch außerhalb des Elfenbeinturms verstanden wurde. »Die Natur«, so Selye, »hat uns von jeher ermöglicht, von ihren großen Vorräten alles zu nehmen, was wir brauchen. Sie erlaubt uns jedoch nicht, jahrelang zu behalten, was wir nicht benutzen; Zellen, die unser Körper nicht ausnützt, entzieht sie ihm.« Das »Brachliegen« des menschlichen Leistungspotenzials — so der Biologe — macht auf Dauer seelisch und körperlich krank. Nicht wenige Menschen verkümmern, weil sie unterfordert sind.

»Welche Vorbilder haben Sie?«

»Lernen am Modell« heißt das Prinzip, nach dem wir uns schon in frühester Kindheit die Sprache und grundsätzliche Verhaltensmuster aneignen. Weil dieses Prinzip so wirksam ist, sorgen sich Eltern sehr, wenn ihre Sprösslinge in vermeintlich oder tatsächlich schlechte Gesellschaft geraten. Immerhin könnten sie sich etwas Falsches abschauen. Nenne mir deine Vorbilder und ich kann mir ein Bild von dir machen! Darum geht es im Vorstellungsinterview bei dieser Frage.

Antworten aus der Praxis des Personalberaters
Antwort 1: »Meine Großmutter pflegte immer zu sagen: ›Von nichts kommt nichts.‹ Das habe ich mir gemerkt und im Leben immer zu beherzigen versucht. Man muss sich engagieren, mitdenken und sich immer wieder etwas einfallen lassen, wenn sich Ergebnisse einstellen sollen.«

Kommentar: Die alten Großmutter-Regeln sind gar nicht so schlecht.

Antwort 2: »Das Buch ›Denken, Ordnen, Gestalten‹ von Alfred Herrhausen hat mich tief beeindruckt und gibt mir eine gute Orientierung im beruflichen Alltag.«

Kommentar: Literatur oder literarische und historische Gestalten können durchaus eine Vorbildwirkung haben.

Vorbild gefällig?

Leitfiguren und Leitideen muss man sich erarbeiten. Irgendwann wird eine gewisse Seelenverwandtschaft erkennbar und dann ist auf einmal ein Vorbild da, das Orientierung und Halt gibt. Eine sehr schöne und ewig aktuelle Leitidee zum Thema Motivation und Leistungsfreude stammt von dem Flieger Antoine de Saint-Exupéry: »Wenn du ein Schiff bauen willst, dann trommle nicht Männer zusammen, um Holz zu beschaffen, Aufgaben zu vergeben und Arbeiten einzuteilen, sondern lehre sie die Sehnsucht nach dem weiten, endlosen Meer.« Keine schlechte Maxime für die Personalauswahl bei der Besetzung von Führungspositionen.

»Auf welche Schlüsselqualifikationen wird es zukünftig besonders ankommen?«

Dies ist eine Umwegfrage und solche werden gestellt, wenn es nicht viel bringt, das Frageziel direkt anzusteuern. Etwa: »Sind Sie Alkoholiker?« Oder: »Suchen Sie einen Job, der Sie zeitlich nicht zu sehr fordert?« Es ist sinnlos, derartige Fragen zu stellen. Bei der Frage nach den Schlüsselqualifikationen der Zukunft wird erwartet, dass der Bewerber eine Vorstellung davon hat, welche Eigenschaften die Zukunftsfähigkeit eines Unternehmens erhalten bzw. fördern. Bei der Besetzung von Führungspositionen geht es zudem darum zu erkennen, welche Leistungsprofile ein Vorgesetzter bei Bewerbern favorisieren wird.

Antworten aus der Praxis des Personalberaters
Antwort 1: »Flexibilität, denn der Einzelne muss sich immer schneller auf neue Anforderungen einstellen können. Dann Mobilität, im zukünftigen globalen Dorf kann man nicht auf der Scholle kleben.«

Kommentar: Das sind zweifellos zwei wichtige Eigenschaften, um wettbewerbsfähig zu bleiben.

Antwort 2: »Belastbarkeit, denn der Wettbewerbsdruck wird mit Sicherheit steigen, wenn man an China oder Indien denkt.«

Kommentar: Eine vorausschauende Antwort.

Antwort 3: »Kopf schlägt Kapital, habe ich einmal gelesen. Wenn wir weiterhin erfolgreich sein wollen, brauchen wir gute Ideen. Deshalb ist Kreativität — natürlichen neben anderen Merkmalen — unverzichtbar, um zukunftsfähig zu bleiben.«

Kommentar: Dem kann man nicht widersprechen.

6.3 Wie sich echtes Interesse zeigt

Der Begriff »Organisationales Commitment« steht zurzeit hoch im Kurs, denn von diesem Phänomen versprechen sich Unternehmen eine Verbesserung der Wettbewerbsfähigkeit. Gemeint ist damit das belastbare psychologische Band zwischen Mitarbeitern und ihrem Betrieb. Man kann diesen für alle Beteiligten wünschenswerten Zustand auf die Devise »able to go but happy to stay« verdichten. Obwohl ein Mitarbeiter gute Chancen im Arbeitsmarkt hat, bleibt er seinem Unternehmen treu. In diesem Sinne lautet eine entscheidende Frage im Vorstellungsgespräch, inwiefern sich ein Bewerber seinem zukünftigen Arbeitgeber verbunden und verpflichtet fühlen wird. Aber wie zeigt sich ein solch tiefes Interesse? Woraus lässt sich ein zukünftiges mögliches Commitment ableiten? Erfahrene Personaler betrachten eine umsichtige Vorbereitung auf das Vorstellungsinterview als gutes Zeichen. Die einen stolpern in das Gespräch und wissen kaum, in welcher Firma sie sich gerade befinden, während andere mit profundem Wissen über das Unternehmen und sein Umfeld punkten.

»Warum haben Sie sich ausgerechnet bei uns beworben?«

Im Idealfall ist eine Bewerbung eine kleine Liebeserklärung. So zumindest hätten es gern viele Jobanbieter. Sie möchten auserwählt sein und versprechen sich davon Engagement und Loyalität. Kein Betrieb ist an neuen Mitarbeitern interessiert, die nur irgendwo unterkommen möchten — also bei der Jobsuche beliebig vorgehen. Ein wenig Herzblut sollte schon dabei sein. Hier müssen Bewerber nachvollziehbare Gründe liefern.

Antworten aus der Praxis des Personalberaters
Antwort 1: »Ich habe mich schon immer für Ihr Unternehmen interessiert. Und als ich dann die Stellenanzeige sah, habe ich sofort die Initiative ergriffen und mich beworben. Ich finde die Produkte einfach toll — und deshalb möchte ich in Ihrem erfolgreichen Team sehr gern mitarbeiten.«

Kommentar: Streichen Sie Satzanfänge wie »Ich habe schon immer …« oder »Ich wollte schon immer …«. Das bekommen Personaler ständig zu hören und es klingt wenig überzeugend – vor allem aber ist es kein Argument. Wer erklärt, dass er schon immer Tierarzt werden oder bei Airbus arbeiten wollte, verweigert bei der Frage nach den Motiven eine konkrete Antwort.

Antwort 2: »Nun, zunächst habe ich mir natürlich überlegt, welche Aufgabe zu mir am besten passt. Ihr Stellenangebot hat mich gleich angesprochen und dann habe ich mich informiert und festgestellt: Mit Ihren Produkten kann ich mich gut identifizieren und die Größe des Betriebs entspricht meinen Vorstellungen. Was mir besonders entgegenkommt ist Ihr Engagement in den neuen EU-Staaten im Osten – ich habe gelesen, dass Sie unter anderem in Posen ein Verkaufsbüro einrichten werden. Meine Großeltern stammen aus dem ehemaligen Breslau und deshalb verfolge ich derartige Aktivitäten mit besonderem Interesse.«

Kommentar: Von einem Bewerber wird erwartet, dass er zunächst prüft, welche Aufgabe zu ihm passt. Erst dann gilt es zu klären, aus welchen Gründen er sich mit welchem Unternehmen identifizieren könnte. Dies ist dem Bewerber bei dieser Antwort gelungen. Nicht immer lässt sich eine persönliche Beziehung zum Unternehmen finden, aber wer einen entsprechenden Aufhänger hat, sollte ihn nutzen.

Antwort 3: »Ich habe mich natürlich auch auf Ihrer Homepage umgesehen und da hat mich der Slogan ›Mehr mit weniger erreichen‹ besonders angesprochen. Es heißt dann weiter, wenn ich mir das richtig gemerkt habe: ›Wir wissen um die Knappheit der natürlichen Ressourcen, die wir benötigen.‹ Und: ›Wir haben es uns zur Aufgabe gemacht, die Ressourcennutzung entlang unserer Wertschöpfungskette zu minimieren.‹ Das gefällt mir. Mit einem solchen Unternehmen kann ich mich gut identifizieren.«

Kommentar: Diese Antwort belegt die gute Vorbereitung auf das Vorstellungsgespräch und liefert ein verständliches Motiv dafür, in diesem Unternehmen die berufliche Zukunft zu sehen. »Mehr mit weniger erreichen« ist übrigens ein Unternehmensgrundsatz der Beiersdorf AG in Hamburg.

Antwort 4: »Ihr Betrieb ist ja von der Größe her eher überschaubar und da reizen mich besonders die kurzen Informations- und Entscheidungswege.«

Kommentar: Nicht jeder Betrieb kann sich als attraktive Arbeitgebermarke profilieren, aber dennoch erstrebenswerte Jobs bieten. Der Bewerber spricht einen durchaus interessanten Vorzug kleinerer Unternehmen und damit ein persönliches Motiv für seine Bewerbung an.

Antwort 5: »Ihr Start-up ist ja noch relativ jung. Ich finde es schon sehr spannend, sozusagen in der Pionierphase mit dabei sein zu können. Eine entsprechende Hands-on-Mentalität bringe ich mit.«

Kommentar: Das passt.

> **!** **Checkliste: Argumente für die Bewerbung in einem Unternehmen**
>
> Der erfolgreiche Bewerber hat bei seinem Interviewpartner nicht nur die Hoffnung genährt, dass er aus dem angebotenen Job fachlich etwas Gutes machen wird, sondern dass der Betrieb für ihn zur beruflichen Heimat werden könnte. Mögliche Gründe hierfür lassen sich auf den folgenden Gebieten finden:
> - Welcher grundsätzliche Geschäftszweck wird verfolgt?
> - Was ist das besondere an den Produkten?
> - Was ist typisch für die Branche?
> - Welche möglichen Vorzüge hat die Unternehmensgröße?
> - Was gibt die Unternehmensgeschichte her?
> - Handelt es sich um einen Familienbetrieb?
> - Hat das Unternehmen einen besonderen Ruf in Sachen Unternehmenskultur bzw. gibt es Führungsleitsätze?
> - Wie ist die Marktposition: Marktführerschaft oder interessanter Nischenanbieter?
> - Welche Rolle spielen Eigenschaften wie Innovationsstärke, Kundenorientierung und Umweltschutz?
> - Wie ist die Altersstruktur?
> - Ist das Unternehmen national oder international aufgestellt?
> - Gibt es in der eigenen Biografie einen persönlichen Bezug zum Unternehmen?

»Was fällt Ihnen zu unseren Produkten ein?«

»Quadratisch, praktisch, gut« wäre eine prima Antwort im Vorstellungsinterview bei einem einschlägig bekannten Schokoladenhersteller. Zu zwei anderen Unternehmen passt wahlweise »Ich bin doch nicht blöd« oder »Nichts ist unmöglich«. Auf jeden Fall möchte der Interviewer hier kein Loblied hören, sondern wissen, welche Vorstellungen ein Bewerber mit den jeweiligen Produkten verbindet.

Antworten aus der Praxis des Personalberaters
Antwort 1: »Ihre Produkte finde ich toll. Also, ich kann mich sehr gut mit ihnen identifizieren. Und die Preise stimmen auch. Ich glaube, dass Sie sehr viele zufriedene Kunden haben. Ja, das fällt mir so spontan ein.«

Kommentar: Wer sich bei einem Betrieb bewirbt, der Dübel, Schneckentod oder technische Gase vertreibt, sollte seine Begeisterung und Identifikationsbereitschaft etwas deutlicher begründen. Während eine Bewerbung bei Audi oder Apple selbsterklärend ist, gilt das nicht zwingend bei einem Schädlingsbekämpfer.

Antwort 2: »Was mir spontan einfällt? Überzeugender Nutzen für den Anwender. Guter Bekanntheitsgrad. Nach meiner Einschätzung liegen die Produkte von den Preisen her eher im oberen Bereich, sind also qualitativ hochwertig!«

Kommentar: Der Bewerber nennt einige Kriterien, nach denen Produkte und Dienstleistungen bewertet werden: Welchen Nutzen stiftet das Produkt? Verkauft es sich eher über den Preis oder über die Qualität? Wie hoch ist der Bekanntheitsgrad? Das wirkt allemal überzeugender als Lobhudelei.

Antwort 3: »Es gab ja am Anfang große Schwierigkeiten. Ich habe gelesen, dass dem Firmengründer abgeraten wurde, mit seinem Produkt überhaupt an den Markt zu gehen, da es widerlich schmecke. Es sei chancenlos. Und nun gehört diese Marke zu den wertvollsten neben Apple.«

Kommentar: Der Österreicher Dietrich Mateschitz konnte den Wert der Marke Red Bull auf über 15 Milliarden Euro steigern. Er selbst ist inzwischen die reichste Einzelperson des Landes. Dabei wurde sein für manche nach Gummibärchen schmeckender Energy-Drink von Experten abgeschmettert. Wer sich bei Red Bull bewirbt, sollte die Story kennen. Fast alle Produkte und Dienstleistungen haben eine Geschichte, jedem Bewerber sei geraten, diese zu recherchieren. So zeigt sich Motivation.

> **Checkliste: Wissen über die Produkte eines Zielunternehmens**
> Finden Sie Antworten auf die folgenden Fragen:
> - Wie sieht die gesamte Produktpalette aus? Ist sie eher breit oder nur wenig aufgefächert?
> - Gibt es Traditionsprodukte?
> - Welche Produkte sind besonders modern oder innovativ?
> - Wo liegen die Wettbewerbsvorteile? Preis? Qualität? Image? Kundenbindung? Marktführerschaft? Innovationskraft?
> - Wie austauschbar bzw. verwechselbar sind die Produkte?
> - Wie werden die Produkte beworben bzw. wie ist der Marktauftritt?
> - Welche persönlichen Erfahrungen hat man gegebenenfalls mit den Produkten gemacht?

»Was interessiert Sie an unserer Branche besonders?«

Branchen haben eine mehr oder weniger ausgeprägte Identität. Alle, die zumindest einen Teil ihres Berufslebens in einer bestimmten Branche verbracht haben, sind meist auch durch eine gemeinsame Biografie und ein gemeinsames Lebensgefühl verbunden. Prägend sind dabei technische Innovationen, spektakuläre Firmenpleiten und -fusionen oder sonstige dramatischen Veränderungen der Rahmenbedingungen. Man denke etwa an die Versicherungs-, Banken- oder Pharmabranche, an das Hotelgewerbe mit seinen teilweise marktbeherrschenden Anbietern oder den Lebensmitteleinzelhandel mit den aggressiven Aktivitäten der Discounter. Und man denke vor allem an den E-Commerce, der den stationären Handel in große Bedrängnis bringt. Wer als Bewerber in den Kreis der Marktteilnehmer der Branche aufgenommen werden möchte, muss zeigen, dass er den entsprechenden Stallgeruch hat oder ihn eines Tages annehmen könnte, also von der Persönlichkeit und seiner Einstellung her zum Umfeld passt.

Antworten aus der Praxis des Personalberaters
Antwort 1: »Versicherungen braucht jeder und wird auch in Zukunft jeder brauchen. Gerade in heutiger Zeit ist die Sicherheit des Arbeitsplatzes nicht hoch genug einzuschätzen und genau das verspreche ich mir von einem Job im Versicherungsgewerbe. Wenn ich dagegen an das Kreditwesen denke — ständig ist von Filialschließungen und Personalabbau die Rede.«

Kommentar: Es ist keine gute Idee, eine Bewerbung in einer bestimmten Branche mit dem Bedürfnis nach Sicherheit zu begründen. Grundsatz: Im Zweifelsfall ist ein Bewerber mit diesem Argument schon aus dem Rennen, weil in unseren Zeiten nichts beständiger ist als der Wandel. Firmen suchen deshalb Mitarbeiter, die mit unsicheren Verhältnissen leben können.

Antwort 2: »Wie Sie meinen Unterlagen entnommen haben, habe ich vor meinem Studium eine Ausbildung zum Speditionskaufmann absolviert. Ich habe mich also bereits recht früh für die Logistikbranche interessiert und sehe hier gute Entwicklungsmöglichkeiten — nicht zuletzt aufgrund der Globalisierung. Ich bin mir sicher, dass sich hier noch viele Prozesse optimieren lassen und da wäre ich gern mit dabei.«

Kommentar: Die Antwort passt. Der Bewerber hat natürlich den Vorteil, durch seine einschlägige Ausbildung seine mentale und fachliche Nähe zur Branche bekunden zu können. Aber auch die Argumentation über Stichwörter wie »Globalisierung« und »Prozessoptimierung« überzeugt.

> **Branchenspezifische Informationen recherchieren**
>
> Sie bewerben sich beispielsweise in einem Unternehmen des Groß- und Außenhandels? Die Wirtschaftsvereinigung Großhandel, Außenhandel, Dienstleistungen (www.wgad.de) bietet jede Menge Informationen über die Branche. Mit Sicherheit ist etwas dabei, das Sie im Vorstellungsinterview nutzen können. Es folgen einige weitere Branchenportale und interessante Informationsquellen:
> - Einzelhandel: www.hde.de
> - Tourismus: www.deutschertourismusverband.de
> - Gastgewerbe: www.dehoga.de
> - Metallindustrie: www.metall-verband.de
> - Chemie: www.vci.de
> - Arzneimittelhersteller: www.vfa.de
> - Baugewerbe: www.bauindustrie.de
> - Handwerk: www.handwerk.de
> - Logistik: www.bvl.de
> - Speditionen: www.dslv.org
> - Verlage Zeitungen: www.bdzv.de
> - Verlage Zeitschriften: www.vdz.de
> - NGO: www.ngo-online.de

Je gründlicher Sie sich nicht nur über das Unternehmen, sondern auch über die Branche und das Umfeld informiert zeigen, umso glaubwürdiger wirkt Ihre Bewerbung. Dies führt wie von selbst zur nächsten üblichen Frage.

»Was wissen Sie über unsere Mitbewerber?«

Es gibt Bewerber, die sich zwar hervorragend über das Unternehmen informieren, aber dabei das Umfeld vergessen, in dem es sich bewegt. Gesucht werden aber Mitarbeiter, die den Gesamtzusammenhang sehen, und das zeigt sich auch darin, sich über andere Marktteilnehmer sachkundig zu machen und sogar etwas über deren Alleinstellungsmerkmale (»unique selling proposition«, USP) zu wissen.

Antworten aus der Praxis des Personalberaters

Antwort A: »Die größeren Konkurrenten in Ihrer Branche sind mir natürlich bekannt. Vom Umsatz her liegen Sie auf Platz zwei. Aber das sagt natürlich noch nichts über die wirkliche wirtschaftliche Lage aus. Ihr wohl stärkster Konkurrent — die Firma Beta Laval — ist in Skandinavien besonders aktiv. Und dann habe ich noch gelesen, dass sich zwei etwas kleinere Firmen Ihrer Branche zusammengeschlossen haben.«

Kommentar: Die Antwort geht in der Regel völlig in Ordnung. Das Wissen, das hier erwartet wird, hängt natürlich von der Position ab, um die sich jemand bewirbt. Ein zukünftiger Vertriebs- oder Marketingleiter muss einen deutlich besseren Marktüberblick haben als ein zukünftiger Leiter der Debitorenbuchhaltung.

Antwort 2: »Ihr Unternehmen hat für mich eindeutig den besten Ruf in der Branche. Ihre Produkte haben ein super Image — da können andere gar nicht mithalten. Deshalb wäre es für mich ja auch eine tolle Herausforderung, bei Ihnen tätig zu werden.«

Kommentar: Das mag ja alles so sein — aber bei der Frage nach den Mitbewerbern geht es nicht darum, das Unternehmen, bei dem man gern einen Job hätte, zu loben. Die Antwort ist dürftig.

Antwort 3: Ihr größter Mitbewerber, der Verlag G+J, hat sich gerade neu aufgestellt. Man will sich zukünftig als »Haus der Inhalte« positionieren und hat die Organisation entsprechend umgebaut — weg von den Funktionen hin zu einer themenorientierten Unternehmensstruktur. Das finde ich sehr spannend.«

Kommentar: Hier hat sich jemand zweifellos intensiv mit der Verlagsbranche befasst.

Antwort 4: »Im Cerealien-Markt tut sich ja was. Ihr größter Mitbewerber zieht von Bremen nach Hamburg. An diesem Standort sollen die beiden Vertriebsregionen »Germanics« und »Nordics« zur Region Nordeuropa zusammengeschmolzen werden. So will man Synergien aus sieben Ländern nutzen.«

Kommentar: Hier gibt der Bewerber eine überzeugende Probe seiner Markt- und Branchenkenntnisse ab.

»Was unterscheidet uns von unseren Mitbewerbern?«

Erfolgreiche Firmen haben — wie bereits erwähnt — Alleinstellungsmerkmale (»unique selling proposition«, USP), also Eigenschaften, die das Unternehmen und seine Produkte unverwechselbar machen. Ein Alleinstellungsmerkmal kann unter anderem der Preis, die Angebotsvielfalt, die Qualität, der Service, die Beratungsqualität und/oder die Schnelligkeit sein, mit der auf Kundenwünsche reagiert wird. Aus USP, Firmengeschichte und Unternehmenskultur ergibt sich in der Regel die Firmenidentität, also so etwas wie ein Wir-Gefühl. Kein Wunder, dass sich im Vorstellungsinterview erweisen soll, ob der Bewerber eine Vorstellung von der »Einzigartigkeit« des Unternehmens hat.

Antworten aus der Praxis des Personalberaters
Antwort 1: »Im Vergleich zu anderen Unternehmen ist zunächst die breite Produktpalette zu nennen — dann die unschlagbaren Preise und der Service. Und die Qualität natürlich nicht zu vergessen, die Produkte Ihres Unternehmens sind bekanntlich qualitativ besonders hochwertige Markenartikel.«

Kommentar: Was hier recht gut klingt, ist in Wirklichkeit grober Unfug. Der USP eines Unternehmens kann unmöglich darin bestehen, bei allen Wettbewerbsparametern vorne zu sein. Kein Unternehmen kann langfristig die höchste Qualität, die niedrigsten Preise, die größte Produktvielfalt, den besten Service, die umfangreichste Beratung bieten — und dies alles auch noch ganz schnell.

Antwort 2: »Ihr Unternehmen ist in der dritten Generation im Familienbesitz. Ich bin überzeugt davon, dass dies bedeutsam ist für die Art und Weise der Zusammenarbeit — also für das Betriebsklima und die Unternehmenskultur. In einem Familienbetrieb spielen die Identifikation und beiderseitige Loyalität ja immer eine besondere Rolle — zu Recht, wie ich meine. Das ist ja ein entscheidender Wettbewerbsvorteil.«

Kommentar: Die Einmaligkeit eines Unternehmens kann durchaus darin bestehen, dass es sich im Familienbesitz befindet und sich seiner Tradition bewusst ist. Nicht selten wird ein besonderes Wir-Gefühl beschworen, das sich auch auf die Unternehmenskultur und den Führungsstil auswirkt. Gesprächspartner, die Eigentümer sind bzw. zur Eigentümerfamilie gehören, horchen bei dieser Argumentation natürlich wohlwollend auf.

»Wie finden Sie unseren werblichen Auftritt?«

Der Gesprächspartner will wissen, ob der Bewerber von den werblichen Aktivitäten und der werblichen Optik des Unternehmens überhaupt etwas mitbekommen hat und ob er zu einer Stellungnahme in der Lage ist. Mit Äußerungen wie »Finde ich gut!« oder »Überzeugend!« ist man also keineswegs aus dem Schneider.

Insbesondere spektakuläre Kampagnen sollten erwähnt werden. Man denke nur an die Story, die die Firma Hornbach im Jahr 2013 erzählt hat. Hornbach kaufte einen ausgesonderten tschechischen Panzer und ließ diesen einschmelzen. Aus dem eingeschmolzenen Stahl hat Hornbach Hämmer produzieren lassen. Ein weiteres Beispiel einer schrägen Kampagne ist die von Mammut mit Mary Woodbridge aus Großbritannien. Diese Kunstfigur wurde von dem Ausrüster für Outdoor-Aktivitäten ins Leben gerufen. Das Ziel von Frau Woodbridge war es, mit ihrem Dackel Daisy den Mount Everest zu besteigen. Das ging natürlich nur mit Produkten von Mammut. Dass es weder Frau Woodbridge noch den Dackel gab, tut nichts zur Sache.

Antworten aus der Praxis des Personalberaters
Antwort 1: »Sie meinen Werbekampagnen? Mir ist da leider nichts aufgefallen — weder Plakate noch Funk- oder Fernsehspots. Vielleicht habe ich da etwas übersehen ...«

Kommentar: Wenn keine Werbekampagnen gelaufen sind, kann auch nichts aufgefallen sein. Dann sollte sich der Blick auf das Logo des Unternehmens und auf alles andere richten, was unter dem Begriff »Corporate Design« zusammengefasst wird. Wie schaut das Briefpapier aus? Gibt es eine typische Hausfarbe? Wie sind die Prospekte aufgemacht? Wie präsentiert sich das Unternehmen im Stellenangebot? Wie ist die Website gestaltet?

Antwort 2: »Besonders gelungen finde ich den Slogan ›Rechnen Sie mit allem‹. Ich denke, das kommt in diesen Zeiten bestimmt gut an. Na ja, und Ihre Hausfarbe Gelb hat ja sicher inzwischen einen hohen Bekanntheitsgrad. Wenn ich das richtig mitbekommen haben, bewerben Sie Ihre Produkte ja vorrangig in Tageszeitungen.«

Kommentar: Dies ist eine überzeugende Antwort, sofern man sich nicht für eine Aufgabe im Marketing oder in der Werbung interessiert. Dann müsste da natürlich mehr kommen.

> **!** **Checkliste: Der werbliche Marktauftritt des Zielunternehmens**
> - Welche Werbekampagnen laufen gerade oder liefen kürzlich?
> - Welches sind die Werbeträger und Werbemittel dieser Kampagnen? Fernsehen? Funk? Plakate? Zeitungen? Zeitschriften? Beilagen und Prospekte? Mailings? Besondere Schaufenstergestaltung? Besondere Dekorationen im Ladengeschäft?
> - Wie sind die Firmenprospekte aufgemacht?
> - Wie ist der Eingangs- und Empfangsbereich des Unternehmens gestaltet?
> - Bei Ladengeschäften: Wie ist die werbliche Optik der Einrichtung und Warenpräsentation? Wie sind die Mitarbeiter gekleidet? Wie werden die Warengruppen ausgeschildert? Wie ist die Beleuchtung?
> - Welche Farben werden bevorzugt? Gibt es eine Hausfarbe?

»Was wissen Sie über die Geschichte unseres Hauses?«

Die Identität bzw. Unverwechselbarkeit eines Unternehmens ist auch durch seine Geschichte bestimmt. Auszugehen ist davon, dass die meisten Firmen auf ihre Geschichte stolz sind und entsprechende Kenntnisse deshalb gut ankommen.

Antworten aus der Praxis des Personalberaters
Antwort 1: »Auf Ihrer Homepage habe ich gelesen, dass Sie sich mit zwei ehemaligen Kollegen aus der Beleuchtungsbranche im Jahr 1990 zusammengetan und einen Vertrieb von Spezialleuchten aufgemacht haben. Ihre Zielgruppe waren zunächst Ladengeschäfte mit hochwertigen Produkten, zum Beispiel Juweliere. Seit 2000 planen und realisieren Sie auch komplette Beleuchtungsobjekte für Ladenpassagen und öffentliche Gebäude. Das ist ein schöner Erfolg.«

Kommentar: Wer mit seiner Geschäftsidee 15 Jahre im Markt überlebt hat, darf darauf stolz sein. Der Bewerber hat sich gut informiert.

Antwort 2: »1847 ging es los — da hat Werner Siemens zusammen mit dem Feinmechanikermeister Johann Georg Halske in Berlin die Telegraphen Bau-Anstalt von Siemens & Halske gegründet. Das Berliner Unternehmen entwickelte sich innerhalb weniger Jahrzehnte von einer kleinen Werkstatt zu einem der weltweit größten Elektrounternehmen. Die Firmengeschichte von Siemens ist durch viele technische Innovationen gekennzeichnet, etwa die Erfindung des ersten Herzschrittmachers und den Bau des Transrapid in Schanghai.«

Kommentar: Hier zeigt sich jemand bestens informiert über seinen potenziellen neuen Arbeitgeber.

> **Checkliste: Unternehmensgeschichte**
> Es geht für die Bewerberinnen und Bewerber nicht nur darum, überzeugende Antworten im Interview zu finden. Vielmehr sollten sie sich generell darüber informieren, in welcher Art von Unternehmen sie sich bewerben, um ihren beruflichen Lebensweg zu beginnen bzw. fortzusetzen. Zielführend sind die folgenden Fragen:
> - Wann wurde das Unternehmen von wem gegründet?
> - Was waren die Produkte der Pionierphase?
> - Welche Produkte kamen später hinzu?
> - Wie entwickelte sich das Unternehmen?
> - Gab es wichtige Übernahmen, Fusionen und/oder Veränderungen auf der Eigentümerseite?
> - Gab es in der Firmengeschichte besondere Ereignisse wie spektakuläre Innovationen, Erfolge oder auch Rückschläge?
> - Wer sind die wichtigsten Unternehmerpersönlichkeiten?

»Was wissen Sie über unsere Unternehmenskultur?«

Unternehmenskultur ist ein großes Wort und die entsprechenden Ausführungen dazu sind bisweilen das Papier nicht wert, auf dem sie stehen. Aber es gibt Unternehmen, die hier einen ernsthaften Anspruch formulieren und einlösen wollen. »Employer-Branding«, also der Versuch, aus dem eigenen Unternehmen eine attraktive Arbeitgebermarke zu machen, hat vor allen etwas mit der Unternehmenskultur zu tun: Wie ist die Informationspolitik? Wie wird geführt? Wie transparent sind Personalentscheidungen? Wie ist der Umgang mit Fehlern? Ist das Unternehmen eher konsens- oder eher konfliktorientiert? Und last not least: Wie geht man mit Bewerberinnen und Bewerbern um? Dies sollte ein Jobaspirant erkennen und gegebenenfalls entsprechend würdigen. Wer sich aktuell bei VW bewirbt, dürfte es bei dieser Frage allerdings sehr schwer haben, denn da ist die Entwicklung bzw. Änderung der Unternehmenskultur die größte Baustelle.

Antworten aus der Praxis des Personalberaters
Antwort 1: »Ich habe gelesen, dass sich Ihr Unternehmen einem Leitbild verschrieben hat. Besonders interessant finde ich, was als ›Fehlerkultur‹ bezeichnet wird. Da steht in den Unternehmensgrundsätzen: ›Wir leben eine Kultur, in der wir uns auf Fehler ansprechen.‹ Das ist nach meiner bisherigen Erfahrung ein großes Thema. Leider werden in vielen Firmen die Fehler versteckt, weil Sanktionen folgen könnten — deshalb ist es unmöglich, systematische Fehlerquellen abzustellen. Und um die geht es ja vorrangig. Dieser Ansatz gefällt mir jedenfalls sehr gut.«

Kommentar: Den Deutschen wird nachgesagt, dass bei ihnen derjenige den Vogel abschießt, der als Erster den Fehler findet und ihn anderen nachweisen kann. Einer guten Zusammenarbeit ist das eher abträglich. Der Bewerber hat damit ein sehr aktuelles Thema angesprochen.

Antwort 2: »Ihrer Homepage habe ich entnommen, dass das Social-Responsibility-Management das unternehmerische Handeln bestimmen soll. Der Anspruch beim Kerngeschäft Ihres Unternehmens lautet, umweltverträglich, ethisch, sozial verantwortlich und zugleich ökonomisch erfolgreich zu agieren. Damit kann ich mich identifizieren.«

Kommentar: Nach diversen Korruptionsfällen, Börsenmanipulationen und unappetitlichen Skandalen auf der Managementebene hat sich eine neue Sensibilität in Hinblick auf Regelverstöße und sozial verantwortliches Handeln entwickelt. Immerhin sind diese sehr ins Geld gegangen. Der Bewerber zeigt sich mit seiner Antwort gut informiert.

6.4 Wie sich Führungs(nachwuchs)kräfte profilieren

Wer soll führen? Wer kann Verantwortung für andere übernehmen? Unternehmen, die bei der Rekrutierung von Führungskräften Fehlentscheidungen treffen, kann das die Existenz kosten — zumindest den Verlust an Wettbewerbsfähigkeit. Oder anders: Wenn Tchibo-Filialen schließen und Personal entlassen muss, liegt das nicht an den Verkäuferinnen.

Aber wer ist der ideale Vorgesetzte? Inoffiziellen, dafür aber glaubwürdigen Befragungen zufolge ist der ideale Vorgesetzte jemand, der sich häufig auf Dienstreisen befindet. Das klingt ganz logisch, denn für die Zeit der Abwesenheit muss er delegieren und damit seinen Mitarbeitern ernsthaft Verantwortung übertragen. Das gilt vor allem für jene Führungskräfte, die Delegieren mit dem Abschieben lästiger Aufgaben verwechseln. Nun kann eine Führungskraft schon aus Kostengründen nicht unentwegt verreisen, damit der Laden läuft. Was also macht die Anwesenheit von Vorgesetzten für den Betrieb und die Mitarbeiter wertvoll?

Die hier zu erörternde Frage richtet sich vorrangig an Nachwuchskräfte, die ihre erste Linienverantwortung anstreben. Aber auch Führungskräften, die aufsteigen möchten, tut eine diesbezügliche Selbstvergewisserung gut.

»Wo konnten Sie Ihre Führungskompetenz bisher unter Beweis stellen?«

Mit dieser Frage müssen Bewerber rechnen, deren beruflicher Werdegang keine Stationen mit Personalverantwortung aufweist. Aber auch wer bisher keine formelle Führungskompetenz belegen kann, könnte das Zeug dazu haben, Mitarbeiter zu führen. Wie es Führungskräfte gibt, die nach dem Peter-Prinzip so lange befördert werden, bis sie eine Führungsposition erreichen, für die sie absolut ungeeignet sind, so gibt es Sachbearbeiter, die in ihrer ersten Aufgabe mit Personalverantwortung einen überzeugenden Job machen. Mit ihrer Persönlichkeit und sozialen Intelligenz gelingt es ihnen, Menschen für sich und die Unternehmensziele zu gewinnen. Wer meint, zu den Letzteren zu gehören, muss aber zunächst einige Argumente parat haben, die den Interviewer überzeugen.

Antworten aus der Praxis des Personalberaters
Antwort 1: »Nun, ich habe mich seit langem gut auf meine erste Führungsaufgabe vorbereitet. Besonders aufschlussreich fand ich das Buch von Jack Welch mit dem Titel »Winning«. Ein Vorgesetzter muss Grundsätze haben, nach denen er seine Mitarbeiter zu führen gedenkt. Für mich ist es zum Beispiel wichtig,

niemals den Chef herauszukehren, sondern die Mitarbeiter zu gewinnen. Ich bin sicher, das bekomme ich hin.«

Kommentar: Das ist zu oberflächlich, die Frage zielt auch nicht darauf ab, welche Bücher man gelesen hat.

Antwort 2: »Wie Sie meinen Unterlagen ja entnehmen konnten, habe ich European Management studiert. In diesem Modul ging es ausführlich um Führungsmodelle, Führungsgrundsätze und Führungsinstrumente in europäischen Unternehmen. Ich habe das Fach übrigens mit einer Eins vor dem Komma abgeschlossen.«

Kommentar: Zur Erinnerung: Es reicht nicht aus, das Richtige zu wissen — man muss es auch umsetzen können. Im Übrigen gibt es in der wissenschaftlichen Literatur über den Führungsprozess so viele einander oft widersprechende Konzepte, dass man schnell auch an das Falsche geraten kann.

Antwort 3: »Ich glaube, das wird für mich das größte Problem sein — auf der anderen Seite des Schreibtischs zu sitzen. Ich muss dann ja Aufgaben an Mitarbeiter abgeben — möglicherweise auch solche, die ich immer besonders gern selbst wahrgenommen habe. Führungskompetenz? Nun, ich habe immer schon Verantwortung übernommen: bereits als Klassensprecher und später als Sprecher der Auszubildenden. Dabei musste ich andere überzeugen, manchmal auch Konflikte auflösen und gegenüber anderen die Interessen der Gemeinschaft vertreten. Ich denke, da war ich recht erfolgreich und habe auch so etwas wie Sozialkompetenz entwickeln können. Der Schritt zum Gruppenleiter macht für mich den besonderen Reiz dieser Position aus und ich traue mir das auch zu.«

Kommentar: Der Bewerber zeigt zunächst ein gutes Problembewusstsein, indem er den Wechsel auf die andere Schreibtischseite anspricht. Und dann bringt er Beispiele aus seinem Lebenslauf, die in die richtige Richtung weisen.

Antwort 4: »Ich habe ja bisher an diversen Projekten mitgewirkt — an den letzten zwei Projekten sozusagen federführend. Bei dem einen ging es um die Gestaltung eines Flyers mit Informationen und Dienstleistungsangeboten eines Unternehmens und bei dem anderen um die Durchführung eines Usability-Tests an der Website einer Bibliothek. Dabei ist es mir gelungen, das Team zu motivieren und termingerecht ein gutes Ergebnis zu erzielen.«

Kommentar: Wer mit einem Team gute Resultate erreicht, ohne über Sanktionsmöglichkeiten wie Gehaltserhöhungen oder Abmahnungen zu verfügen, liefert einen guten Hinweis auf Führungsfähigkeit. In der Regel haben es Fachvorgesetzte im Vergleich zu den disziplinarischen Vorgesetzten im Führungsalltag ja schwerer.

»Welche Mittel der Personalführung kennen Sie?«

Es gibt Manager, die eher aus dem Bauch heraus führen, und es gibt andere, die ihren Führungsjob streng kopfgesteuert angehen. Die Frage zielt also darauf ab, zu welcher Gruppe Sie tendenziell gehören. Hier werden Bewerberinnen und Bewerber schnell auf dem falschen Fuß erwischt, wenn sie nichts über die Führungsphilosophie des Unternehmens wissen. Zur guten Vorbereitung gehört eben auch eine gründliche Recherche zu diesem Thema. Um ein Beispiel anzuführen: Die Führungsphilosophie der BASF beruht auf den vier Prinzipien Vertrauen, Handlungsautonomie, Eigeninitiative und Leistungsorientierung. Dies ist die Ausgangsbasis für den Führungsprozess. Als Führungsmittel wären hier unter anderem Information, Delegation, Zielvereinbarungen und Anreize zur Eigeninitiative zu nennen.

Antworten aus der Praxis des Personalberaters
Antwort 1: »Das wichtigste Führungsinstrument ist für mich die Information der Mitarbeiter. Mitarbeiter zu Mitwissern zu machen, das ist eine ganz elementare Führungsaufgabe. Natürlich führe ich durch Anerkennung, wenn mir Mitarbeiter dafür einen Grund geben — und wenn es sein muss, auch durch Kritik. Ein Vorgesetzter hat die Aufgabe, Mitarbeiter mit ihren Ergebnissen bzw. mit ihrem Verhalten zu konfrontieren und Defizite gegebenenfalls zu monieren. Einmal im Jahr führe ich Beurteilungsgespräche, denn meine Mitarbeiter sollen wissen, wie sie von mir gesehen werden und wo sie stehen. Und: Wo immer ich kann, versuche ich, Aufgaben zu delegieren. Das ist meiner Meinung nach die beste Methode, Mitarbeiter zu motivieren und zu fördern.«

Kommentar: Diese sachlich kompetente Antwort ist zeitlos und angenehm — der Bewerber versucht nicht, sich mit dem gängigen Jargon der zeitgenössischen Führungsliteratur zu profilieren.

Antwort 2: Ein wichtiges Führungsmittel besteht für mich darin, Ziele und Leistung mit den Mitarbeitern zu vereinbaren und regelmäßig Feedback hierzu zu geben. Als Führungskraft würde ich versuchen, möglichst mit allen Beteiligten einen Konsens zu erzielen, aber man kann nicht auf den Letzten warten, bis der vielleicht auch irgendwann okay sagt. Zudem würde ich, so gut es geht, dialogisch führen und dabei auf Gesprächssymmetrie achten. Ich habe die Erfahrung gemacht, dass manche Vorgesetzte mit Abstand die höchsten Redeanteile haben, das demotiviert. Und dann ist im Führungsprozess Vertrauen wichtig — Vertrauen erspart Kontrollkosten. So würde ich versuchen, in meine neue Führungsaufgabe hineinzuwachsen.«

Kommentar: Hier zeigt jemand gute Voraussetzungen dafür, es zu schaffen.

»Wie wichtig ist für Sie als Führungskraft ein breiter Konsens?«

Konsens heißt, etwas gemeinsam im Sinn zu haben. Die Sprache als Lehrmeister der Psychologie spricht also eine klare Empfehlung für Führungskräfte aus: Konsensorientierung sei der Maßstab der Führungskunst, das heißt die gemeinsame Bejahung von Zielen, Werten und Prozessen. Aber Vorsicht! Was sich gut anhört, muss für ein Unternehmen noch lange nicht gut sein. Wer als Manager die Zustimmung aller Beteiligten haben will, wird nie etwas umsetzen können. Hier gilt es, differenziert zu antworten.

Antworten aus der Praxis des Personalberaters
Antwort 1: »Konsens herstellen, das wäre für mich das Wichtigste als Führungskraft. Es müssen alle an einem Strang ziehen, nur dann kommt auch etwas dabei heraus. Schließlich sitzen wir ja alle in einem Boot. Das ist es, was ich meinen Mitarbeitern immer wieder deutlich machen würde.«

Kommentar: Das ist ja richtig — aber leider abgedroschen. Und ein wichtiger Punkt fehlt noch: Was soll geschehen, wenn die Beschwörung des Bildes vom gemeinsamen Boot bei einigen auf taube Ohren trifft?

Antwort 2: »Mein Führungsgrundsatz lautet: ›Ziehen ist besser als schieben.‹ Ich versuche, meine Mitarbeiter für die Ziele meines Verantwortungsbereichs zu gewinnen. Und das setzt Überzeugungsarbeit voraus und kostet Zeit. Allerdings ist es nicht immer möglich, so lange zu diskutieren, bis sich der letzte Bedenkenträger entschieden hat, auch mitzumachen. Irgendwann muss entschieden werden. Vor allem deshalb braucht man ja Manager.«

Kommentar: Mit dieser Antwort werden zwei wichtige Aufgaben von Führungskräften angesprochen: Teams einheitlich ausrichten und Entscheidungen treffen.

> **! Was heißt Konsensmanagement?**
> - Übereinkünfte herstellen,
> - einschließen statt ausschließen und
> - gemeinsam umsetzen, statt allein durchsetzen.
>
> Das kostet freilich Zeit, doch wer hier nicht rechtzeitig zu investieren bereit ist, muss später allemal nachinvestieren: in Jammereien und Reparaturen, weil eine Aktion ohne weitgehende Zustimmung der Beteiligten einfach weniger optimal läuft.

»Was verstehen Sie unter professionellem Konfliktmanagement?«

Konflikte sind eine Grundbedingung des Unternehmensalltags. Ständig wird gerungen: um das richtige Geschäftsmodell, die organisationale Aufstellung, die Gestaltung von Prozessen und vor allem die Verteilung von Ressourcen. Hinzu kommen Reibungen in Teams sowie zwischen Teams und Organisationseinheiten. Deshalb gehört es zu den wichtigsten Führungsaufgaben, Konflikte rechtzeitig zu erkennen, zu verstehen und zu regulieren. Mit einer angemessenen Antwort können sich Aspiranten vor allem für eine Führungsaufgabe empfehlen.

Antworten aus der Praxis des Personalberaters
Antwort 1: »Konflikte vernichten Ressourcen und wirken demotivierend, deshalb sollten sie vermieden werden. Es gibt Mitarbeiter, die ständig anderer Meinung sind und damit alles aufhalten. Was das an Zeit kostet. Ich würde mit sogenannten Abweichlern ein Vieraugengespräch führen, damit Konflikte gar nicht erst ins Team hineingetragen werden und alle verunsichern.«

Kommentar: Früher hieß es »Diesen Hügel nehmen!« und alle stellten das Denken ein und rannten los. Heute sollten Unternehmen für jeden Mitarbeiter dankbar sein, der nachfragt, warum etwas so sein muss und ob es nicht auch noch andere Möglichkeiten gibt. Das ist zwar manchmal anstrengend, aber im Zweifelsfall kommt am Ende etwas Besseres heraus, als wenn Mitarbeiter in die Rolle blinder Erfüllungsgehilfen gedrängt werden. Was hat der neue Vorstandsvorsitzende Matthias Müller bei Amtsantritt verkündet? Er wolle bei VW keine Ja-Sager mehr haben. Die obige Antwort ist also nicht gut.

Antwort 2: »Konflikte lassen sich nicht immer vermeiden, manchmal sind sie sogar wünschenswert. Wenn die Dinge eskalieren, wird klar, wo die Gegensätze sind und wer wo steht – das ist besser, als wenn alles unter den Teppich gekehrt wird. Dennoch müssen viele Konflikte nicht sein. Man kann als Vorgesetzter Konflikten vorbeugen – zum Beispiel durch Information. Oder indem die Mitarbeiter in Entscheidungsprozesse einbezogen werden. Bei zwischenmenschlichen Konflikten spiele ich auf Wunsch den Moderator, hüte mich vor einer vorschnellen Parteinahme und entscheide dann aber – wenn nötig – im Interesse des Betriebsfriedens und der Betriebsergebnisse.

Kommentar: So sollte es sein!

> **! Konfliktursachen**
>
> Viele Konfliktursachen sind in der Persönlichkeit der handelnden Personen zu lokalisieren, darunter folgende Eigenschaften:
> - Profilierungszwang
> - Selbstüberschätzung
> - Eitelkeit
> - Verletzlichkeit
> - Mangelnde Selbstkritik
> - Mangelndes Einfühlungsvermögen
>
> Zu den organisationsbedingten Konfliktursachen zählen zum Beispiel:
> - Unklare Zuständigkeiten
> - Schlechte Kommunikation/Information
> - »Kästchendenken«
> - Führungsstil
> - Unternehmenskultur

»Was würden Sie tun, wenn ein Mitarbeiter nicht die Leistung bringt, die Sie von ihm erwarten?«

Die zentrale Frage jeder Führungskraft lautet: Wie bekomme ich die ganze Arbeitskraft meiner Mitarbeiter? Leistungstreiber sichern die eigene Position und Minderleister gefährden sie. So einfach ist das und doch so schwer. Die Existenz eines Unternehmens hängt also von der Fähigkeit des Managements ab, die PS des Humankapitals auf die Straße zu bringen.

Antworten aus der Praxis des Personalberaters

Antwort 1: »Wenn ein Mitarbeiter schwächelt, würde ich zunächst einmal Ursachenforschung betreiben. Liegen innerbetriebliche oder außerbetriebliche Gründe vor? Zu den innerbetrieblichen Gründen würde ich mir unter anderem die folgenden Fragen stellen: Ist der Mitarbeiter richtig eingesetzt? Wird er hinreichend gefördert und gefordert? Hat er seinen Platz im Team gefunden? Ebenso können außerbetriebliche Gründe vorliegen, zum Beispiel familiäre Krisen, persönliche Schicksalsschläge oder Alkoholprobleme. Hier ist gegebenenfalls auch die Fürsorgepflicht des Unternehmens gefragt.«

Kommentar: Nicht schlecht, aber zu wenig. Der Bewerber redet von Ursachenforschung, nicht von Abhilfe.

Antwort 2: »Wenn die Defizite oder Unterlassungen klar auf der Hand liegen, würde ich den Mitarbeiter damit sachlich und ohne Vorwürfe konfrontieren. Ich würde mit ihm die Ursachen für den Leistungsabfall ergründen und gemeinsam nach Lösungen suchen. Am Ende des Gesprächs müsste ein Verbleib stehen. Ich würde dem Mitarbeiter im Rahmen der betrieblichen Möglichkeiten meine Unterstützung anbieten – und je nach Schwere des Falls auch über denkbare Konsequenzen sprechen.«

Kommentar: Diese Reaktion ist besser, weil der Bewerber klare Maßnahmen benennt. Bei dieser Gelegenheit seien kurz die drei arbeitsrechtlichen Sanktionsmöglichkeiten angesprochen, die dem disziplinarischen Vorgesetzten zu Verfügung stehen:
1. Ermahnung: Arbeitnehmer steht unter Beobachtung
2. Abmahnung: Erinnerungsfunktion und Warnfunktion in Hinblick auf eventuelle verschärfte Sanktionen
3. Verhaltensbedingte Kündigung: Ultima Ratio, also das letzte Mittel

»Welche Managementtheorie oder welchen Rat für Manager halten Sie für besonders hilfreich?«

Die Professoren reden viel und gegeneinander und der Manager ist durcheinander. Mit Managementliteratur lassen sich ganze Bibliotheken füllen und was gestern lautstark verkündet wurde, gilt heute nicht mehr. Was heute propagiert wird, muss leider auch nicht stimmen. Dennoch sollten (zukünftige) Vorgesetzte eine Idee vom wünschenswerten Managementprozess haben. Im Zweifelsfall kann es hilfreich sein, sich an Vorbildern zu orientieren.

Antworten aus der Praxis des Personalberaters
Antwort 1: »Ich orientiere mich an dem Schweizer Managementlehrer Fredmund Malik. Seine Idee von unternehmerisch geführten Betrieben finde ich absolut überzeugend.«

Kommentar: Okay! Professor Fredmund Malik fällt seit Jahren durch starke Sprüche und Sendungsbewusstsein auf. Wenn ein Bewerber an einen Fan von Malik geraten ist, wunderbar – wenn nicht, hat er weniger gute Karten.

Antwort 2: »Ich habe nichts gegen Theorien und Ratschläge – aber ich passe genau auf, dass ich nicht irgendeiner Mode mit begrenzter Haltbarkeit hinterherlaufe. Ein wichtiger Grundsatz ist für mich, dass Kompetenz und Haftung zusammengehören – und der stammt von Hermann Josef Abs, dem legendären früheren Sprecher der Deutschen Bank. Ein Unternehmen lässt sich nur erfolgreich führen, wenn man immer weiß, wer was macht und wer wofür verantwortlich ist. Darauf achte ich sehr – übrigens auch bei Teamarbeit.«

Kommentar: Ja, man darf nie das Denken anderen überlassen.

»Welchen Führungsstil favorisieren Sie?«

Autoritär? Sozial-integrativ? Demokratisch? Situativ? Laissez-faire? Doch lässt sich überhaupt der eine Führungsstil ausmachen, der für alle Mitarbeiterinnen und Mitarbeiter und für alle Situationen passt? Hier zeigt sich, wie ideologisch fixiert ein Bewerber ist oder ob er elastisch auf unterschiedliche Mitarbeiter und Situationen reagieren kann.

Antworten aus der Praxis des Personalberaters

Antwort: »Ich kenne die diversen Führungsstile, über die immer wieder diskutiert wird. Die entscheidende Frage ist, mit wem ich es zu tun habe. Mitarbeiter auf einer Baustelle müssen anders geführt werden als Mitarbeiter einer Werbeagentur. Das hat nichts mit Statuts oder Standesdünkel zu tun, sondern damit, dass die Leute anders gestrickt sind. Ich frage mich folglich immer zuerst: Mit wem habe ich es zu tun? Und wie muss ich die Mitarbeiter anfassen, um die vorgegebenen Ziele zu erreichen?«

Kommentar: Wie erwähnt hat Margaret Thatcher einmal sinngemäß angemerkt: Man kann nicht von einem falschen Menschenbild ausgehen und dann auch noch erfolgreich sein wollen. Das gilt auch für den Führungsprozess. Gute Antwort!

Antwort 2: »Für mich ist wichtig, dass die Mitarbeiter zufrieden sind. Denn dann bringen sie gute Leistungen und fühlen sich dem Unternehmen verbunden.«

Kommentar: Das ist zu kurz gedacht. Ein Unternehmen kann auch mit zufriedenen Mitarbeitern in Konkurs gehen. Das Ziel kann niemals darin bestehen, dass die Angestellten zufrieden sind, sondern nur darin, wettbewerbsfähig zu sein und zu bleiben. Ansonsten ist für alle Feierabend. Eine zufriedene Belegschaft zu haben kann nur ein Zwischenziel zur Erreichung des Globalziels eines Unternehmens sein.

»Was halten Sie von Shareholder-Value als Maßstab für eine erfolgreiche Unternehmensführung?«

1986 erschien das berühmte Buch des amerikanischen Finanzprofessors Alfred Rappaport mit der Theorie, dass nur Shareholder-Value ein Maßstab für gute Unternehmensführung sei. Fünf Jahre später war diese Philosophie auch in Deutschland angekommen. Als besonders überzeugter Verfechter gab sich der damalige Daimler-Benz-Chef Jürgen Schrempp (»Mr. Shareholder-Value«), indem er die Steigerung des Börsenwerts als oberstes Ziel der Unternehmensführung verkündete. Aber was gestern galt, muss heute nicht mehr richtig sein. Und wer sich als Führungskraft bewirbt, sollte zumindest die Entwicklung dieser Leitidee mitbekommen und eine eigene Meinung haben.

Antworten aus der Praxis des Personalberaters
Antwort: »Unternehmen sind dazu da, Werte zu maximieren. Wenn sich allerdings das unternehmerische Handeln ausschließlich an den Eigentümerinteressen ausrichtet, kann ein Betrieb schnell die Faktoren aus den Augen verlieren, die den Erfolg überhaupt erst generieren. Es sind also auch die Interessen der Mitarbeiter, Kunden und Lieferanten zu berücksichtigen — andernfalls entsteht irgendwann eine Schieflage.«

Kommentar: Nach der Ernüchterung im Jahr 2000 hat das Shareholder-Value-Denken einen erheblichen Dämpfer bekommen und ist in seiner früheren Absolutheit nicht mehr haltbar. Der Bewerber hat eine sachkundige Position bezogen.

Unternehmenswertsteigerung

Werte schafft, wer
- die Marktstellung des Unternehmens entwickelt,
- die Innovationskraft stärkt,
- die Produktivität verbessert,
- die Attraktivität des Unternehmens als Arbeitgeber erhöht,
- für steten Cashflow sorgt und
- die Liquidität sichert.

»Was halten Sie vom Stakeholder-Ansatz als Kriterium für eine erfolgreiche Unternehmensführung?«

In der Textilfabrik von Rana Plaza in Bangladesch verloren im Juni 2014 1.138 Menschen ihr Leben. Es waren überwiegend Frauen, die für westliche Firmen Hemden und Blusen unter fragwürdigen materiellen Arbeitsbedingungen zusammennähten. Dieser Vorfall alarmierte westliche Textilketten, die natürlich nicht mit dieser Katastrophe in Zusammenhang gebracht werden wollten. »Kein Blut für ein billiges Hemd« lautete der Appell von Verbraucherschutzverbänden, dem sich viele Kunden angeschlossen haben. Eine Kaufentscheidung — so der unübersehbare Trend — wird auch durch die Verhältnisse bestimmt, unter denen Waren und Dienstleistungen produziert werden. In diesem Zusammenhang hat sich der Begriff »Stakeholder« längst auch in Deutschland durchgesetzt. Vorsichtig übersetzt handelt es sich um Anspruchsgruppen, die ein berechtigtes Interesse an dem haben, was in einem Betrieb, dessen Produkte und Dienstleistungen sie zu kaufen gedenken oder eben auch nicht, passiert.

> **Beispiele: Fragen von Verbrauchern**
> - Wie viel Auslauf haben »freilaufende Hühner«?
> - Wie werden Schweine transportiert?
> - Werden Teppiche im Iran von Kindern geknüpft?
> - Werden Aufträge durch Bestechung generiert?
> - Stimmen die angegebenen Abgaswerte von Dieselmotoren?
> - Nach welchen Regeln werden Fußballweltmeisterschaften vergeben?

Der Stakeholder-Ansatz war noch nie so aktuell wie heute und jede angehende Führungskraft sollte entsprechendes Problembewusstsein zeigen.

Antworten aus der Praxis des Personalberaters
Antwort 1: »Es gibt in Deutschland und Europa zu viele Bedenkenträger, die uns letztlich nur Umsätze und Arbeitsplätze kosten.«

Kommentar: Solche »Bedenkenträger« wären im Zusammenhang mit dem VW-Betrugsskandal ein Segen für das Unternehmen gewesen.

Antwort 1: »Ein Unternehmen trägt auch eine soziale Verantwortung. ›Eigentum verpflichtet‹, so gibt es das Grundgesetz vor, deshalb müssen Unternehmen und damit auch Führungskräfte die Wünsche und Sorgen relevanter Stakeholder ernst nehmen. Ich zähle dazu zum Beispiel Verbraucher und Verbraucherverbände, die Lieferanten, die Medien, aber auch die Mitarbeiter.«

Kommentar: Klare Ansage!

»Wie sorgen Sie für Ihre Work-Life-Balance?«

Es wird anscheinend immer schwerer, die richtige Balance zwischen Arbeit und Privatleben zu finden. Mancher Top-Manager fragt sich irgendwann: »Soll das wirklich alles gewesen sein?« Kann das Leben mehr als Arbeit bieten angesichts des permanent steigenden Wettbewerbs- und Veränderungsdrucks? Inwieweit funktioniert der Job als Sinnstifter und Quelle der persönlichen Zufriedenheit?

Antworten aus der Praxis des Personalberaters
Antwort: »Arbeit war für mich immer — jedenfalls wenn ich sie als sinnvoll erlebt habe — der Mittelpunkt meines Lebens. Und eine hohe Arbeitsbelastung hat mich noch nie gestört, da laufe ich meist erst zur Hochform auf. Seit ich eine Familie mit Kindern habe, kann ich mich vor allem besser organisieren. Und selbst wenn nicht viel Zeit für das Privatleben bleibt, entscheidend ist doch, was ich aus dieser Zeit mache. Und meine Frau unterstützt mich voll und ganz in mei-

nem Job. Burnout? Ich weiß, wie ich mich regenerieren und die Batterie wieder aufladen kann. Nein, ich hätte eher Angst vor Boreout, wenn ich sehe, wie viele Menschen sich in ihrem Job zu Tode langweilen.«

Kommentar: Ein klarer Standpunkt, der im Zweifelsfall den mit der Globalisierung verbundenen Anforderungen gerecht wird.

> **»Engagement-Index 2014«**
> Seit 2001 ermittelt das Meinungsforschungsinstitut Gallup in einer repräsentativen Studie die emotionale Bindung von Mitarbeitern an ihren Arbeitgeber und damit ihr Engagement bei der Arbeit. Hier das Ergebnis für 2014:
> - 85 Prozent der Beschäftigten in Deutschland machen in ihrem Job bestenfalls Dienst nach Vorschrift oder haben innerlich gekündigt
> - Nur 15 Prozent der Arbeitnehmer zählen zum Kreis der emotional hoch gebundenen Angestellten.
>
> Es kann davon ausgegangen werden, dass die Mitarbeiterbindung (Commitment) in erheblichem Maß die Wettbewerbsfähigkeit eines Unternehmens bestimmt und dass Mitarbeiterinnen und Mitarbeiter, die sich mit ihrem Arbeitgeber emotional verbunden fühlen, mit den beruflichen Belastungen besser klarkommen.

6.5 »Krummes Holz«: Umgang mit Unebenheiten im Werdegang

In Deutschland schmeißt gut jeder vierte Azubi seine Lehre bzw. sein Bachelorstudium hin, im Fach Mathematik scheitert jeder Zweite. Ein Fünftel der Unternehmen gibt an, dass ihre Trennungsquote in der Probezeit zwischen fünf und zehn Prozent liegt. Auch lange Studienzeiten, häufige Firmenwechsel und andere persönliche Kalamitäten können den Weg zu einem neuen Job beschwerlich machen.

Wer zu dieser Zielgruppe gehört, hat seine berufliche Zukunft noch lange nicht hinter sich. Denn es gibt Unternehmen, die auf der Suche nach Rohdiamanten sind, längst gibt es Portale wie studienabbrecher.com mit Angeboten unter anderem von Siemens, OTTO, dem TÜV und der Kreditanstalt für Wiederaufbau (KfW). Die meisten Jobaspiranten aus »krummem Holz« (Immanuel Kant) haben allerdings Schwierigkeiten, ihre Unebenheiten und Defizite gut zu verkaufen. Oft werden sie wegen ihrer unglücklich aufbereiteten Unterlagen gar nicht erst eingeladen, deshalb sind in diesen Fällen das Anschreiben und die Gestaltung des Lebenslaufs besonders wichtig. Die Punkte, die auf den ersten Blick mit der Optik erreicht werden, lassen den Werdegang in einem milderen Licht erscheinen.

Was beim Anschreiben zu beachten ist

Viele Bewerber mit Defiziten im Werdegang stehen unter dem offensichtlichen Zwang, diese bereits in der schriftlichen Bewerbung erklären zu müssen. Sonst werde ich ja gar nicht erst eingeladen, lautet die Begründung. Das Gegenteil ist der Fall: Die meist ungeeigneten bzw. unglaubwürdigen Erklärungsversuche bescheren einem nicht selten eine Absage, ohne dass der tabellarische Lebenslauf überhaupt gesichtet wurde. Kein Personaler möchte lesen, warum etwas nicht geklappt hat. Studium abgebrochen? Und jetzt kommt »kein Geld«, »musste jobben«, »volle Hörsäle«, »zu theoretisch«, »bin Pragmatiker« usw. Das alles lässt sich vor Ort erörtern, aber nicht im Anschreiben. Zur Erinnerung: In das Anschreiben kommen Informationen, die einen als Bewerber interessant machen. Beantworten Sie — wie eingangs besprochen — die Fragen »Was kann ich?«, »Wer bin ich?« und »Was will ich?« Und das passend zur jeweiligen Aufgabe.

Zum Schluss noch ein No-Go: »Die Gründe für meinen Veränderungswunsch bereits nach sechs Monaten möchte ich Ihnen im persönlichen Gespräch erläutern.« Das wirkt auf die meisten Personaler wie eine Drohung. Absage!

Tipps zum Lebenslauf

Heute, so heißt es, bewirbt man sich »american style«. Man beginnt also den Lebenslauf in der Gegenwart und geht dann zurück in die Vergangenheit. Der Personaler interessiere sich schließlich vorrangig für den derzeitigen beruflichen Status und nicht für das, was früher war. Das kann man freilich auch anders sehen: »Sag mir, wo du herkommst, und ich sag dir, wohin dich dein weiterer Weg führen wird!« Aber »last job first« oder nicht ist nicht nur eine Frage der Konvention (»Das macht man heute so!«), sondern auch der Intelligenz. Wieso versenden Jobaspiranten Lebensläufe, deren erste Botschaft lautet, dass sie seit einem Jahr vergeblich eine neue Anstellung suchen oder sich nach drei Monaten schon wieder verändern möchten? Und das sieht der Leser als Erstes, noch bevor er erfährt, was jemand bisher in seinem Berufsleben geleistet und welche Abschlüsse er erreicht hat. Diese Art der Präsentation ist unklug.

Es ist nicht ungehörig, sich gut verkaufen zu wollen. Deshalb darf man bei entsprechenden Unebenheiten im Werdegang mit der Vergangenheit beginnen und zeigen, was gut gelaufen ist. Wenn es dann später einen Bruch gegeben hat, wird der anders bewertet, als wenn er gleich zu Anfang steht. In der Psychologie spricht man vom Priming-Effekt: Die Urteilsbildung bzw. Wahrnehmung hängt davon ab, was vorausgeht, welche Informationen dem Urteilenden vorher zur Verfügung standen. Bei dem amerikanischen Lebenslauf »reverse chronological« steht das persönliche Problem im Vordergrund, was in Sachen Selbstmarketing sehr unglücklich ist.

Und welche Tipps gibt es für »Jobhopper«? Nun, die Zeiten haben sich geändert. Früher gab es nach zehn Jahren Betriebstreue einen goldenen Füllhalter und nach 20 Jahren zwei Urlaubstage mehr oder ähnliche Gratifikationen. Heute werden Mitarbeiter im Zweifelsfall gefragt, warum sie nach 15 Jahren immer noch dabei sind. Doch auch in diesen Zeiten können häufige und kurzfristige Wechsel der Arbeitsverhältnisse die Marktchancen verringern. Dabei wird nicht die Fachkompetenz infrage gestellt, sondern es werden Teamfähigkeit und Durchhaltevermögen angezweifelt. Lässt sich jemand, der so häufig wechselt bzw. sich verändern muss, überhaupt in ein Unternehmen integrieren? Wenn es hier Bedenken gibt, ist bei aller Fachkompetenz eine Absage sicher. Was tun? Viele Bewerberinnen und Bewerber vergessen, im CV die zeitlich begrenzten beruflichen Stationen entsprechend zu markieren, etwa: »07/14–12/14 Projekt Business Process Reengineering (Zeitvertrag)« oder: »01/15–06/15 Business Process Analyst (betriebsbedingte Kündigung)«. Das muss natürlich in den Arbeitszeugnissen nachvollziehbar sein.

Lücken von bis zu drei Monaten müssen in bestimmten Fällen nicht begründet werden, denn sie lassen den Werdegang zusätzlich unaufgeräumt erscheinen. Es ist also gar nicht nötig, darauf einzugehen, wenn zum Beispiel nach dem Schulabschluss oder einem Studium zum Beispiel eine Weltreise folgte. Das kann man im Vorstellungsgespräch erzählen. Gar nicht gut kommt es an, wie an anderer Stelle bereits erwähnt, wenn Lücken im beruflichen Werdegang mit Formulierungen wie »Berufliche Neuorientierung« oder »Aktive Bewerbungsphase« geschönt werden. Besser ist es, »ohne Anstellung« zu schreiben. Wer dann die entscheidende Hürde genommen hat und eingeladen wurde, muss gegebenenfalls die folgenden Fragen elastisch abfedern.

»Warum haben Sie Ihre Ausbildung abgebrochen?«
Wer eine Ausbildung ohne Abschluss beendet hat, trägt dies bei aller seelischen Robustheit meist eine gewisse Zeit als Makel mit sich durchs Leben. Immerhin hat die betreffende Person ja bei der Berufswahl einen Fehler gemacht oder in den Niederungen des Ausbildungsalltags nicht durchgehalten. Die Lebenspraxis zeigt freilich, dass zum Erfolg eben auch das Scheitern gehört. Allerdings nur dann, wenn man aus dem persönlichen Versagen etwas gelernt und Konsequenzen gezogen hat. Genau das sollten Bewerber in solchen Situationen zeigen.

Antworten aus der Praxis des Personalberaters
Antwort 1: »Ich habe mir nach dem Abitur gedacht, dass eine Ausbildung vor dem Studium die späteren Berufschancen deutlich verbessert. Aber nach einem

Jahr habe ich mit dem Niveau der Ausbildung Probleme bekommen. Ich wurde überwiegend zu Routinetätigkeiten herangezogen und auch sonst war der intellektuelle Anspruch an die Azubis eher bescheiden. Eigentlich wurden wir ständig ausgenutzt und eine Zusage für die spätere Übernahme wollte man uns auch nicht geben.«

Kommentar: Diese Begründung ist nicht glücklich, weil im späteren Berufsleben ebenfalls Routineaufgaben zu erledigen sein werden. Und es ist immer riskant, den Eindruck zu erwecken, sich für bestimmte Aufgaben zu schade zu fühlen. Und es geht gar nicht, die Schuld für das eigene Scheitern bei anderen zu suchen.

Antwort 2: »Das war eine Fehlentscheidung. Ich hätte die Ausbildung durchziehen sollen. Heute bereue ich das natürlich, aber eines habe ich gelernt — man darf niemals zu schnell aufgeben.«

Kommentar: Ein klares Bekenntnis zur persönlichen Verantwortung für das eigene Bildungsschicksal. Und das Gute am Schlechten erkannt und benannt: Manchmal ist ein langer Atem nötig. Solche Leute werden gebraucht.

> **Warum Azubis das Handtuch werfen**
> - Der Auszubildende hat die Anforderungen falsch eingeschätzt und ist deshalb überfordert bzw. unterfordert.
> - Der Auszubildende hatte zum Zeitpunkt der Entscheidung eine falsche Vorstellung von der Ausbildung.
> - Der Auszubildende hat seine beruflichen Ziele neu definiert — eventuell durch ein Schlüsselerlebnis oder neue Informationen — und deshalb die Weichen anders gestellt.
> - Der Auszubildende ist aufgrund seiner Einstellung und/oder seines intellektuellen Leistungsvermögens nicht ausbildungsfähig.
> - Der Auszubildende hat im Betrieb bzw. in der Gleichaltrigengruppe seinen Platz nicht gefunden und ist in eine frustrierende Außenseiterrolle geraten.
> - Der Auszubildende bekam gesundheitliche Probleme (Allergie etc.), die es ratsam erscheinen ließen, die Ausbildung nicht fortzusetzen.
> - Hinzu kommen jene unglücklichen Fälle, bei denen der Ausbildungsbetrieb in Konkurs gegangen ist.

»Warum haben Sie Ihr Studium abgebrochen?«

Auch hier geht es darum, ob der Bewerber für die Begründung seiner kleineren oder größeren Niederlagen eher die Umstände bemüht oder sich selbst als Teil des Problems erkannt hat und benennt. In dieser Haltung unterscheiden sich

Menschen ganz erheblich. Da sind die einen, die alles auf sich beziehen und reumütig Asche auf ihr Haupt streuen, und da sind die anderen, die von einer persönlichen Verantwortung nichts wissen wollen. Wie klagt doch in einer Anekdote die frierende kleine Erna vorwurfsvoll? »Geschieht meiner Mutter recht, dass ich kalte Hände habe — warum zieht sie mir auch keine Handschuhe an?« Gesucht werden Mitarbeiterinnen und Mitarbeiter, die zu sich selbst stehen, gerade wenn etwas schiefgelaufen ist.

Antworten aus der Praxis des Personalberaters
Antwort 1: »Aus finanziellen Gründen konnte ich leider nicht weiter studieren — meine Eltern waren nicht mehr bereit, mich zu unterstützen. Ich musste dann regelmäßig jobben und das ließ sich mit einem ernsthaften Studium einfach nicht vereinbaren.«

Kommentar: Diese Begründung sollte ganz schnell vergessen werden. Die Europäische Union (EU) hat ein Projekt gestartet, das sich mit der Frage befasst, warum Studierende die von vielen Institutionen angebotenen Stipendien nicht nutzen. Das Geld ist da, wird aber nicht abgerufen. Dabei sind doch die Recherchemöglichkeiten so komfortabel wie nie. Allerdings muss die Bewerbung dafür überzeugend ausfallen und das ist mit Anstrengung verbunden.

Antwort 2: »Acht Semester Maschinenbau. Ich weiß, es ist nicht berauschend, dann ohne Abschluss auszusteigen. Ich hätte mich früher für den Abbruch entscheiden müssen. Es fiel mir leider sehr schwer, mir einzugestehen, dass ich mich für das falsche Fach entschieden hatte. Mathematik, Physik, Mechanik — das ist nicht meine Welt. Die BWL-Fächer, zum Beispiel Kostenrechnung, haben mir dagegen sehr gut gefallen. Was ich interessant finde, ist die kaufmännische Seite der Technik. Da sehe ich meine Zukunft.«

Kommentar: Der Bewerber hat seine Fehlentscheidung eingestanden, selbstkritisch begründet und für sich eine nachvollziehbare neue Perspektive aufgezeigt.

»Warum haben Sie Ihr Studienfach gewechselt?«

Vier Semester Tiermedizin und dann BWL, solche Kursänderungen sind erklärungsbedürftig. Wie kam es zur Fehlentscheidung hinsichtlich des Studienfachs? Was hat der Bewerber aus der Fehlentscheidung für sich gelernt? War der Wechsel zu dem am Ende absolvierten Studiengang eine wirklich gute Entscheidung oder nur eine Notlösung?

Antworten aus der Praxis des Personalberaters
Antwort 1: Nach einigen Semestern habe ich festgestellt, dass es in Deutschland eine unsinnig hohe Tierarztdichte gibt und damit die wirtschaftlichen Aussichten überhaupt nicht rosig sind. Deshalb habe ich dann schleunigst umgesattelt.«

Kommentar: Die Antwort ist grottenschlecht. Die Berufsaussichten ändern sich innerhalb von zwei Jahren nicht radikal. Die Marktchancen eines Studienabschlusses sollten sinnvollerweise bereits zu Beginn des Studiums durchleuchtet werden. Und auch dies ist zu bedenken: Wer sich bei der Entscheidung für ein Studienfach überwiegend von Karriere- und Einkommenschancen leiten lässt, provoziert die Frage, ob er mit dem Herzen bei der Sache sein wird. »Bei diesem Abi-Zeugnis — so hieß es früher und manchmal leider auch heute noch — musst du doch Medizin studieren.« Zudem gilt: Wer ein Studium wegen der vermeintlich oder tatsächlich bescheidenen späteren Jobangebote schmeißt, nährt Zweifel an seiner Bereitschaft bzw. Fähigkeit, sich einem schärferen Wettbewerb zu stellen.

Antwort 2: »Ich stamme aus einer Juristenfamilie. Schon in der Schule hieß es: ›Du wirst einmal ein erfolgreicher Rechtsanwalt.‹ Das Jurastudium war nach dem Abi so gut wie selbstverständlich und ich habe leider dem Druck meiner Eltern nachgegeben. Dabei habe ich mich schon in der Schule mehr für Naturwissenschaften interessiert. Nach drei Semestern habe ich dann meinen Eltern reinen Wein eingeschenkt und erklärt, dass es mit dem Rechtsanwalt nichts wird. Natürlich waren sie maßlos enttäuscht — ich war aber sehr froh, zu einem Fach zu wechseln, das meinen Neigungen entsprach.«

Kommentar: Hier bekommen die Eltern den schwarzen Peter zugeschoben — leider oft nicht zu Unrecht. Natürlich gibt es Eltern, die eine klare Vorstellung hinsichtlich der beruflichen Entwicklung ihres Nachwuchses haben, die sich mit dessen Präferenzen nicht in Einklang bringen lassen. Mal ist eine Arztpraxis zu übernehmen, mal der Familienbetrieb zu führen. Und vor vermeintlich brotlosen Künsten wird allemal gewarnt. »Wie bitte? Politische Wissenschaften willst du studieren? Wir können dich nicht dein Leben lang durchfüttern.«

»Warum haben Sie so lange studiert?«

Die Studiendauer korreliert mit den Marktchancen eines Absolventen. Wer sich ohne im CV erkennbaren Nutzen zu lange an einer Hochschule aufgehalten hat, muss die Argumente nachliefern — falls er die Chance dazu erhält — oder die lange Verweildauer durch besonders interessante Eigenschaften kompensieren. Letztlich geht es bei dieser Frage um persönliche Schlüsselqualifikationen wie Zielstrebigkeit, Leistungsmotivation und die Fähigkeit, Prioritäten richtig zu setzen.

Antworten aus der Praxis des Personalberaters
Antwort 1: »Ich musste nebenbei jobben, um mein Studium zu finanzieren. Dann hatte ich noch einen Sportunfall — eine Schädigung des Kreuzbandes —, das hat mich auch viel Zeit gekostet. Ja, und als ich mich zum Examen anmelden wollte, musste ich mich wegen eines Pflegefalls verstärkt um die Familie kümmern.«

Kommentar: Das kann durchaus alles so gewesen sein. Argwöhnisch macht nur die Häufung der Gründe für ein langes Studium. Es ist immer besser, einen halbwegs nachvollziehbaren Grund zu nennen, statt — um auf Nummer sicher gehen zu wollen — mehrmals nachzulegen. Diese Taktik verursacht ein Glaubwürdigkeitsproblem.

Antwort 2: »Sie haben meinen Unterlagen ja entnommen, dass ich zwei Semester in Frankreich studiert habe — was mir sehr viel gebracht hat. Als ich dann zurückkam, habe ich doch nicht so schnell wie erhofft den Anschluss gefunden. Die meisten Inhalte in Frankreich waren nicht prüfungsrelevant, aber das war für mich auch sonst während des Studiums nicht entscheidend. Mich haben von Anfang an immer mehr die Inhalte interessiert. Und dafür habe ich mir die nötige Zeit genommen.«

Kommentar: Das ist es. Neun sinnvoll genutzte Semester für den Bachelorabschluss können für einen zukünftigen Arbeitgeber wertvoller sein, als ein im Schnellverfahren durchgezogenes Regelstudium.

Antwort 3: »Sie haben es ja gelesen — nach drei Semestern habe ich mein Studienfach gewechselt, weil ich mich falsch entschieden hatte. Dann bin ich im Rahmen eines Praktikums an eine Firma geraten, die mir einen Job im Callcenter angeboten hat. Ja, und dann habe ich mich an das Geld gewöhnt und leider mehr gejobbt als studiert. So verging die Zeit. Heute würde ich die Prioritäten anders setzen. Andererseits war die Tätigkeit im Callcenter für mich eine wichtige Erfahrung. Outbound, das war manchmal schon ganz schön hart.«

Kommentar: Die Jobberei und das damit verbundene Einkommen gehört zu den wesentlichen Ursachen für eine lange Studiendauer. Wer sich erst einmal an den dadurch möglichen Lebensstandard gewöhnt hat, dem fällt es naturgemäß schwer, zugunsten des Studiums wieder kleinere Brötchen zu backen. Das ist nachvollziehbar und — bei entsprechender Qualifikation — verzeihbar.

> **Gründe für eine längere Studiendauer**
>
> In Deutschland absolvieren nur 40 Prozent der Studierenden ihr Studium innerhalb der Regelstudienzeit. Welche Faktoren beeinflussen die Studiendauer?
> - Individuelle Faktoren: Eine entscheidende Rolle spielt hier die finanzielle Situation der Studierenden — also der Wunsch, Geld zu verdienen. Vor allem bei weiblichen Studierenden kommt bisweilen die Kindererziehung hinzu.
> - Gesamtwirtschaftliche Faktoren: Für bestimmte Studienfächer kann sich die Lage auf dem Arbeitsmarkt studienverlängernd oder studienverkürzend auswirken. Wer suboptimale Aussichten befürchtet, neigt im Zweifelsfall dazu, den Abschluss hinauszuzögern oder ein Zusatzstudium anzuhängen.
> - Institutionelle Faktoren: Studienverlängernd bzw. studienverkürzend wirken sich die Anzahl der Studierenden in einem Fachbereich, die Verfügbarkeit von Lehrpersonal, die Studienpläne und die Prüfungsorganisation aus. Nicht zu unterschätzen sind in diesem Zusammenhang die Ausstattung eines Fachbereichs sowie das Betreuungs- und Beratungsangebot für die Studierenden.

»Warum haben Sie nicht im Ausland studiert?«

Bei den meisten Studienfächern ist es inzwischen fast selbstverständlich, eine Station im Ausland einzulegen. Das gilt ganz besonders für die Naturwissenschaften, die Wirtschaftswissenschaften und bestimmte geistes- und sozialwissenschaftliche Fächer. Dabei wird der Nutzen eines Auslandsaufenthalts natürlich nicht nur in den Inhalten gesehen, die man sich vor Ort aneignen konnte, sondern auch in der Entwicklung von Schlüsselqualifikationen wie Flexibilität, Mobilität, Anpassungsfähigkeit und vor allem interkulturelle Kompetenz. Wer während der gesamten Studienzeit in der Heimat geblieben ist, könnte nach den Gründen gefragt werden und muss aufpassen, dass er hier kein Eigentor schießt.

Antworten aus der Praxis des Personalberaters
Antwort 1: »Heute bereue ich das — aber ich konnte es mir einfach nicht leisten. Meine Eltern hatten nicht das Geld, ein Auslandsstudium zu finanzieren.«

Kommentar: Wenn daraufhin der Interviewer fragt, bei welchen Institutionen sich der Gefragte um ein Stipendium für ein Auslandsstudium bemüht habe, gibt es ein Problem. Wer sich gar nicht erst um ein Stipendium gekümmert hat, wird erklären müssen, was der Grund dafür war. Wer sich um ein Stipendium bemüht, dies aber nicht erhalten hat, sieht meist auch nicht gut aus.

Antwort 2: »Ich hatte unter meinen Kommilitonen einige sehr gute ausländische Freunde, die mich mehrmals in den Semesterferien in ihre Heimat eingeladen haben. Mehrere Male war ich in den USA und auch in Warschau. Durch die weiteren persönlichen Kontakte, die sich dann vor Ort entwickelten, habe ich mich jedenfalls nie als Tourist gefühlt. Rückblickend sage ich mir jetzt natürlich, dass ein längeres Praktikum im Ausland oder ein Semester an einer Universität schon gut gewesen wären.«

Kommentar: Der Bewerber hat gut die Kurve gekriegt. Der Hinweis auf die persönlichen internationalen Kontakte ist geschickt und das Eingeständnis, eine Chance nicht genutzt zu haben, wirkt selbstkritisch.

»Warum wollen Sie Ihr Unternehmen bereits während der Probezeit verlassen?«

Ob Einstellungsinterview, Psychotests oder Assessment-Center — das beste eignungsdiagnostische Verfahren ist die Probezeit. In dieser Zeit des Miteinander können alle Beteiligten am besten klären, ob sie zueinander passen und die Aufgabe mit dem Leistungsprofil des neuen Mitarbeiters tatsächlich übereinstimmt. Wenn ein Bewerber bei seinem letzten Arbeitgeber von sich aus innerhalb der Probezeit gekündigt hat, möchte der potenzielle neue Arbeitgeber natürlich gern die Gründe dafür erfahren.

Antworten aus der Praxis des Personalberaters
Antwort 1: »Offen gesagt, man hat da ein übles Mobbing gegen mich veranstaltet. Und das wollte ich mir nicht länger antun.«

Kommentar: In den 1990er Jahren wurde der Begriff »Mobbing« mit großem Erfolg in Deutschland eingeführt. Der Siegeszug dieser Vokabel hängt damit zusammen, dass sie anscheinend klar zwischen Tätern und Opfern unterscheidet: Auf der einen Seite gibt einen bedauernswerten Menschen, dem Unrecht geschieht, auf der anderen Seite fiese Kollegen und Vorgesetzte mit sadistischen Zügen. Früher gab es im deutschen Sprachraum keinen Begriff, mit dem sich exkulpieren konnte, wer häufig Zoff hatte. Streichen Sie das Wort »Mobbing« aus Ihrem Sprachschatz, wenn Sie in ein Vorstellungsgespräch gehen.

Antwort 2: »Mir wurde zunehmend klar, dass ich mich leider für die falsche Aufgabe entschieden habe. Am Anfang schien alles zu stimmen — vor allem kam und komme ich mit den Kollegen ausgezeichnet zurecht und mit meinem Vorgesetzten stimmt die Chemie auch. Ich sitze einfach im falschen Zug und möchte deshalb schnellstmöglich umsteigen. Natürlich könnte ich bei Ablauf der Probezeit so tun, als sei alles in Butter — aber damit ist das Problem ja nicht gelöst. Ich habe mich bei meiner Entscheidung seinerzeit zu sehr von den Umfeldbedingungen beeinflussen lassen und zu wenig nach den Inhalten gefragt. Das passiert mir nicht noch einmal.«

Kommentar: Das geht so in Ordnung.

> **!** **Gründe für einen Ausstieg während der Probezeit**
> - Der Bewerber hat die Aufgabe falsch eingeschätzt und fühlt sich unter- oder überfordert.
> - Der Bewerber kommt mit den Kollegen und/oder dem Vorgesetzten nicht klar.
> - Der Bewerber hat die Arbeitsbedingungen und besonderen Erschwernisse wie häufige Reisen und Abwesenheitszeiten unterschätzt.
> - Der Bewerber ahnt, dass er die Probezeit nicht überstehen wird, oder ihm wurde dies bereits signalisiert.

»Warum wurden Sie nach der Probezeit nicht übernommen?«

Eine Kündigung kann durch betriebliche Maßnahmen notwendig werden oder auch durch das Verhalten des Mitarbeiters selbst verschuldet sein. Letzteres interessiert den Interviewer natürlich ganz besonders. Ist die Aufgabe innerhalb der Probezeit aufgrund einer nicht vorhersehbaren Restrukturierung weggefallen oder wurde der Mitarbeiter wegen Leistungs- bzw. Verhaltensdefiziten beizeiten verabschiedet?

Antworten aus der Praxis des Personalberaters
Antwort 1: »Ich habe mit meinem Vorgesetzten damals ein ausführliches Gespräch geführt. Dabei sind wir uns einig geworden, dass es für mich eine meinen Ambitionen entsprechende Perspektive nicht gab. Ich wollte unter diesen Bedingungen dann nicht mehr bleiben. Was hat ein Betrieb auch von einem Mitarbeiter, der seine Zukunft langfristig ja doch woanders sieht? Wir haben uns dann im gegenseitigen Einvernehmen getrennt.«

Kommentar: Hört sich vielleicht ganz gut an, das ist aber schon alles. Die Frage nach den weiteren Entwicklungsmöglichkeiten wird oft zu früh gestellt und ist in der Probezeit in der Regel noch gar nicht angesagt. Wie lautet der großartige Rat von Alfred Herrhausen, dem 1989 von der Roten Armee Fraktion (RAF) ermordeten Sprecher der Deutschen Bank? »Frag als Einsteiger zunächst einmal ›Was kann ich tun?‹ und nicht ›Was kann ich werden?‹.« Im Übrigen ist die Einlassung des Bewerbers, er könne sich dem Betrieb nicht länger zumuten, da er ja doch auf dem Sprung sei, entweder naiv oder unglaubwürdig — eigentlich beides.

Antwort 2: »Den wahren Grund habe ich möglicherweise nicht erfahren – aber ich glaube, dass mein Chef sich einfach einen anderen Assistenten vorgestellt hat und dass ihm dies in der Probezeit immer deutlicher geworden ist. Der Assistent arbeitet ja mit seinem Vorgesetzten sehr eng zusammen – oft geht das weit in den Abend hinein – und da haben wir uns wohl in den zwei Vorstellungsinterviews falsch eingeschätzt. Ein Konfliktpunkt ist mir allerdings schon bewusst. Ich musste sehr viele Protokolle bei Sitzungen und Meetings schreiben und da ist er mit mir nie so recht zufrieden. Die Aufgabe liegt mir aber auch nicht. Ich finde es natürlich schade, dass die Sache ein Flop wurde, aber nun schaue ich nach vorn.«

Kommentar: Geradeheraus, selbstkritisch und nicht nachtragend!

Mögliche Ursachen für die Kündigung erkennen und benennen

Während und nach der Probezeit kann der Arbeitgeber einem Mitarbeiter kündigen, ohne dies begründen zu müssen. Betroffene sind allerdings gut beraten, die Gründe herauszufinden und im Vorstellungsinterview benennen zu können, ohne die Chancen auf eine Anstellung gleich auf null zu bringen. Die meisten Bewerber führen Umstände an, die das persönliche Scheitern anderen in die Schuhe schieben. Und darauf reagiert jeder Personalbeschaffer allergisch. Was sagte einmal ein Bewerber auf die Frage, warum für ihn bereits nach sechs Monaten als Sachbearbeiter Export Schluss war? »Ich konnte die Unternehmenspolitik nicht verantworten.«

»Warum suchen Sie schon so lange nach einer Anstellung?«

Wer nach einer Kündigung einen neuen bzw. überhaupt seinen ersten Job im Leben sucht, muss aufpassen, dass ihm die Zeit nicht davonläuft. Natürlich machen sich die Personalbeschaffer ihren Reim darauf, wenn jemand noch viele Monate nach dem Examen oder einem Auflösungsvertrag auf der Suche nach einer Anstellung ist. Die Zeitspanne muss nicht automatisch gegen den Bewerber sprechen, ruft aber doch oft Zweifel an der Eignung hervor. Dabei spricht grundsätzlich nichts dagegen, wenn sich jemand nach dem Examen oder nach einer beruflichen Zäsur eine Auszeit nimmt. Die Begründung muss nur glaubwürdig sein.

Antworten aus der Praxis des Personalberaters
Antwort 1: »Nach dem Examen war ich über die Organisation ›Work and Travel‹ mehrere Monate in Australien. Sie haben das ja in meinem tabellarischen Lebenslauf gelesen. Ich habe da tolle Erfahrungen sammeln können. Nach meiner Rückkehr musste ich dann leider feststellen, dass die Jobsuche gar nicht so einfach ist. Schließlich will ich ja nicht nur unterkommen, sondern ich suche eine Aufgabe, die meinen Neigungen und Fähigkeiten entspricht.«

Kommentar: Akzeptiert!

Antwort 2: »Na ja, einige Male war ich wohl bis zum Schluss im Rennen, manchmal stimmten aber die Konditionen nicht. Ich suche ja nicht irgendeinen Job. Ich lasse mich jedenfalls von den Umständen nicht unter Druck setzen, dann trifft man nur eine falsche Entscheidung. Dabei spielt für mich inzwischen das Gehalt nicht mehr die entscheidende Rolle, aber inhaltlich muss die Aufgabe stimmen.«

Kommentar: Diese Argumentation geht durchaus in Ordnung.

> **! Proaktiv handeln**
>
> Wer nach Abschluss des Examens bzw. nach Beendigung des letzten Arbeitsverhältnisses überdurchschnittlich lange auf der Suche ist, sollte diesen Umstand möglichst von sich aus ansprechen: »Wie Sie meinen Unterlagen entnommen haben, suche ich bereits seit längerem nach einer angemessenen Aufgabe.« Es ist besser, in die Offensive zu gehen, als später auf eine prekäre Frage nur noch reagieren zu können.

»Warum streben nach der Selbstständigkeit wieder eine Festanstellung an?«

Selbstständigkeit macht einen Menschen für eine Festanstellung irgendwann ungeeignet — so lautet ein gängiges (Vor)Urteil. Bisweilen ist da etwas dran, deshalb muss mit dieser Frage gerechnet werden. Und Vorsicht: Kompetente Interviewer versuchen die Problematik über Umwegfragen zu klären, etwa indem sie den Bewerber über seine Haltung zur Teamarbeit befragen oder das Thema Führung und Hierarchie im Unternehmen ansprechen.

Antworten aus der Praxis des Personalberaters
Antwort 1: »Eigentlich war es eine gute Zeit, aber dann wurde der Druck zu groß. Meine Familie war auch nicht mehr bereit mitzuspielen. Ich hatte einen Zehnstundentag und wenn Kunden darauf bestanden, habe ich mich auch am Wochenende um einen Auftrag gekümmert. Das alles will ich mir nicht mehr antun.«

Kommentar: Absage! Wer eine sitzende Tätigkeit in beheizten Räumen sucht, wird lange suchen müssen.

Antwort 2: »Ich habe meinen Druckbetrieb — überwiegend Visitenkarten, Briefpapier und Copy-Shop — ja als Einmannbetrieb gefahren. Bei allem Engagement — fünf Tage die Woche über zehn Stunden waren normal —, ich war einfach nicht mehr wettbewerbsfähig. Fünf Jahre habe ich das durchgehalten und natürlich war ich die ganze Zeit ein Einzelkämpfer. Da habe ich mich manches Mal nach Kollegen gesehnt, um das eine oder andere Problem zu besprechen, und nach dem Gefühl, gemeinsam Ziele zu verfolgen und zu erreichen. Ich habe jetzt die Reißleine gezogen und hoffe, meine fachlichen und persönlichen Kompetenzen in Ihrem Unternehmen nutzen zu können.

Kommentar: Diese Einlassung lässt hoffen, dass der Bewerber seinen Platz in einem Team finden wird. Zumindest hat er die Befürchtungen seines Gesprächspartners von sich aus thematisiert.

»Warum haben Sie so häufig gewechselt?«

Die durchschnittliche Betriebszugehörigkeit geht in Deutschland kontinuierlich zurück. Jene Zeiten, in denen Mitarbeiter ihren Lehrbetrieb erst im Renteneintrittsalter verließen, sind längst vorbei. Aufgrund dieser Entwicklung ist auch die wenig schmeichelhafte Bezeichnung »Jobhopper« aus der Mode gekommen. Im Gegenteil: Eine lange Betriebszugehörigkeit kann eine berufliche Veränderung erheblich erschweren, weil der potenzielle neue Arbeitgeber Angst davor hat, dass der Neuzugang zu sehr von seinem bisherigen Unternehmen geprägt sein könnte. Vor diesem Hintergrund werfen häufige Wechsel im Bewerbungsprozess einen nicht gleich aus dem Rennen, sie müssen aber — wie bereits an anderer Stelle erörtert — erklärt werden.

Antworten aus der Praxis des Personalberaters
Antwort 1: »Na ja, das ist ja relativ. Einmal wurde mir aus betrieblichen Gründen gekündigt. Die acht Monate in dem Vertriebsjob, da wurde der gesamte Vertrieb reorganisiert und wer zuletzt kam, musste zuerst gehen. Einmal war ich, glaub ich, nur knapp ein Jahr in der Firma. Die hatten mir nach der Probezeit etwas in Aussicht gestellt und wollten auf einmal davon nichts mehr wissen. Ich wollte mich nicht länger hinhalten lassen. Ach ja, der Job nach meiner Ausbildung. Irgendwie wurde ich immer noch wie ein Lehrling behandelt und deshalb habe ich meinen Ausbildungsbetrieb recht bald verlassen.«

Kommentar: Beim Start der Antwort stimmt bereits der Ton nicht. »Na ja, das ist ja relativ« klingt wie eine Zurechtweisung des Fragenden. Die erste Begründung — Reorganisation — ist völlig in Ordnung und ja meist auch anhand des Zeugnisses überprüfbar. Grundsätzlich riskant sind Begründungen wie »Die haben mir etwas versprochen!«, denn damit wird dem früheren Arbeitgeber Wortbruch vorgeworfen. Und zur Einlassung »Die haben mich wie einen Lehrling behandelt!« ist anzumerken, dass dazu immer zwei Parteien gehören — die eine, die es gegebenenfalls an Respekt fehlen lässt, und die andere, die einem solchen Verhalten nichts entgegenzusetzen vermag. Werner Wenning von der Bayer AG in Leverkusen hat es immerhin vom Lehrling bis zum Vorstandsvorsitzenden gebracht und war auch noch überaus erfolgreich.

Antwort 2: »Mir ist klar, dass dies in meinem Werdegang eine Schwachstelle ist. Meinen ersten Job nach der Ausbildung habe ich recht früh sausen lassen, weil mir jemand ein vermeintlich unwiderstehliches Angebot gemacht hat. Im Nachhinein habe ich allerdings mit Zitronen gehandelt und bin bei einer Aufgabe gelandet, die gar nichts für mich war. Ich war schlicht blauäugig. Ja, und zweimal hätte ich einfach durchhalten müssen. Heute ist mir das völlig klar. Mir hat es wohl zu Beginn meines Berufslebens an Beharrlichkeit gefehlt. Inzwischen weiß ich, dass diese Eigenschaft ein wichtiger Erfolgsfaktor ist.«

Kommentar: Bewerber, die sich in einer vergleichbaren Lage befinden, können sich an dieser Einlassung orientieren.

»Was haben Sie aus Ihren bisherigen Fehlern gelernt?«

Hier wird im Sinne der allgemeinen Lebenserfahrung unterstellt, dass jeder in seinem bisherigen Leben Fehler gemacht und diese nicht verdrängt hat. Den Fragesteller interessiert, wie ein Bewerber generell dazu steht und inwiefern er das Gute am Schlechten benennen kann — also aus seinen Fehlern gelernt hat.

Antworten aus der Praxis des Personalberaters
Antwort 1: »Na ja, wir machen doch alle Fehler. Das ist doch ganz normal.«

Kommentar: »Haben wir heute schon Stuhlgang gehabt?«, fragte früher der Chefarzt bei der Visite.

Antwort 2: »Früher habe ich oft sehr spontan reagiert, aus dem Bauch heraus. Nach dem Motto: Lieber eine falsche Entscheidung als gar keine Entscheidung. Damit bin ich leider ein paar Mal auf die Nase gefallen. Ich halte mich nach wie vor für entscheidungsfreudig — und das ist ja in diesem Job gefragt —, aber heute sichere ich mich gründlicher ab.«

Kommentar: Eine gute Antwort.

> **Fehlertypen** !
>
> Mitarbeiter verursachen immer wieder Reklamationen, weil sie sich nur sporadisch an das Vieraugenprinzip halten – also beispielsweise wichtige Kundenkorrespondenz nur unregelmäßig von anderen »gegenchecken« lassen. Das ist ein Systemfehler und solche Fehler sind abzustellen. Nennt hingegen ein erfahrener Mitarbeiter einem Kunden einen falschen Preis, weil er sich beim Lesen der Preisliste vertan hat, handelt es sich um einen Zufallsfehler. Das kann und wird immer wieder einmal passieren, auch wenn es keineswegs gut ist. Aufzuspüren sind in einem Unternehmen Fehler, die »mit System« gemacht werden, weil etwa die Abläufe nicht optimal organisiert sind oder gegen Regeln verstoßen wird. Das muss dann klar kommuniziert werden.
>
> Aus den eigenen Fehlern kann man lernen, dass man
> - sich seine Ziele immer wieder klar machen sollte,
> - manchmal Kompromisse machen muss,
> - nicht alles gleichzeitig tun kann, sondern Prioritäten zu setzen sind,
> - Entscheidungen überschlafen sollte,
> - immer im Gesamtzusammenhang denken muss und
> - Fehler grundsätzlich analysieren und aus ihnen Schlüsse für das zukünftige Verhalten ziehen sollte.

6.6 Fragen an Frauen

Die Welt ist nicht, wie sie sein sollte, und so sind für viele Frauen Beruf und Familie nicht hinreichend miteinander zu vereinbaren. Das mögen die Gender-Experten anders sehen, die das Geschlecht für ein soziales Konstrukt und damit für eine Fiktion halten, aber in der Wirklichkeit setzt sich immer die Wirklichkeit durch. Das weiß auch der potenzielle neue Arbeitgeber und deshalb sind manche Interviewpartner versucht, das eine oder andere zur familiären Rollenverteilung vorab zu klären. Die Kardinalfrage lautet: Wie hoch ist das Risiko, dass die für eine anspruchsvolle Aufgabe mit erheblichem Aufwand gewonnene Mitarbeiterin das Unternehmen binnen Jahresfrist wieder verlässt bzw. aufgrund der familiären Belastungen als Leistungstreiberin ausfällt? Für einen kleinen Betrieb kann eine Fehleinschätzung in diesem Zusammenhang durchaus existenzbedrohend sein.

»Wie wichtig ist für Sie eine Familie?«

Wer hier meint, mit einer abwiegelnden Einlassung zu punkten (»Ich lebe, um zu arbeiten!«), weil der Arbeitgeber ja auf die volle Arbeitskraft der zukünftigen Mitarbeiterin aus sei, kann daneben liegen. Die These, dass die Familie bzw. partnerschaftliche Bindungen ein wesentlicher Motivator für Leistung sein können, ist jedenfalls bis heute nicht widerlegt und dürfte gewiss auch für Frauen gelten. Es gibt einstweilen Unternehmen, die die Vereinbarkeit von Beruf und Familie im Rahmen des Employer-Branding als Attraktivitätsfaktor definiert und entsprechende Angebote konzipiert haben. Im »war for talents« kann sich diese Strategie durchaus rechnen. Im Übrigen gibt es Manager, die sich nicht von ihrem Job auffressen lassen möchten und diese Einstellung ihren Mitarbeiterinnen und Mitarbeitern nicht verübeln. »Was ohne Ruhepausen geschieht, ist nicht von Dauer.« Diese Mahnung des römischen Epikers Ovid aus vorchristlicher Zeit ist durchaus bedenkenswert.

Antworten aus der Praxis des Personalberaters
Antwort 1: »Beruf und Familie muss man auseinanderhalten. Wer im Job gedanklich bei seiner Familie und bei der Familie mental im Geschäft ist, kann nicht sonderlich erfolgreich sein. Ich ziehe da einen klaren Trennungsstrich.«

Kommentar: Wie kommt das bei einer Interviewpartnerin an, die zweimal am Tag ihren Mann anruft und fragt, wie es läuft und ob alles okay ist? Niemand gibt beim Betreten der Firma seine persönlichen Bedürfnisse, Hoffnungen und Sorgen beim Pförtner ab, sondern er oder sie nimmt diese mit an den Arbeitsplatz.

Antwort 2: »Meine Familie ist für mich das Wichtigste im Leben. Deshalb versuche ich ja auch eine Balance zwischen den Anforderung im Job und denen meiner Lieben hinzubekommen. Wenn es im Job nicht richtig läuft, gibt es Probleme mit der Familie und umgekehrt. Ich kann für meine Familie nur dann richtig da sein, wenn ich das Gefühl habe, meine Arbeit gut gemacht zu haben.«

Kommentar: Dem kann man nicht widersprechen.

Antwort 3: »Im Moment stellt sich diese Frage für mich nicht. Ich habe sehr viel Kraft und Zeit in meine Ausbildung investiert und nun möchte ich das Erlernte in der beruflichen Praxis gewinnbringend anwenden. Was die Zukunft diesbezüglich bringt, weiß ich natürlich nicht.«

Kommentar: Solche Einlassungen sind insbesondere für die sogenannte Generation Y (zwischen 1980 und 1995 geboren) typisch. Diese auch Millennials genannten Frauen und Männer suchen eine sinnhafte Tätigkeit und wissen überdies, dass sie auf dem Arbeitsmarkt begehrt sind.

»Wie können Sie ein Kind mit einer Berufstätigkeit verbinden?«

Diese Frage ist im Grunde völlig aus der Zeit gefallen und wird so kaum noch gestellt. Dennoch treibt sie viele Mütter um. Das geht schon mit der schriftlichen Bewerbung los: Soll ich meine Kinder unter der Rubrik »Persönliche Angaben« überhaupt aufführen? Erwähne ich das Alter der Kleinen? Häufig liest man den vorbeugenden Hinweis, dass die »Betreuung gesichert« sei. Diese Bewerbungen wirken meist defensiv oder so, als gelte es, einen Makel zu kaschieren. Jenen Frauen, die zugleich Mütter sind und deshalb um ihre Chancen im Arbeitsmarkt fürchten, sei versichert, dass es aufgrund des demografischen Wandels in Deutschland keinen Grund zur Sorge gibt, wenn man etwas zu bieten hat. Aber was tun, wenn einem eine derartige Frage von einem eher rückwärtsgewandten Personaler doch gestellt wird und man den Job gern hätte? Zumal man mit dem in Zukunft gar nicht zusammenarbeiten müsste, weil er nur als Filter vor weiteren Gesprächen fungiert.

Antwort aus der Praxis des Personalberaters
Antwort: »Als verantwortungsbewusste Mutter habe ich bereits vorgesorgt. Die liebevolle Betreuung meiner Tochter ist geklärt.«

Kommentar: Das genügt. Wer will, kann jetzt noch Eltern und Schwiegereltern oder — warum eigentlich nicht? — den Partner ins Feld führen.

»Sind Sie sich über die besonderen Erschwernisse einer Außendiensttätigkeit im Klaren?«

Außendienst heißt nicht selten fünf Tage »on the road«, Low-Budget-Hotels und jede Menge Einsamkeit. Das muss man aushalten und für nicht wenige Außendienstler ist das Gehalt eher ein Schmerzensgeld. Das allerdings kann recht üppig sein und deshalb sind solche Jobs bisweilen verlockend. Personaler, die für den Außendienst Mitarbeiter zu rekrutieren haben, sind nicht zu beneiden, die Zahl der personellen Fehlentscheidungen ist hier besonders hoch. Kein Wunder also, dass die Interviewer gern wissen möchten, ob die Bewerberin bzw. der Bewerber halbwegs realistische Vorstellungen von der zukünftigen Aufgabe hat. Dies gilt vor allem für Frauen. Sie sind im Vertrieb zwar gefragt, aber nur wenige interessieren sich für eine Vertriebskarriere. Bei einer weiblichen Bewerberquote von unter 15 Prozent bleibt der Vertrieb eine Männerdomäne. Deshalb sollten sich insbesondere Bewerberinnen auf diese Frage vorbereiten.

Antwort aus der Praxis des Personalberaters
Antwort: »Na klar! Ich bin ungebunden, reise gern und verspreche mir von einer Außendiensttätigkeit eine gute Grundlage für meinen weiteren beruflichen Weg. Nicht zuletzt spielen auch die Verdienstmöglichkeiten für mich eine Rolle.«

Kommentar: Das ist nachvollziehbar.

6.7 Unzulässige Fragen: das Recht zur Lüge

Zur Erinnerung: Der Hamburger Altbürgermeister Ole von Beust wurde von einem Journalisten einmal gefragt, ob er jemals gekifft habe. Darauf von Beust: »Diese Frage beantworte ich nicht.« Aber manchmal ist keine Antwort eben auch eine Antwort und deshalb hat der Gesetzgeber für das Vorstellungsinterview bzw. für Bewerbungsbögen unzulässige Fragen definiert und dem Bewerber — sollten diese dennoch gestellt werden — ein Recht zur Lüge eingeräumt.

> **Beispiele: (Bedingt) zulässige Fragen**
>
> - »Sind Sie Mitglied in einer Partei, Gewerkschaft oder Religionsgemeinschaft und falls ja — in welcher?«: Allerdings gelten für Tendenzbetriebe (Unternehmen bzw. Institutionen mit ideeller Zielsetzung) Ausnahmen. So ist beispielsweise die Frage nach der Konfessionszugehörigkeit bei Kirchen als grundsätzlich zulässig anzusehen.
> - »Wie hoch ist Ihr derzeitiges Einkommen?«: Die Frage muss nicht wahrheitsgemäß beantwortet werden, wenn sie darauf abzielt, die Vermögensverhältnisse eines Bewerbers auszuforschen. Im Hintergrund dieser Frage könnte insbesondere bei einer leistungsabhängigen Vergütung die Überlegung stehen, ob es der Bewerber überhaupt nötig hat zu arbeiten. Wahrheitsgemäß zu beantworten ist die Frage nach dem derzeitigen bzw. letzten Einkommen, wenn der Bewerber in der Gehaltsverhandlung angibt, dass er sich keineswegs finanziell verschlechtern möchte oder sich ein Plus von zehn Prozent wünscht.
> - »Sind Sie vorbestraft, etwa wegen Vermögensdelikten?«: Auch hier gibt es eine Ausnahme. Wer sich um einen »geldsensiblen« Arbeitsplatz bewirbt (Bank, Einkauf), muss wahrheitsgemäß antworten.
> - »Leiden Sie unter chronischen Krankheiten?«: Zulässig ist die Frage, soweit eine gesundheitliche Beeinträchtigung die Erfüllung der arbeitsvertraglichen Pflichten von vornherein beeinträchtigen würde.
> - »Sind Sie schwanger?«: Die Frage nach einer bestehenden Schwangerschaft ist ausnahmslos unzulässig, deshalb darf eine Bewerberin gegebenenfalls die Unwahrheit sagen. Dies ist so im § 7 Abs. 1 Allgemeines Gleichbehandlungsgesetz (AGG) festgelegt.

Auskunftspflicht des Stellenbewerbers

Sind Bewerber verpflichtet, ungefragt Auskünfte zu geben? Nein, im Allgemeinen nicht. Der Arbeitgeber muss in einem Interview durch gezielte Fragen selbst herausfinden, ob der Bewerber zur angedachten Aufgabe passt. Manchmal kann es allerdings durchaus sinnvoll sein, Unstimmigkeiten im beruflichen Werdegang von sich aus anzusprechen, ehe der Interviewpartner danach fragt. Das gilt beispielsweise für eine erkennbar nicht beendete Probezeit oder ein nicht abgeschlossenes Studium. In seltenen Fällen gilt eine Offenbarungspflicht des Bewerbers, etwa wenn es ihm aufgrund einer Erkrankung oder einer anzutretenden Haftstrafe von vornherein ausgeschlossen ist, den Arbeitsvertrag zu erfüllen.

6.8 Fragen rund um das Entgelt

Was macht glücklich? Der Ökonomie-Nobelpreisträger und Psychologe Daniel Kahneman vertritt die Ansicht, dass Sex der wichtigste Glücksbringer sei. Der Schweizer Bruno S. Frey ist nach gut calvinistischer Tradition davon überzeugt, dass nur die Zufriedenheit mit dem Job uns ein erfülltes Leben bescheren könne.

Und welche Rolle spielt das Geld als Glücksbringer? »Geld macht nicht glücklich«, sagt der Volksmund. Das mag sein, aber einige Vorzüge lassen sich — abgesehen von dem misslichen Umstand, dass man eine bestimmte Summe grundsätzlich braucht — nicht von der Hand weisen. Für den russischen Dichter Dostojewski war Geld »geprägte Freiheit«, für den englischen Dichter Lord Byron »Aladins Wunderlampe« und für den deutschen Philosophen Friedrich Nietzsche das »Brecheisen der Macht«. Vor dem Hintergrund dieser Statements könnte Geld wenigstens ziemlich glücklich machen. Unglücklich verhält sich auf alle Fälle ein Bewerber, der den Eindruck erweckt, es sei unanständig, über Geld zu reden oder überhaupt Geld verdienen zu wollen. Das gilt besonders für diejenigen, die eine Aufgabe anstreben, in der leistungsabhängige Gehaltsanteile vorgesehen sind. Natürlich suchen Unternehmen intrinsisch motivierte Frauen und Männer, die sich um der Sache selbst willen engagieren — aber ohne Moos nix los. Der Umgang mit der Gehaltsfrage zeigt auf jeden Fall interessante Facetten der Persönlichkeit eines Menschen.

»Welche Gehaltsvorstellung haben Sie?«

Was viele Bewerberinnen und Bewerber nicht bedenken: Bei der Klärung der Gehaltsfrage geht es nicht nur ums Geld, sondern auch um Psychodiagnostik bzw. Eignungsdiagnostik. Wie geht ein Jobaspirant mit dieser ja nicht einfachen

Frage um? Zeigt sich, dass da jemand in Not ist und bald einen neuen Job finden muss? Wie groß ist die Sorge, wegen eines zu großen Gehaltswunschs aus dem Rennen zu fliegen?

Wer sich bei der Frage nach dem Geld souverän verhält, erhöht seine Chancen, ein Angebot zu erhalten. Das gilt insbesondere für Aufgaben, die ein gehöriges Maß an Sozialkompetenz voraussetzen, zum Beispiel Verhandlungsfähigkeit. Ein Verkäufer, der Angst vor dem Abschluss und damit vor einem Nein hat, wird kaum erfolgreich sein. Wer in diesem Sinne als Bewerber in eigener Sache gleich umfällt, dürfte später in der herben Verkaufspraxis Probleme bekommen.

Nun zu den Berufseinsteigern, die sich bei der Gehaltsfrage naturgemäß besonders schwer tun. Von Absolventen — aber auch Wiedereinsteigern und Aufsteigern — wird erwartet, dass sie ihren Marktwert halbwegs realistisch einschätzen und diesen dann beherzt zu realisieren versuchen. Natürlich liegt die Lösung am Ende oft in einem Kompromiss — aber niemals nach dem Motto »Der Klügere gibt nach«. Wem hier die Gratwanderung zwischen Durchsetzungsvermögen und Flexibilität gelingt, der kriegt meist auch das, was er verdient.

Antworten aus der Praxis des Personalberaters
Antwort 1: »Wie viel zahlen Sie denn üblicherweise für Mitarbeiter meiner Qualifikation?«

Kommentar: Überflüssig!

Antwort 2: »Na ja, ich habe mir über diese Frage natürlich Gedanken gemacht. Es ist ja für einen Berufseinsteiger nicht so einfach, hier zu einer klaren Vorstellung zu kommen. Aber ich würde meinen wollen, dass …«

Kommentar: Wer so umständlich anfängt, wird nicht klar enden.

Antwort 3: »Zwischen 45.000 und 50.000 Euro — das ist der übliche Rahmen für BWL-Absolventen.«

Kommentar: Es ist keine gute Idee, einen Gehaltsrahmen anzugeben, denn das vermittelt Unsicherheit. Und was ist, wenn der Gesprächspartner sofort die niedrigste Zahl akzeptiert? Die Untergrenze hat ein guter Verhandlungsführer im Kopf, diese wird er niemals verraten. Kein Verkäufer nennt für den Preis eines Produkts eine Spanne und lässt damit den Kunden zwischen der Ober- und der Untergrenze wählen. Warum tun manche Bewerber das?

Antwort 4: »Ich stelle mir ein Jahresgehalt um circa 48.000 Euro vor.«

Kommentar: Eine klare Ansage. Man muss seinen Marktwert einigermaßen kennen und benennen. Das Wörtchen »circa« lässt einen kleinen Spielraum, der verhandelbar ist. Die Angabe des Monatsgehalts oder der Zusatz »brutto« wirkt unprofessionell.

»Wie begründen Sie Ihren Gehaltswunsch?«

Mit der Begründung lässt sich punkten, der Bewerber kann sich aber mit ihr auch unmöglich machen. Hier zeigt sich, ob jemand in eigener Sache rational argumentieren kann.

Antworten aus der Praxis des Personalberaters
Antwort 1: »Ich habe mich gründlich informiert und halte meinen Gehaltswunsch nicht für zu hoch.«

Kommentar: Die Antwort ist gar nicht gut, denn man unterstellt dem Gesprächspartner in Gehaltsfragen eine Fehleinschätzung oder gar Unkenntnis. Und was, wenn der Personaler sagt, dass er sich ebenfalls gut informiert hat und über bessere Informationsquellen verfügt? Dann ist die Gehaltsverhandlung zu Ende, bevor sie überhaupt begonnen hat.

Antwort 2: »Meine Ausbildung passt exakt zur Aufgabe und ich bringe einschlägige erste Erfahrungen mit. Außerdem habe ich mich über den zweiten Bildungsweg nach oben gearbeitet. Das heißt, ich bin sehr zielorientiert und verfüge über ein ausgeprägtes Durchhaltevermögen. Dann ist noch zu bedenken, dass ich ja umziehen muss und die Lebenshaltungskosten hier deutlich höher liegen.«

Kommentar: Eine schlüssige Antwort, weil der Bewerber neben den harten Fakten wie Ausbildung und Erfahrung Soft Skills wie Durchhaltevermögen und Zielorientierung vor dem Hintergrund seiner Bildungsbiografie glaubwürdig herausstellt. Der letzte Satz gehört aber gestrichen. Über die Notwendigkeit eines Umzugs und über die Lebenshaltungskosten lässt sich kein Einkommenswunsch begründen. Oder anders: Warum soll ein ortsansässiger Bewerber mit exakt vergleichbarer Qualifikation ein geringeres Einkommen als sein zugereister Kollege erhalten?

Antwort 3: »Ich denke, dass ich aufgrund meines Bildungswegs und meiner Erfahrungen die fachlichen Voraussetzungen voll und ganz erfülle. Darüber hinaus habe ich in meinem bisherigen Berufsleben bewiesen, dass ich mein Wissen in der Berufspraxis überdurchschnittlich erfolgreich umsetzen kann, dass ich teamfähig und belastbar bin und mich auf wechselnde Anforderungen im Markt schnell einstellen kann.«

Kommentar: Passt. Auch Berufseinsteiger sollten neben der erworbenen Fachkompetenz persönliche Eigenschaften herausstellen, die sie zum Beispiel im Rahmen von Praktika und Projekten entwickeln konnten.

> **!** **Gute Gründe für den Gehaltswunsch**
>
> Das insbesondere aus dem Marketing bekannte Knappheitsprinzip besagt, dass seltene Exemplare (in der Regel Produkte) besonders begehrt und damit nachgefragt sind. Das hat natürlich Auswirkungen auf den Preis. Für die Personalwirtschaft gilt ebenfalls das Knappheitsprinzip, und zwar ganz besonders für die Beschaffung qualifizierter Fach- und Führungskräfte.
> Aber wie können Bewerberinnen und Bewerber zeigen, dass sie zu den eher seltenen Exemplaren mit höherem Marktwert gehören? Über eine solide Berufsausbildung und/oder einen Bachelor- oder Masterabschluss? Wenn in einem Stellenangebot Interessenten mit einer kaufmännischen Ausbildung oder einem Hochschulabschluss angesprochen werden, ist man einer von vielen. Wer über solche Zertifikate einen Gehaltswunsch zu begründen versucht, wird an der Bemerkung abprallen, dass viele andere ebenfalls derartige Abschlüsse vorzuweisen haben.
> Nein, die Differenzierung zu Mitbewerbern mit ähnlichen Examina gelingt nur über Soft Skills, also über für die Aufgabe unverzichtbare Persönlichkeitsmerkmale. Man denke hier an das eingangs vorgestellte T wie Traumjob. In diesem Zusammenhang mag der Buchstabe T auch für Traumgehalt stehen. Der senkrechte Balken symbolisiert die Fachkompetenz eines Bewerbers, also die Fähigkeit, inhaltlich in die Tiefe gehen zu können. Das ist die Voraussetzung dafür, überhaupt zu einem Vorstellungsgespräch eingeladen zu werden. Der Querbalken steht für fachübergreifende Kompetenzen wie Analysevermögen, kommunikative Kompetenz, Verhandlungsgeschick, Durchsetzungsfähigkeit, Empathie und viele andere Eigenschaften. Und genau hier liegen die Gründe für den besonderen Gehaltswunsch und dessen Realisierung. Das sind die Eigenschaften, die einen Menschen und Jobaspiranten im positiven Sinne unverwechselbar und damit einzigartig machen können.

»Warum sind Sie bereit, von Ihrem Einkommenswunsch abzurücken?«

Verhandlungsfähigkeit und Flexibilität sind Geschwister. Wer sein Leben am »Alles-oder-nichts-Prinzip« ausrichtet, wird nicht nur in Gehaltsverhandlungen scheitern. Verhandeln heißt nun einmal, dass der eine dem anderen nicht geben möchte, was dieser gern hätte. Und dies hat bisweilen zur Folge, dass eine Seite die Schmerzgrenze ausloten und gegebenenfalls auch kleinere Brötchen backen muss. Aber warum und unter welchen Bedingungen?

Eingangs wurde gesagt, dass die Gehaltsverhandlung ein Teil der Eignungsdiagnostik im Vorstellungsinterview ist. Die Frage für den Personaler lautet deshalb: Wie schnell und aus welchen Gründen macht ein Bewerber Kompromisse? Und hier haben viele Bewerber ein Problem: Sie knicken ein und begründen nicht einmal, warum sie sich von ihrem ursprünglichen Gehaltswunsch verabschieden. Und genau das lässt auf Defizite bei den Soft Skills schließen – oder auf große Not bei der Suche nach einer neuen Anstellung.

Antworten aus der Praxis des Personalberaters
Antwort 1: »Na ja, wenn in Ihrem Unternehmen die Gehaltsstrukturen so sind, wie sie sind, will ich dies angesichts der interessanten Herausforderung akzeptieren.«

Kommentar: Das ist keine gute Begründung für den Verzicht auf die eigenen Gehaltsvorstellungen. Es sei denn, es gibt – beispielsweise bei dem Einstieg als Trainee – ein nicht verhandelbares Starteinkommen für alle.

Antwort 2: »Ich bin davon überzeugt, dass ich mich in der besprochenen Aufgabe noch mehr in die Breite entwickeln kann und dadurch zukunftsfähiger werde. Angesichts des Wandels im Zuge der Globalisierung und Digitalisierung ist mir das wichtiger als einige Euro mehr zu bekommen. Das wäre für mich so etwas wie ein geldwerter Vorteil.«

Kommentar: Eine gute strategische Haltung und Antwort.

Antwort 3: »Ich bin davon überzeugt, dass ... Aber ich gehe davon aus, dass wir gegen Ende der erfolgreichen Probezeit die Gehaltsfrage noch einmal ansprechen.«

Kommentar: Perfekt. Die meisten Bewerber vergessen, den eingegangenen Kompromiss mit der Vereinbarung zu versehen, die Gehaltsfrage gegen Ende der Probezeit nochmals zu thematisieren. Mag ja sein, dass der Verhandlungspartner später davon nicht mehr wissen will, aber hier darf man nicht voreilig lockerlassen. Im Zweifelsfall ist dies sogar sinnvoll, denn für einen Vorgesetzten kann es recht unangenehm werden, wenn er bei der Personaleinstellung keine glückliche Hand hat oder eine hohe Fluktuation entsteht.

> **!** **Den eigenen Marktwert ermitteln**
>
> Gehaltstabellen im Internet geben eine erste Orientierung, etwa:
> - www.faz.net/aktuell/beruf-chance/recht-und-gehalt/gehaltsatlas-das-verdienen-berufseinsteiger-12867642.html
> - karriere-journal.monster.de/geld-gehalt/gehaltstabellen/jobs.aspx
> - www.staufenbiel.de/ratgeber-service/gehalt/gehaltstabellen.html
> - www.sueddeutsche.de/thema/Gehaltsvergleich
> - www.wiwo.de/erfolg/beruf/500-berufe-welches-gehalt-sie-jetzt-verlangen-koennen/6305950.html
> - www.gehalts-check.de
>
> Zu bedenken ist, dass es keinen einheitlichen persönlichen Marktwert gibt. Er hängt von der Region, in der man tätig werden möchte, von der Branche und natürlich von der Größe des Unternehmens ab. In einem Start-up lässt sich meist nicht gleich ein Traumgehalt realisieren, aber die Mitarbeiter können mit solchen Unternehmen wachsen.

6.9 Wie manche im Interview auf den letzten Metern stolpern

Wer bei Google den Satz »Der erste Eindruck zählt« eingibt, bekommt über 500.000 Einträge gezeigt. So wie man starte, heißt es da, liege man später im Rennen — oder es wird das Bonmot von Johann Wolfgang von Goethe bemüht, dass mit dem Rest seines Hemdes nicht mehr zurande komme, wer das erste Knopfloch verfehlt habe. Das ist alles klug und richtig, aber nur die halbe Wahrheit. Zweifellos zählt der erste Eindruck, doch der letzte auch. Wer den Start im Vorstellungsinterview verstolpert, kann dies während des Gesprächs noch gutmachen, der unglückliche Abgang ist nicht mehr zu reparieren.

»Welche Fragen haben Sie abschließend noch?«

Unterschätzen Sie diese Aufforderung nicht, denn es handelt sich um die Fortsetzung der Eignungsdiagnostik mit anderen Mitteln. Im wirklichen Leben mag es keine dummen Fragen geben, im Vorstellungsinterview dagegen sehr wohl. Durch Fragen zeigt ein Mensch, was ihm wichtig bzw. weniger wichtig ist — manchmal auch, dass er den Job überhaupt nicht begriffen hat. Und überflüssige Fragen entlarven oftmals schlechte Zuhörer. Man kann sich durch Fragen um seine Chancen bringen; noch schlechter kommt allerdings an, wer gar keine hat.

Bewerberfragen aus der Praxis des Personalberaters
Bewerberfrage 1: »Ich hätte noch Fragen zur Unternehmenskultur. Wie geht man in Ihrem Hause mit Fehlern um? Gibt es so etwas wie eine offene Kommunikation bzw. Vertrauenskultur? Und dann ist für mich noch wichtig, ob Führungskräfte angehalten werden zu delegieren.«

Kommentar: Das sind gute und berechtigte Fragen. Ungünstig ist es aber, diese als Paket zu formulieren, sie sollten besser dialogisch nacheinander abgearbeitet werden. Also immer nur eine Frage stellen und die anderen in petto halten.

Bewerberfrage 2: »Im Foyer lag Ihre Mitarbeiterzeitung ›Meyer aktuell‹ und da las ich vorhin, dass Ihr Unternehmen jetzt auch in Tschechien erfolgreich vertreten ist. Mich würde schon interessieren, welche weiteren Auslandsaktivitäten in Osteuropa angedacht sind.«

Kommentar: Ob Mitarbeiterzeitung, Pressenotiz oder News auf der Homepage — ein intelligenter Aufhänger bringt immer Punkte.

Bewerberfrage 3: »Sie haben zu Beginn des Gespräches gesagt, dass … Darauf möchte ich gern noch einmal zurück kommen und fragen …«

Kommentar: Diese Antwort weist auf einen guten Zuhörer hin, der auch noch über ein intaktes Gedächtnis verfügt. Nur ganz wenige Bewerber beziehen sich in dieser Phase des Vorstellungsgesprächs auf das, was anfangs vom Personaler gesagt wurde.

Bewerberfrage 4: »Wie stehen meine Chancen?«

Kommentar: Machen Sie ein Gedankenexperiment: Sie haben als Personalchef zehn Interessenten eingeladen und jeder fragt Sie am Ende des Gesprächs nach seinen Chancen. Sie können bestenfalls dem zehnten Kandidaten eine halbwegs fundierte Auskunft geben. In der Regel zwingt Sie diese Frage zu unverbindlichen Floskeln, deshalb ist sie lästig und zeugt von mangelndem Einfühlungsvermögen.

Besonders übellaunig wird die Frage nach den Chancen aufgenommen, wenn ein Bewerber mehrere Gesprächspartner im Vorstellungsinterview hat. Wer soll da was sagen? Die Kollegen müssen sich doch erst hinsichtlich ihrer Eindrücke austauschen. Mancher Bewerber sorgt mit dieser Frage für einen peinlichen Abgang. Für das Soft Skill Empathie gibt es eine sechs minus.

> **Gute Fragen zum Abschluss**
> - »Warum ist die Position überhaupt vakant?«
> - »Wie lange dauert nach Ihrer Erfahrung die Einarbeitungszeit?«
> - »Gibt es Mitarbeiter, die diese Position gern übernommen hätten und nicht berücksichtigt wurden?«
> - »Wie stark ist der Betriebsrat in Ihrem Hause?«
> - »Welche neuen Produkte sind zurzeit in der Pipeline?«
> - »Ich spreche etwas Polnisch und habe gute private Kontakte nach Warschau. Gibt es Ambitionen, die Geschäftsbeziehungen nach Polen auszuweiten?«
> - »Sie haben eingangs gesagt, dass die Personalentwicklung einen hohen Stellenwert hat. Wer kann unter welchen Bedingungen an Förderprogrammen teilnehmen?«
>
> Vorsicht: Manche Bewerber bereiten vor dem Vorstellungsgespräch einen Zettel mit Fragen vor, arbeiten diesen dann in buchhalterischer Akribie vor Ort ab und merken gar nicht, dass die eine oder andere Frage vom Gesprächspartner bereits zu Beginn des Interviews beantwortet wurde. Souveränität sieht anders aus.

»Haben Sie sich noch woanders beworben?«

Meist möchte der Gesprächspartner nur wissen, ob der Bewerber unter Zeitdruck steht — also ein anderes Angebot vorliegt bzw. kurzfristig zu erwarten ist. Manche Bewerber machen in der Antwort aber taktische Fehler.

Antworten aus der Praxis des Personalberaters
Antwort 1: »Ich habe mich nur bei Ihnen beworben. Mich interessieren diese Aufgabe und das Unternehmen so sehr, dass ich zurzeit keine anderen Bewerbungsaktionen fahre.«

Kommentar: Für Absolventen bzw. Berufseinsteiger ist diese Antwort — ob sie nun der Wahrheit entspricht oder nicht — äußerst unklug. Wer alles auf eine Karte setzt, ist ein Hasardeur. Da vom Absenden einer Bewerbung bis zur möglicherweise negativen Entscheidung oft mehr als ein Monat vergehen kann, läuft einem irgendwann die Zeit davon. Und dann stellt sich eines unschönen Tages die Frage, warum die betreffende Person denn schon so lange erfolglos auf Jobsuche ist. Für Umsteiger, die sich aus einem festen Anstellungsverhältnis heraus bewerben, geht die obige Antwort natürlich völlig in Ordnung.

Antwort 2: »Ja, ich habe auch noch einige weitere Eisen im Feuer. Deshalb möchte ich Sie auch bitten, möglichst schnell zu einer Entscheidung zu kommen. Ich habe von einer anderen Firma ein Angebot vorliegen und kann die nicht mehr lange hinhalten.«

Kommentar: Diese Antwort ist brandgefährlich, denn man könnte einen Erpressungsversuch heraushören. Tenor: Drücken Sie gefälligst aufs Tempo, wenn Sie mich haben wollen. Ein kompetenter Personaler weiß, dass einem im »war for talents« gute Kandidaten schnell abhandenkommen können, wenn sich der Bewerbungsprozess zu sehr in die Länge zieht, er wird sich aber nicht unter Druck setzen lassen. Die Antwort »Ja, ich habe noch einige Eisen im Feuer« ist für einen Ersteinsteiger völlig okay.

»Stünden Sie uns im Zweifelsfall auch für eine andere Aufgabe zur Verfügung?«

Die Frage kann völlig harmlos, aber auch listig sein. Das Frageziel könnte nämlich darin bestehen zu klären, ob der Bewerber bei der Jobsuche beliebig vorgeht und eigentlich nur irgendwo unterkommen möchte. Es geht also um die fachübergreifende Qualifikation »Zielorientierung«: Hat der Bewerber halbwegs klare Vorstellungen hinsichtlich seines beruflichen Weges und damit auch hinsichtlich seiner Stärken und Schwächen? Wer sich um eine Aufgabe im Vertrieb bewirbt und am Ende des Interviews gefragt wird, ob er gegebenenfalls auch Interesse an Finanz- und Rechnungswesen habe und dies bejaht, ist meist weder für das eine noch für das andere geeignet.

Antworten aus der Praxis des Personalberaters
Antwort 1: »Eine andere Aufgabe? Worum geht es denn da?«

Kommentar: Es ist keine gute Idee, so schnell das Interesse an einer Alternative zu bekunden.

Antwort 2: »Ich habe mich hier ja um eine klar definierte Aufgabe beworben — und diese finde ich spannend. Ich glaube auch, dass ich erfolgreich sein werde. Die Stellenbeschreibung passt einfach gut zu meinen Vorstellungen und das Gespräch heute hat mich in meiner Auffassung bestärkt. Andererseits soll man nie nie sagen. Ich bin flexibel, dazu gehört auch, dass man über alles reden kann.«

Kommentar: Diese Antwort führt in sicheres Fahrwasser, alle Optionen bleiben offen.

»Warum sollten wir uns ausgerechnet für Sie entscheiden?«

Diese Frage wird immer wieder gern gestellt. Wer sich von ihr überrascht fühlt, ist schlecht vorbereitet. Worum geht es? Darum, noch einmal präzise zu sagen, warum die Bewerberin oder der Bewerber zur fraglichen Aufgabe passt. Hier machen viele den Fehler, sich als die besten der guten Kandidaten darzustellen. Die werden aber gar nicht gesucht. Hier sei deshalb nochmals an das eingangs besprochene Konzept der Passung erinnert. Der geeignete Jobaspirant passt

- zur Aufgabe (Person-Job-Fit),
- zu den Kollegen (Person-Group-Fit),
- zum Vorgesetzten (Person-Supervisor-Fit) oder
- zum Unternehmen (Person-Organization-Fit)

Dies bietet Orientierung für die Antwort.

Eine Antwort aus der Praxis des Personalberaters

»Ich glaube nach diesem Gespräch, dass mein Profil sehr gut zur Aufgabe passt. Ausbildung und Erfahrung stimmen und ich denke, dass ich zum Team, so wie Sie es mir beschrieben haben — ebenfalls passe. Und das zählt in dem Job ja ganz besonders. Außerdem überzeugen mich die Produkte Ihres Hauses. Und die Art und Weise, wie Vorstellungsgespräche geführt werden, sagt ja auch etwas über die Unternehmenskultur aus. Also vom Kopf und vom Gefühl her würde ich bei Ihnen gern starten.«

Kommentar: Selbstbewusst, aber nicht überzogen. Und gut ist noch einmal das Bekenntnis zum Unternehmen am Ende.

7 Das Assessment-Center (AC)

Die Assessment-Center-Methode — von manchen zynisch auch »Assassination«-Center genannt — macht seit Jahren Furore und vielen Bewerberinnen und Bewerbern Angst und Bange. Sachlich betrachtet stellt das AC eine deutliche Erweiterung des üblichen eignungsdiagnostischen Repertoires dar, weil
- die Anforderungen für die zu besetzenden Positionen typisch sind,
- Leistungs- und Verhaltensproben vor allem auch auf soziale Kompetenzen abzielen und
- die Bewerber Belastungen ausgesetzt werden, die im Vorstellungsgespräch nicht simulierbar sind.

Viele Bewerber machen sich das Leben schwer, weil sie das Assessment-Center als Bedrohung empfinden. Doch zunächst geht es darum, die Einladung zu einem AC als Kompliment zu betrachten. Immerhin wird ein erheblicher Aufwand betrieben und der gilt nur jenen Interessenten, von denen sich das Unternehmen aufgrund der schriftlichen Bewerbung etwas verspricht. Natürlich gibt es auch Verlierer, aber zu den Verlierern gehören meist jene, die mit einer negativen Einstellung und schlecht vorbereitet in eine Bewährungssituation gehen. Was also erwartet einen im Assessment-Center?

7.1 Präsentation

Zur Erinnerung noch einmal der Befund von Robert Musil: »Eine Persönlichkeit ist Ausgangs- und Fluchtpunkt alles dessen, was gesagt wird, und dessen, wie es gesagt wird.« Wer eine Powerpoint-Präsentation zum Thema »Unternehmenskultur und Wettbewerbsfähigkeit« halten möchte und dafür 15 Minuten Zeit erhält, befasst sich zuerst einmal mit dem Was. Dazu müssen relevante Informationen und Argumente gesammelt, verdichtet und anschließend priorisiert werden. Dabei ist die Zeitvorgabe zu beachten, da es sonst Punktabzug gibt.

Beim Wie geht es um die gefällige Verpackung der Präsentation. Es gilt,
- sich einen interessanten Start zu überlegen,
- anschauliche Beispiele und Bezüge zur Praxis zu finden,
- ein ansprechendes Foliendesign zu wählen und
- sich Gedanken über einen gelungenen Abschluss zu machen.

Die Herausforderung besteht also darin, die Auswahlkommission von der kommunikativen Kompetenz zu überzeugen, die sich unter anderem in der Selbststrukturierung, der mündlichen Ausdrucksfähigkeit, dem Urteilsvermögen und der Argumentationsfähigkeit zeigt.

Oft können die Teilnehmerinnen und Teilnehmer das Thema selbst wählen — möglichst mit Bezug zur eigenen Person oder zu einer aktuellen gesellschaftlichen Debatte. Manchmal erhalten sie auch den Auftrag, bereits zu Hause eine Präsentation zum persönlichen Bildungsweg und beruflichen Werdegang vorzubereiten. Wer in ein Assessment-Center geht, ohne sich darüber vorab Gedanken gemacht zu haben, handelt fahrlässig. Lampenfieber? Keine Sorge! Kaltschnäuzige Funktionsträger werden nicht gesucht. Minuspunkte bekommt also nicht zwingend, wer einmal den Faden verliert — aber man sollte ihn wiederfinden.

Viele AC-Teilnehmer liefern bei ihren Präsentationen einen unappetitlichen Informationsbrei ab. Hier eine Empfehlung, wie sich eine Präsentation mit der »Fünf-Punkte-Formel« gut strukturieren lässt:
1. Interesse wecken
2. Sagen, worum es geht (Ziel, Standpunkt, Kerninformation)
3. Standpunkt begründen (Argumente)
4. Beispiel(e) bringen (Anschauung)
5. Zum Handeln auffordern (Appell)

7.2 Gruppendiskussionen

Nach einer Präsentation werden in der Regel Gruppendiskussionen durchgeführt. Neben der Argumentationsfähigkeit wird hier vor allem das Sozialverhalten von meist geschulten Beobachtern bewertet. Unter anderem geht es um die Frage, inwiefern jemand die Gratwanderung zwischen Durchsetzungsvermögen und Teamfähigkeit schafft. Wer mit dem Vorsatz in ein AC geht, die anderen an die Wand zu fahren, wird als Bewerber ebenso wenig weiterkommen wie jemand, der vor lauter Harmoniebedürfnis keine Ecken und Kanten zeigt. Typischerweise werden bei solchen Gruppensituationsverfahren folgende Verhaltensmuster beobachtet und protokolliert:
- Initiative ergreifen
- Lösungen vorschlagen
- Koordinieren
- Gemeinsamkeiten zwischen abweichenden Standpunkten feststellen

Diese Verhaltensweisen sind konstruktiv-leistungsorientiert und werden deshalb positiv bewertet.

Jedes erfolgreiche Team braucht aber auch Mitglieder, die etwas für die »soziale Ernährung« tun — also das Binnenklima bzw. den emotionalen Zusammenhalt fördern. Es ist daher durchaus vorteilhaft, sich im AC auf die folgenden Rollenfunktionen (konstruktiv-sozio-emotional) zu verlegen:

- Auf andere und deren Ideen positiv eingehen
- Auf einen vernünftigen Umgangsstil achten
- Kontroverse Meinungen versöhnen
- Spielregeln vorschlagen bzw. etablieren
- Kompromiss vorschlagen

Und diese dysfunktionalen Verhaltensmuster befördern einen in Gruppendiskussion bald ins Abseits:
- Dominieren
- Blockieren
- Ablehnen von Ideen, die nicht die eigenen sind
- Hartnäckige Argumentation zu einem Punkt
- Herabsetzen von Gruppenmitgliedern (»Killerphrasen«)
- Sich in den Mittelpunkt stellen
- Die eigene Eitelkeit abfeiern
- Ausgiebiges Reden
- Rückzug in die Schmollecke

7.3 Postkorb

Bei dieser Übung werden die Teilnehmerinnen und Teilnehmer in die Situation versetzt, dass sie gerade aus dem Urlaub kommen und in ihrer Ablage (Postkorb) verschiedene Notizen, Mails, Briefe, Faxe usw. vorfinden. Es gibt wichtige und unwichtige Vorgänge bzw. Termine und manche betreffen sie selbst gar nicht. Sie stehen nun vor der Aufgabe, die Vorgänge zu ordnen und Prioritäten zu setzen. Ein Beispiel: Notiz A besagt, dass die betreffende Person am Mittwoch um 14:00 Uhr einen wichtigen Termin beim Chef hat. Notiz B enthält die Nachricht, dass sie am Mittwoch um 14:00 Uhr mit einem Freund verabredet ist. Hier geht es darum, die Terminkollision zu erkennen und zu entscheiden, was Vorrang hat.

Im Postkorb befinden sich 15 bis 20 solcher Notizen und Vorgänge. Es gilt, sämtliche Informationen im Zusammenhang zu bewerten, das Wichtige vom Unwichtigen zu trennen, nicht in Hektik zu geraten und dennoch schnell auf den Punkt zu entscheiden. Hilfreich sind die folgenden Leitfragen:
- Nehme ich alle Informationen auch im Detail auf?
- Was hängt womit zusammen? (»Big Picture«)
- Was ist wirklich wichtig?
- Was muss ich selbst erledigen und was sollte ich delegieren?

Das Assessment-Center (AC)

> **!** **Beispiel: Postkorb**
>
> **Vorgang 1**
> PROF. DR. ERNST SOOR
> 24. September 20xx
>
> Lieber Herr Schnell,
>
> wie Sie wissen, soll die neue Umgehungsstraße N-47 direkt an unseren Grundstücken vorbeigeführt werden. Nicht nur, dass wir je fünf Meter von unseren Grundstücken abtreten müssen, wir werden auch größter Lärmbelästigung ausgesetzt. Jetzt hat sich jedoch eine Möglichkeit ergeben, dass ein Lärmschutzwall errichtet werden könnte. Voraussetzung ist, dass jeder Hauseigentümer aus unserer Straße zu der Versammlung mit dem Straßenplanungsamt erscheint und entsprechend abstimmt.
>
> Termin: Mittwoch, den 6.10. um 10:00 Uhr
>
> Ich rechne unbedingt mit Ihrem Kommen.
>
> Herzlichst
> Ihr
> Ernst Soor
>
> **Vorgang 2**
> AMTSGERICHT
> Herrn
> Thomas Schnell
> Grübenstraße 3
> 34567 Bamburg
>
> 30.9.20xx
>
> **Schöffe am Arbeitsgericht**
>
> Sehr geehrter Herr Schnell,
>
> die Amtszeit der ehrenamtlichen Schöffen an unserem Gericht läuft jetzt aus und wir bestellen zurzeit neue Schöffen.
> Als Schöffen kommen nur unbescholtene, ehrbare Mitbürger infrage, die sich darüber hinaus durch ihre berufliche Praxis als erfolgreiche und sorgfältig handelnde Menschen ausgewiesen haben.

Der Tätigkeit als Schöffe kann man sich nur in sehr begründeten Ausnahmefällen entziehen.
Bitte finden Sie sich am Dienstag, den 5.10. von 15:00 bis 18:00 Uhr im großen Saal des Amtsgerichts ein, wo die Einweisung und Vereidigung stattfindet.

Mit vorzüglicher Hochachtung
Dr. W. Gross

Vorgang 3
HAUS- UND GRUND GMBH
Postfach
12345 Dollheim
28.9.20xx

Per Einschreiben
Herrn
Thomas Schnell
Grübenstraße 3
34567 Bamburg

Sehr geehrter Herr Schnell,

Sie wohnen jetzt seit drei Jahren in unserem Haus und dies sicher zur gegenseitigen Zufriedenheit. Wir hoffen, dass das so bleibt, und werden unsererseits alles dazu tun. Nun sind in den letzten Jahren allgemein die Mieten angestiegen und dem können auch wir uns nicht entziehen. Daher sehen wir uns gezwungen, entsprechend § X Ihres Mietvertrags die monatliche Miete um 25 Prozent ab 1.12. dieses Jahres anzuheben. Dafür haben Sie sicherlich Verständnis, obgleich das für Sie vermutlich keine angenehme Information ist.
Wir bitten Sie, uns bis zum 10.10. Ihre Zustimmung zu geben, ansonsten sind wir gezwungen, Ihren Mietvertrag fristgerecht zum 31.12. zu kündigen.

Mit freundlichen Grüßen
Hanno Sauer

Lösung
1. Die Einladung zur Hauseigentümerversammlung wegen des Lärmschutzwalls ist irrelevant, da sich aus einem anderen Vorgang ergibt, dass Herr Schnell Mieter ist. Papierkorb!
2. Die angedrohte Mieterhöhung um 25 Prozent gilt es anzufechten. Einspruch erheben und Mietspiegel prüfen!
3. Das Schreiben über die amtliche Bestellung zum Schöffen ist auf den 30.9. datiert und die Einweisung und Vereidigung soll bereits am 5.10. stattfinden. Eine solche Terminsetzung ist inakzeptabel. Bei einem vollen Terminkalender Einspruch erheben!

8 Warum Personaler falsche Entscheidungen treffen

Wer als Personalbeschaffer bzw. Recruiter arbeitet, fragt sich natürlich in seinem Berufsleben hin und wieder, wie vielen geeigneten Bewerberinnen und Bewerbern er wohl eine Absage erteilt hat. Manchmal geschah dies auf Grundlage der schriftlichen Bewerbung, manchmal nach einem Vorstellungsgespräch oder Assessment-Center.

Diese Frage ist auch für jeden Kandidaten von Bedeutung. Wer sich einem eignungsdiagnostischen Verfahren nicht hilflos ausgeliefert fühlen möchte, sollte sich deshalb mit den Gütekriterien der Eignungsdiagnostik befassen, die leider nicht immer erfüllt sind. Dieses Wissen um die Mängel wird nicht unbedingt helfen, beim nächsten Mal besser abzuschneiden, aber es kann dazu beitragen, dass im Fall einer Absage nicht auch noch das Selbstbewusstsein Schaden nimmt. Mancher Bewerber schleicht sich wie ein geprügelter Hund vom Hof und die Sache wird durch eine perfekt formulierte, aber inhaltsleere Absage auch nicht besser.

Eine falsche Diagnose kann — wie aus der Medizin bekannt — die vermeintlich festgestellten Defizite erst produzieren. In der Psychologie ist seit langem das Phänomen der Self-fulfilling Prophecy wissenschaftlich belegt: Man muss einem Menschen nur häufig genug attestieren, dass er ein Versager sei, und schon bekommt derjenige — bei entsprechender Empfänglichkeit für solche Prognosen — kein Bein mehr auf die Erde. Hier sind die Gütekriterien zu finden, die eine brauchbare Eignungsdiagnostik einlösen muss, aber leider nicht immer einzulösen vermag.

8.1 Die Ergebnisse des Auswahlverfahrens sind nicht objektiv

Nehmen wir ein Maßband, mit dem sich die Kragenweite ermitteln lässt. Dieses Maßband erfüllt das Kriterium der Objektivität, wenn verschiedene Schneider damit bei einem bestimmten Kunden Maß nehmen und jeweils derselbe Wert herauskommt. Objektivität heißt, dass das Messergebnis unabhängig von der Person ist, die die Messung durchführt.

Das ist nicht selbstverständlich. Man denke zum Beispiel an die Beurteilung von Deutschaufsätzen in der Schule. Auch hier wird ja Maß genommen, also eine Note ermittelt. Diverse Untersuchungen habe gezeigt, dass es manchmal sehr subjektiv zugeht und ein und derselbe Aufsatz — je nach beurteilendem Lehrer — Noten von Eins bis Sechs erzielen kann. In diesem Sinne dürfte der »Nasenfaktor« (Sympathie oder Antipathie) im Vorstellungsinterview gewiss manchmal den Ausschlag geben und das ist nicht immer gut.

8.2 Die Ergebnisse des Auswahlverfahrens sind nicht zuverlässig

Auch dieses Gütekriterium muss jedes brauchbare Messinstrument zumindest einigermaßen erfüllen. Zuverlässigkeit (Reliabilität) heißt, dass die Wiederholung des Messvorgangs an einer Person bzw. einem Objekt zum gleichen Ergebnis führt. Um beim Schneider zu bleiben: Wenn dieser am Montag die Größe 42 bei seinem Kunden ermittelt, sollte dies am Dienstag auch der Fall sein. Das ist in der Eignungsdiagnostik nicht selbstverständlich, denkt man etwa an schriftliche oder mündliche Prüfungen. Untersuchungen haben ergeben, dass viele Prüflinge nach der Bewährungssituation — wenn der Stress weg ist — mehr wissen als vorher. Das Messresultat, also das Prüfungsergebnis, kann auch davon abhängen, wie gut der Prüfling in der Nacht zuvor geschlafen hat. Natürlich gilt dies auch für das Vorstellungsgespräch bzw. Assessment-Center.

Allerdings spielt nicht nur eine Rolle, in welcher Verfassung der Bewerber am Tag der Bewährung ist, sondern auch, wie gut die ebenfalls eingeladenen Mitbewerber sind. Hier kann der aus der Psychologie bekannte Kontrasteffekt die Zuverlässigkeit der Messung beeinträchtigen. In diesem Sinne wird ein eher durchschnittlicher Bewerber in einem Kreis schwacher Konkurrenten als relativ leistungsstark wahrgenommen und umgekehrt. Im Zweifelsfall kann sogar der Termin für ein Vorstellungsgespräch die Beurteilung beeinflussen. Hat der Vorgänger in einer Serie von Interviews eine hervorragende Performance gezeigt, kann jemand sehr schnell zum Opfer des erwähnten Kontrasteffekts werden. Das Messergebnis ist dann nicht zuverlässig.

8.3 Die Ergebnisse des Auswahlverfahrens sind nicht gültig

Was wird eigentlich gemessen? Wer sich auf eine Waage stellt und 70 Kilogramm abliest, kann sicher sein, dass es sich um eine Aussage über das Merkmal Körpergewicht handelt. Die meisten Messgeräte, die wir im Alltag verwenden — vom Thermometer über das Tachometer bis zum Barometer — sind gültig (valide). Wir können sicher sein, dass sie das messen, was sie zu messen vorgeben. Hier wird auch klar, dass Zuverlässigkeit und Gültigkeit zwei verschiedene Dinge sind. Eine Uhr zeigt die Zeit an, aber sie kann falsch gehen.

Nun zur Eignungsdiagnostik. Man nehme zwei auswärtige Kandidaten, die von einem Unternehmen um 8:00 Uhr morgens in Hamburg zu einem Intelligenztest eingeladen wurden. Kandidat A begibt sich rechtzeitig in sein Hotel, schläft acht Stunden und erscheint nach einem geruhsamen Frühstück ohne Eile und topfit zum Intelligenztest. Kandidat B erkundet seinerseits bis in die Morgenstunden die Reeperbahn und erscheint leicht angeschlagen am Ort der Bewährung und bekommt einen Intelligenzquotienten von nur 75 bescheinigt und ist damit aus dem Rennen. Was wurde hier gemessen? Das Resultat hat vermutlich wenig mit Intelligenz zu tun, sondern eher etwas mit Konzentrationsfähigkeit, Selbstdisziplin und Verantwortungsbewusstsein. Die Behauptung, bei diesem Test wäre die Intelligenz gemessen worden, ist nicht haltbar.

Zum Schluss

Bewerber/in: Nach diversen Gesprächen mit Freunden und Bekannten zum Thema Bewerbung bin ich eher verwirrt. Es gibt so viele widersprüchliche Auskünfte und Ratschläge über dieses Thema. Im Bewerbungscoaching werden stundenlang Flyer und Deckblätter erstellt, Originalität, heißt es, sei unverzichtbar und die Formel »Über eine Einladung würde ich mich freuen« ginge überhaupt nicht.

Müller-Thurau: Das Dilemma ist bekannt. Wer Rat sucht, kann die Qualität der Ratschläge meist nicht selbst beurteilen, denn sonst müsste er ja gar keinen Rat suchen. Und da es leider sehr viele selbsternannte Ratgeber gibt, beherzigen Sie dies: Holen Sie sich ausschließlich Auskunft von Profis, die Personal auswählen und einstellen und für ihre Entscheidungen den Kopf hinhalten müssen. Sie würden ja auch nicht zu jemandem ins Flugzeug steigen, der zwar das eine oder andere über das Fliegen gelesen, aber niemals ein Flugzeug gesteuert hat. Und schon gar nicht würden Sie sich von ihm das Fliegen beibringen lassen. Bitte schön, das war nun mein letzter Tipp.

Der Autor

Claus Peter Müller-Thurau ist Diplom-Psychologe und seit vielen Jahren als Human-Resources-Manager tätig. Nach dem Studium startete er als Personalberater bei der schwedischen Beratungsfirma Mercury Urval GmbH, danach wurde er Leiter der Personalentwicklung und -nachwuchsförderung im Axel Springer Verlag und später Geschäftsführer der Personal- und Unternehmensberatung Selecteam GmbH. Müller-Thurau ist Dozent an der FOM Hochschule für Oekonomie und Management in Hamburg und hält Vorlesungen in den Fächern HR-Organisation und HR-Staff. Des Weiteren ist er für den Praxisteil eines Zertifizierungsprogramms »Human-Resource-Management« der Universität Hamburg verantwortlich.

Weitere Informationen zum Autor:

www.mueller-thurau.de

Arbeitshilfen

Tests

Test: Bin ich teamfähig?	30
Test: Bin ich emotional belastbar?	33
Test: Bin ich kreativ?	36
Test: Arbeite ich prozessorientiert?	40
Test: Wie selbstkritisch bin ich?	43
Test: Verfüge ich über interkulturelle Kompetenz?	52
Test: Kann ich mich durchsetzen?	59
Test: Kann ich führen?	63
Test: Wie stilsicher ist mein Auftritt?	97

Materialien zur Vorbereitung

Checkliste: Argumente für die Bewerbung in einem Unternehmen	124
Checkliste: Wissen über die Produkte eines Zielunternehmens	125
Checkliste: Der werbliche Marktauftritt des Zielunternehmens	130
Checkliste: Unternehmensgeschichte	131
Branchenspezifische Informationen recherchieren	127
Den eigenen Marktwert ermitteln	166

Stichwortverzeichnis

A
Amerikanischer Lebenslauf 85, 144
Anforderungsprofil 29, 65, 102
Anschreiben 66, 144
Assessment-Center 171
Auslandsaufenthalt 77, 150

B
Belastbarkeit 32, 119
Berufsausbildung 11, 76
— Abbruch 145
Berufserfahrung 76, 83, 89
Bewerbungsunterlage 85, 143
Bildungsweg 89
Boreout 105
Burnout 49, 105

D
Deckblatt 83
Dresscode 16, 78, 90
Durchsetzungsfähigkeit 58

E
Empathie 25, 69, 72

F
Fachkompetenz 11, 164
Fachübergreifende Kompetenzen 164
Familie 157
Flexibilität 26, 114
Foto 78, 83
Führungserfahrung 66
Führungsfähigkeit 60

G
Gabeltest 96
Gehalt 161, 164
Gehaltsvorstellung 72, 161
Gesundheitliche Beeinträchtigung 160
Gruppendiskussion 172

H
Hands-on-Mentalität 57
Harvard-Konzept 47
Hobby 77

I
Initiativbewerbung 87
interkulturelle Kompetenz 51

K
Kommunikative Kompetenz 20, 58
Kompetenzportfolio 11
Konfliktfähigkeit 44
Krankheit 86
Kreativität 34, 112
Kritikfähigkeit 41

L
Lebenslauf 76, 144
— amerikanischer 85, 144
— Lücken 86, 145

M
Manieren 91
Methodenkenntnisse 77
Methodenkompetenz 12
Mobbing 151

O
Organisationstalent 49

P
Passung 15, 89
Persönliche Kompetenz 12
Postkorb 173
Praktikum 77
Probezeit 143, 151
Prozessorientierung 39
Psychodiagnostik 15

R
Reha-Phasen 86

S
Schlüsselqualifikation 121
Schwächen 12, 42, 102
Schwangerschaft 160
Selbstkritik 42
Selbstständigkeit 154
Shareholder-Value 140
Sozialkompetenz 92, 96
Stärken 12, 101
Stellenangebot 65
Stress 120
Stringenz 56, 77

T
Tabellarischer Lebenslauf 76
Teamfähigkeit 13, 30
Transferkompetenz 13

U
Unternehmenskultur 128

V
Verhandlungsgeschick 47
Vorbild 120

Z
Zeitmanagement 49
Zielorientierung 19

 **Exklusiv für Buchkäufer!**

Ihre Arbeitshilfen zum Download:

- www.haufe.de/arbeitshilfen
- Buchcode: YDL-4854